ISENÇÃO DE HORÁRIO

Subsídios para a dogmática actual
do
Direito da duração de trabalho

ANTÓNIO MENEZES CORDEIRO
PROFESSOR CATEDRÁTICO DA FACULDADE DE DIREITO DE LISBOA
E DA UNIVERSIDADE CATÓLICA PORTUGUESA
DOUTOR EM DIREITO

ISENÇÃO DE HORÁRIO

Subsídios para a dogmática actual do Direito da duração de trabalho

ALMEDINA
2000

TÍTULO:	ISENÇÃO DE HORÁRIO
AUTOR:	ANTÓNIO MENEZES CORDEIRO
EDITOR:	LIVRARIA ALMEDINA – COIMBRA www.almedina.net
DISTRIBUIDORES:	LIVRARIA ALMEDINA ARCO DE ALMEDINA, 15 TELEF. 239 851900 FAX 239 851901 3004-509 COIMBRA – PORTUGAL
	LIVRARIA ALMEDINA – PORTO RUA DE CEUTA, 79 TELEF. 22 2059773 FAX 22 2039497 4050-191 PORTO – PORTUGAL
	EDIÇÕES GLOBO, LDA. RUA S. FILIPE NERY, 37-A (AO RATO) TELEF. 21 3857619 FAX 21 3844661 1250-225 LISBOA – PORTUGAL
EXECUÇÃO GRÁFICA:	G.C. – GRÁFICA DE COIMBRA, LDA. PALHEIRA – ASSAFRAGE 3001-453 COIMBRA Email: producao@graficadecoimbra.pt
	JULHO, 2000
DEPÓSITO LEGAL:	153437/00 – Edição brochada (154086/00) – Edição cartonada

Ao Prof. Doutor Pedro Romano Martinez e a toda a jovem escola de Direito do trabalho da Faculdade de Direito de Lisboa

Outras obras do Autor no domínio do Direito do trabalho:

- *Da situação jurídica laboral; perspectivas dogmáticas do Direito do trabalho*, Lisboa, 1982;
- *Concorrência laboral e justa causa de despedimento/Anotação a STJ 8-Mar.-1985*, ROA 1986, 495-527;
- *Direito do trabalho*, 1.° volume, Lisboa, 1986-1987, policopiado;
- *Do contrato de trabalho a bordo e da responsabilidade dele emergente*, RDES 1987, 163-211;
- *O princípio do tratamento mais favorável no Direito do trabalho actual*, DJ III (1987-1988), 111-139;
- *Direito do trabalho*, 1.° volume, 2.ª ed., revista e alterada, Lisboa, 1988, policopiado;
- *Representatividade e maior representatividade dos sindicatos – A experiência portuguesa*, TJ IV 1988, n.° 39, 1-4 = Rev. TRT (Belém), 21 (40) 1988, 33-38;
- *Direito do trabalho*, 2.° volume, 2.ª ed., 1989-1990, policopiado e incompleto;
- *Manual de Direito do trabalho*, Coimbra, 1991, com diversas reimpressões;
- *Da constitucionalidade das comissões de serviço laborais*, RDES 1991, 129-148;
- *Da cessação do contrato de trabalho por inadaptação do trabalhador perante a Constituição da República*, RDES 1991, 369-421;
- *Da " amnistia" laboral perante a Constituição da República*, ROA 52 (1992), 869-892;
- *Contratacion laboral: liberdad de empresa y accion administrativa. La experiencia portuguesa*, em *La reforma del mercado de trabajo*, dir. Borrajo Dacruz, Madrid, 1993, 275-284;
- *Dos conflitos temporais de instrumentos de regulamentação colectiva de trabalho*, em *Estudos em memória do Professor Doutor João de Castro Mendes*, 1994, 457-473;
- *Da adaptação às circunstâncias das prestações complementares da segurança social*, Jornadas de Homenagem ao Professor Doutor Cavaleiro de Ferreira, 1995, 305-321;
- *Convenções colectivas de trabalho e alterações de circunstâncias*, Lisboa, 1995;
- *Do prazo para a interposição de recurso de revista em processo de trabalho*, O Direito 128 (1996), 285-294;
- *Salários em atraso e privilégios creditórios*, ROA 1998, 645-672;
- *Salários em atraso e privilégios creditórios / Anotação a STJ 3-Mar.-1998*, O Direito 130 (1998), 389-399;
- *A liberdade de expressão do trabalhador*, II Congresso de Direito do Trabalho, 1999, 23.43;
- *Direito do trabalho e cidadania*, 2000.

CAPÍTULO I

PRESSUPOSTOS HISTÓRICO-CIENTÍFICOS DA DURAÇÃO DO TRABALHO

§ 1.º INTRODUÇÃO

1. O policentrismo laboral

I. O Direito do trabalho integra regras e princípios jurídicos centrados em três pólos distintos: a situação jurídica laboral, o plano laboral-colectivo e as condições de trabalho.

A situação jurídica laboral abrange o conjunto formado pelas posições jurídicas dos trabalhadores e dos empregadores e pelas relações que entre ambos se estabeleçam. Sobre ela recai o chamado Direito do contrato individual de trabalho e áreas conexas. Trata-se de Direito privado, fortemente moldado sobre o Direito dos contratos, embora com alargamentos definitivos, designadamente no tocante aos acidentes de trabalho.

II. O plano laboral colectivo liga-se às relações entre associações sindicais e associações de empregadores: negociações e convenções colectivas, por um lado e lutas laborais colectivas por outro. Ficam ainda incluídas as organizações laborais na empresa e a temática da co-gestão. Tudo isto vem a ser objecto do Direito colectivo do trabalho, de feição privatística e que representa uma das mais originais criações da Ciência jurídico-laboral.

III. As condições de trabalho têm implicações sociais e políticas profundas. Por isso, os diversos Estados têm vindo, há mais de um século, a intervir, impondo regras e medidas e realizando fiscalizações. Trata-se de Direito público, de tipo administrativo. Além disso, ficam incluídas áreas contra-ordenacionais e penais.

IV. A existência, no Direito do trabalho, de pólos problemáticos diversificados nada tem de extraordinário. Disciplinas jurídicas há muito pacíficas apresentam fenómenos comparáveis, por vezes em termos bem mais agudos: pense-se no Direito comercial, assente nos actos de comércio, nas sociedades e nos títulos de crédito – rubricas que bem pouco têm em comum – ou no Direito bancário, disperso pelo Direito institucional e pelo Direito material, também distantes um do outro.

Todavia, ela coloca questões interessantes, mormente pela permeabilidade que se estabelece entre as correspondentes áreas jurídico-normativas.

2. O tema dos horários de trabalho

I. O tema dos horários de trabalho, que agora nos propomos estudar, está situado no Direito individual do trabalho [1]. Todavia, ele recebe uma influência decisiva e directa do Direito das condições de trabalho, numa manifestação clara de interpenetrabilidade das três áreas normativas acima apontadas.

II. A duração do trabalho dá corpo a uma área onde a contraposição dos interesses dos trabalhadores e dos empregadores poderia assumir as maiores proporções.

Partindo do princípio de que o trabalho envolve uma vantagem para o empregador: o alongamento da duração do trabalho amplia essa vantagem, com os inerentes custos para o trabalhador; a sua redução baixa esta e diminui aquela. Por isso, boa parte da evolução do Direito do trabalho, sobretudo nas fases iniciais, prendeu-se com a controvérsia da duração do trabalho.

E ainda hoje – apesar da presença de variáveis francamente distintas – o tema origina um debate conhecido. Nas já longínquas mas sempre actuais palavras de ROBERT FRIEDRICH, a duração do trabalho surge no ponto de encontro de conflitos científicos, políticos e de interesses [2].

III. A recente evolução do Direito do trabalho – e sem com isso antecipar elementos abaixo apresentados – caracteriza-se, entre outros pontos, por postular uma maior integração do trabalhador no espaço jurídico circundante e por procurar uma certa permeabilidade entre os esquemas laborais e a realidade económica subjacente.

---

[1] Cf. WERNER FAUTH, *Arbeitszeitrecht* (1963), 87 ss.; quanto à inserção sistemática, referimos, como exemplos, GÜNTER SCHAUB, *Arbeitsrechts-Handbuch/Systematische Darstellung und Nachschlagewerk für die Praxis*, 9.ª ed. (2000), 374 ss. e HANS BROX/ BERND RÜTHERS, *Arbeitsrecht*, 14.ª ed. (1999), Nr. 77 ss. (62 ss.).

[2] ROBERT FRIEDRICH, *Zur Methodologie der Arbeitszeitproblems* (1926), 3 ss., 6 ss. e 12 ss..

Noutros termos: para um Direito do trabalho de feição mais clássica, poderia parecer indiferente, à instância laboral, tudo quanto ocorresse fora do local de trabalho ou sem relação com o processo produtivo. Hoje, não é assim. O trabalhador é, antes do mais, uma pessoa; tudo quanto lhe suceda pode relevar, sendo impensável seccionar aspectos puramente laborais. Ainda para um Direito do trabalho mais tradicional, as vicissitudes da empresa são riscos do empregador; o trabalhador estar-lhes-ia imune. Mas não: sem tornar os trabalhadores em empresários, deve reconhecer-se que existe uma realidade económica envolvente, cujos reflexos laborais serão inevitáveis. Melhor será reconhecê-lo e regulamentá-lo.

A duração do trabalho tem implicações nestes dois planos. Basta ver que o Direito deve considerar o tema dos tempos livres, enquanto a duração do trabalho não deixará de se adaptar à realidade empresarial envolvente: os ritmos de trabalho a bordo dos aviões [3] e meios de transporte [4], nas lojas [5], nas passagens de nível [6], nas empresas de segurança [7] ou nos escritórios serão, com probabilidade, diversos.

IV. Toda a problemática da chamada flexibilização do Direito do trabalho, ditada pelas recentes coordenadas sócio-económicas é, aqui, chamada a depor.

Trata-se dum aspecto a ter em especial conta.

---

[3] Por exemplo e quanto ao regime particular da Lufthansa, cf. BAG 21-Fev.-1990, NZA 1990, 700-701 = BB 1990, 1138.

[4] Quanto ao serviço em viagem, cf. BayObLG 23-Mar.-1992, NZA 1992, 811 e Wolf Hunold, *Arbeitszeit, insbesondere Reisezeit, im Aussendienst*, NZA 1993, 10-15 (12).

[5] Trata-se dum tema particularmente debatido na Alemanha, nos últimos 15 anos: Dirk Neumann, *Das neue Ladenschlussgesetz* (1986), Johannes Zmarzlik, *Ladenschlussgesetz Dienstleistungsabend* (1989), em comentário à lei e Rudolf Anzinger, *Das neue Ladenschlussgesetz* (1996), 1 ss., com a evolução do tema.

[6] No foro nacional, este domínio tem provocado sucessivas intervenções, centradas sobre o tópico do trabalho intermitente: STJ 11-Dez.-1991 (Sousa Macedo), BMJ 412 (1992), 319-332, STJ 18-Dez.-1991 (Prazeres Pais), BMJ 412 (1992), 344-355 (354), RLx 10-Nov.-1993 (Dinis Roldão), CJ XVIII (1993) 5, 174-177, RCb 18-Nov.-1993 (Almeida Deveza), CJ XVIII (1993) 5, 81-84, STJ 18-Out.-1995 (Almeida Deveza), BMJ 450 (1995), 273-284 e STJ 24-Fev.-1999 (Almeida Deveza), CJ/Supremo VII (1999) 1, 294-296 (295/I).

[7] As empresas de segurança deverão adequar os seus horários às empresas clientes: RLx 21-Mar.-1990 (Rodrigues da Silva), CJ XV (1990) 2, 194-195 (195/I).

3. Interesse e sequência

I. Os elementos salientados permitem posicionar a duração do trabalho e a subquestão fulcral da isenção dos horários de trabalho no núcleo dos grandes vectores apontados.

No ponto de encontro entre os Direitos individual do trabalho e das condições de trabalho, entre os interesses contrapostos de trabalhadores e empregadores e entre concepções clássicas e mais avançadas do juslaboralismo de mercado, a isenção dos horários constitui um excelente campo para a reflexão jurídico-laboral.

II. Iremos principiar pelo desenvolvimento histórico do Direito do trabalho e da duração do trabalho num prisma comparatístico, dando um especial relevo às experiências alemã e francesa: elas são ilustrativas do modo de evoluir dos sistemas continentais.

Ponderaremos, então, a História do Direito do trabalho português, sempre com uma especial atenção ao tema da duração do trabalho.

Tocaremos, depois, no quadro vigente no domínio da duração do trabalho.

Por fim, examinaremos de modo mais detido os temas da isenção de horário, das coordenadas que o envolvem e do modo por que o sistema deve ser aplicado.

§ 2.º NOTA HISTÓRICO-COMPARATÍSTICA

4. O substrato românico

I. Na literatura jurídico-laboral, as notas históricas limitam-se, em regra, à revolução industrial, à problemática daí resultante e à evolução subsequente [8]. Deve-se, todavia, ir mais longe.

Como MAYER-MALY, de modo repetido, tem vindo a reclamar, há numerosos aspectos do actual Direito do trabalho que radicam mais fundo: nas próprias raízes do Direito privado europeu [9].

II. O Direito comum vigente – fundamentalmente o Direito civil – tem raízes históricas muito claras no Direito romano. Essas raízes podem, em traços muito largos, esquematizar-se em vários processos históricos, com relevo para:

- a romanização da Península Ibérica, ocorrida no século I a. C., e que teve, no Direito romano, um dos seus factores primordiais, em conjunto com a língua;
- a recepção do Direito romano, promovida após a fundação da Universidade, em 1288, a qual, desde logo, incluiu estudos jurídicos; esta relação foi precedida pela pré-recepção do Direito canónico – ele próprio já intensamente romanizado;

---

[8] Assim, MARIA DA CONCEIÇÃO TAVARES DA SILVA, *Direito do Trabalho* (1964-65, polic.), 300, JOSÉ JOÃO ABRANTES, *Formação e evolução histórica do Direito do trabalho*, em *Direito do trabalho/Ensaios* (1995), 20-22 e WOLFGANG ZÖLLNER/KARL-GEORG LORITZ, *Arbeitsrecht/Ein Studienbuch*, 5.ª ed. (1998), § 3.º, I (25 ss.), como meros exemplos, nacionais e estrangeiro.

[9] THEO MAYER-MALY, *Römische Grundlagen des modernen Arbeitsrechts*, RdA 1967, 281-286 (281 ss.), *Vorindustrielles Arbeitsrecht*, RdA 1975, 59-63 (59) e *Elemente der Entwicklung des Arbeitsrechts*, em *La formazione storica del diritto moderno in Europa*, 3.º vol. (1977), 1321-1345 (1321 ss.). Cf., entre nós, o nosso *Manual de Direito do trabalho* (1994, reimp.), 34 ss., PEDRO ROMANO MARTINEZ, *Direito do trabalho* (1997), 77 ss. e BERNARDO XAVIER, *Curso de Direito do trabalho* (1992), 18 ss..

– uma segunda recepção do Direito romano, promovida pelos humanistas, a partir do século XVI, que grande importância teriam ao longo dos séculos XVII e XVIII e, daí, no próprio jusracionalismo e na primeira codificação;
– a recepção da Ciência jurídica derivada da pandectística alemã, iniciada nos princípios do século através de Guilherme Moreira, processada ao longo deste século e definitivamente consagrada no Código Civil de 1966; note-se que este movimento pode ser considerado como uma autêntica terceira recepção do Direito romano, dada a natureza românica da pandectística e o teor do próprio Código Civil alemão de 1896.

III. Tendo em conta o pano de fundo jurídico-cultural que enforma o espaço português, pode considerar-se que a tradição românica assume interesse, para o juslaboralismo actual, em quatro pontos:

– na sociedade romana ocorreram conflitos sociais conhecidos [10]; já então se pode observar uma tomada de consciência por parte das classes desfavorecidas [11]; surgiram doutrinas sociais e foram tomadas medidas legislativas de protecção aos trabalhadores [12];
– a ordem jurídica romana conhecia o fenómeno do trabalho subordinado e compreendia regras que, a ele, eram dirigidas; apesar das quebras mais tarde verificadas, muitas delas sobreviveram e, sobretudo através da pandectística, chegaram aos nossos dias [13];

---

[10] Cf. Robert von Pöhlmann, *Geschichte der sozialen Fragen und des Sozialismus in der antiken Welt*, 2.º vol. (1912), 493 ss.. Em geral, Frans van der Van, *Sozialgeschichte der Arbeit*, 1.º vol. (1972).

[11] Assim, von Pöhlmann, ob. cit., principalmente o 2.º vol.; tenha-se presente, também, a rápida implantação do Cristianismo, precisamente nas classes sociais inferiores. Cf. von Pöhlmann, *Geschichte* cit., 2.º vol., 587 ss..

[12] Cf. Stephan Brassloff, *Sozialpolitische Motiven in der römischen Rechtsentwicklung* (1933), Ivo Pfaff, *Über den rechtlichen Schutz des wirtschaftliche Schwächeren in der römischen Kaisergesetzgebung* (1897), Mayer-Maly, *Elemente der Entwicklung des Arbeitsrechts* cit., 1332 ss. e Francesco M. de Robertis, *Lavoro e lavoratori nel mondo romano* (1963), 185 ss. (221 ss.). As medidas então tomadas, por carência de sistematização e em consonância com o carácter geral do Direito romano, não se ordenavam num corpo coerente; não haveria assim, propriamente, um Direito social em Roma; cf. Mayer-Maly, *Locatio conductio/Eine Untersuchung zum klassischen römischen Recht* (1956), 224 ss..

[13] Este tipo de influência – no fundo, de modo directo – filtrou-se no Direito do trabalho português em vigor por várias vias: através do substrato romanístico comum,

- muitas regras do Direito individual do trabalho – e, em menor medida, de outros sectores jurídico-laborais são, de facto, normas civis, isto é, normas romanas actuais, com adaptações mais ou menos profundas; as suas origens mantêm-se e devem ser conhecidas, para efeitos de conhecimento efectivo e crítico;
- as recepções sucessivas do Direito romano marcaram os quadros linguísticos, conceptuais e científicos da actualidade: esses quadros são, justamente, os utilizados no Direito do trabalho actual [14].

IV. Pode, pois, considerar-se que o Direito do trabalho, imerso num sistema jurídico global de base românica, não pode deixar de acusar influências profundas, daí derivadas.

Essas influências são, ora directas – quando velhos institutos laborais, já conhecidos pelos romanos, tenham sobrevivido até aos nossos dias ou tenham sido retomados, através dos mecanismos da recepção – ora indirectas – quando representam influências românicas noutros sectores jurídicos que, depois, tenham reflexos no Direito do trabalho.

As influências indirectas estarão subjacentes ao desenrolar da matéria. Quanto às restantes – e ainda que com a necessária brevidade, – algo deve ser dito.

5. O trabalho subordinado no Direito romano e no Direito comum

I. Inicialmente, em Roma, o único trabalho por conta de outrem prestado fora do quadro da família seria o trabalho servil [15]; esta realidade

---

contido nas ordenações, nos praxistas e na pré-codificação oitocentista portuguesa – cf., por exemplo, Coelho da Rocha, *Instituições de Direito Civil Portuguez*, 8.ª ed. (1917, mas correspondente a uma reimpressão da 2.ª ed., de 1852), §§ 850 ss. (576 ss.), a propósito da locação de obras; através do Código Civil francês, de 1804, que exerceria uma influência marcada no Código de Seabra; através da pandectística e do Código Civil alemão, o qual exerceria um papel importante na doutrina portuguesa deste século.

[14] Por exemplo, a convenção colectiva do trabalho, apesar do seu carácter inovador em relação ao antigo Direito romano é, linguística e conceptualmente, uma *conventio*.

[15] As investigações fundamentais sobre o Direito do trabalho, na Roma antiga, são de Francesco M. de Robertis, *I rapporti di lavoro nel diritto romano* (1946) e *Lavoro e lavoratori nel mondo romano* (1963), com a recensão apreciativa de Dieter Nörr, *Zur sozialen und rechtlichen Bewertung der freien Arbeit im Rom*, SZRom 82 (1965), 67-105 e de Theo Mayer-Maly, *Locatio conductio/Eine Untersuchung zum*

devia, no entanto, ser articulada com o âmbito alargado que a família, então, apresentava.

A doutrina especializada estranha a inexistência de um termo latino que traduza, com exactidão, a expressão actual "trabalho" – ou o seu equivalente nos outros idiomas contemporâneos. *Labor* é demasiado estreito; *opus/opera* compreende antes a ideia do resultado; *negotium* exprime, por fim, qualquer actividade humana [16]. Este estado de coisas bem se compreende: através das vicissitudes da revolução industrial, a ideia de "trabalho" ganhou conotações tão particulares que, sendo evidentes no nosso tempo, se tornariam incompreensíveis na Antiguidade. Mas o essencial – a prestação de trabalho feita por um homem livre [17] sob a orientação de outra – existia, já nessa altura, sendo objecto de tratamento jurídico.

II. Na disciplina do trabalho subordinado, o Direito romano recorria à figura geral da *locatio conductio*[18]. Esta compreendia três modalidades, bem distintas quanto ao seu objecto:

– a *locatio conductio rerum*, pela qual uma pessoa entregava uma coisa, por certo tempo, a outra, a troco de uma *merces*, normalmente periódica, e ficando o beneficiário obrigado à restituição; esta figura está na origem da actual locação [19];
– a *locatio conductio operis faciendi*, pela qual uma pessoa se obrigava a realizar, para outra, uma determinada obra, também a troco de *merces*; reside aqui o antecedente histórico da actual empreitada [20];

---

klassischen römischen Recht (1965), prosseguidas, depois, em múltiplos outros locais, citados *supra*, nota 9. Quanto ao ponto preciso referido no texto, *vide* DE ROBERTIS, *I rapporti di lavoro* cit., 4.

[16] Cf. DE ROBERTIS, *I rapporti di lavoro* cit., 10 e D. NÖRR, ob. cit., 69.

[17] Este aspecto é essencial – cf. MAYER-MALY, *Römische Grundlagen des modernen Arbeitsrechts* cit., 284-285; em Roma como na actualidade, o trabalhador é pessoa, em termos jurídicos. O escravo não presta, juridicamente, trabalho.

[18] Cf., quanto à origem e evolução desta, MAYER-MALY, *Locatio conductio* cit., 15 ss..

[19] A locação de coisas – que possivelmente terá sido pioneira – tem apresentado várias origens na literatura da especialidade; cf. ANTONIO MASI, *Locazione (Storia)*, ED XXIV (1974), 980 ss. (911 ss.) e EMILIO COSTA, *La locazione di cose nel diritto romano* (1915), 23 ss.. O paralelo com a compra e venda – da qual se distinguia pela obrigação de restituir a coisa findo o contrato – é enfocado; cf. ALZON, *Réflexions sur l'histoire de la locatio-conductio*, RH 1963, 558.

[20] MASI, *Locazione* cit., 913.

– a *locatio conductio operarum*, pela qual uma pessoa se obrigava a desenvolver, para outra e sob orientação desta, certa actividade, sempre a troco de *merces* [21]; era o contrato de trabalho.

III. A redução terminológica do contrato de trabalho subordinado à *locatio conductio* tem sido apontada como sinal seguro do desinteresse romano pelo trabalho livre: afinal, haveria como que uma equiparação da situação jurídica laboral à locação de coisas corpóreas. A crítica não é justa. Não se desconhece que a situação de trabalho tinha, para o sentir social romano dos fins da República, o seu quê de degradante [22]; para tanto terá contribuído a existência do trabalho servil [23], que tem sido apontado como uma das razões que estancaram o progresso tecnológico e científico nas sociedades antigas. Mas apesar da proximidade linguística – um vocabulário jurídico completo não se improvisa, antes demorando milénios a formar – os romanos bem conheciam as diferenças existentes entre as três modalidades de *locationes* [24].

IV. A *locatio conductio*, inicialmente consubstanciada através das acções que a integravam – retenha-se que o Direito romano clássico era um Direito de acções – pertencia, desde QUINTUS MUCIUS SCAEVOLA – século I a. C. –, ao elenco das *bonae fidei actiones* [25] – as acções baseadas na boa fé. Nessa medida, comungava de um regime particular, mais elástico e avançado do que o das outras *actiones*, as *stricti iuris* ou de Direito estrito. Assim, e designadamente: as acções emergentes tendiam

---

[21] A própria tripartição da *locatio-conductio*, no Direito romano, já tem sido posta em dúvida; mas tem, maioritariamente defensores; cf. ALZON, *Réflexions sur l'histoire de la locatio-conductio* cit., 591. Quanto ao significado de *locare* e *conducere* na literatura da República, cf. LUIGI AMIRANTE, *Richerche in tema di locazione*, BIDR 62 (1959), 21 ss..

[22] Cf. DE ROBERTIS, *I rapporti di lavoro nel diritto romano* cit., 10 e D. NÖRR, *Zur sozialen und rechtlichen Bewertung der freien Arbeit in Rom* cit., 77, que refere no entanto o estatuto mais elevado de que beneficiava o trabalho agrícola. Quanto ao fenómeno histórico da desconsideração social de certas formas de trabalho cf., em geral, P. JACCARD, *História social do trabalho* (trad. port. R. MOURA, 1974), 22 ss..

[23] Há afirmações clássicas de CÍCERO que documentam a afirmação.

[24] Particularmente a *locatio rei* – a única onde poderia haver restituição de uma coisa – separa-se, bem, das restantes; cf. MASI, *Locazione* cit., 909 e AMIRANTE, *Richerche in tema di locazione* cit., 136 ss..

[25] Cf. os textos referidos em MENEZES CORDEIRO, *Da boa fé no Direito civil* (1997, reimp.), 73 ss..

para a universalidade, postulavam excepções inerentes, estruturavam-se de modo correspectivo, admitiam a faculdade da compensação e postulavam, quando actuadas, a possibilidade da condenação em juros. Isto é: sendo *universais*, as competentes acções funcionariam não apenas entre cidadãos romanos, mas também em face de *peregrini*; postulando a inerência das excepções, elas obrigavam o juiz a decidir da funcionalidade das *exceptiones doli, metus, pacti* e *rei iudicatae* – portanto as excepções de dolo, de medo, de novo pacto superveniente que houvesse alterado o anterior e de caso julgado; estruturando-se de modo correspectivo, elas assistiam, de modo nominado, – a *actio locati* e a *actio conducti* – a ambas as partes, que assim podiam sempre defender os seus interesses em face uma da outra; admitindo a *compensação*, elas facultavam ao juiz a possibilidade de considerar extintos, no todo ou em parte, os débitos com os mesmos sujeitos, mas de sinal contrário; a condenação em juros permitia, por fim uma reconstituição mais perfeita dos interesses em presença, quando haja prevaricação [26]. Se se quiser: tratando-se de uma *bonae fidei actio* – ou, na linguagem clássica, implicando um *bonae fidei iudicium* – a *locatio conductio* dava lugar a uma instância onde o juiz, em vez de se limitar a formalismos estritos, tinha por função, através de certos expedientes, procurar uma efectiva solução material que não deixasse de ponderar os diversos aspectos relevantes em presença – ou os interesses contrapostos.

Várias destas dimensões foram-se, depois, generalizando aos diversos contratos, no esforço milenário para o aperfeiçoamento do Direito das obrigações. Mas desde o antigo Direito romano, numa situação sintomática que não pode ser esquecida, o contrato de trabalho incluiu-se no lote das figuras pioneiras, onde foram testados os progressos concebidos pelos cientistas do Direito. Vários dos traços acima alinhados mantiveram-se, aliás, até aos nossos dias.

V. Para além dos aspectos referidos, compartilhados com outras figuras, a *locatio conductio operarum*, como matriz do regime jurídico do trabalho subordinado em Roma, apresentava particularidades relevantes [27]:

---

[26] Cf. Menezes Cordeiro, *Da boa fé* cit., 81 ss., com bibliografia e com indicação de opiniões divergentes.

[27] Cf., quanto a indicações de textos, Lello Lantella, *Del lavoro sistematico nel discorso giuridico romano (Repertorio di strumenti per una lettura ideologica)*, 1975. Em geral, Mayer-Maly, *Locatio conductio* cit., de Robertis, *I rapporti di lavoro nel diritto romano* cit., 127 ss. e Dieter Nörr, *Freie Arbeit in Rom* cit., 86 ss..

necessariamente celebrada entre homens livres, a *locatio conductio operarum* tinha, sempre, de respeitar a actividades lícitas [28]; era consensual, não requerendo, por isso, particulares formalidades para a sua válida celebração [29]; quanto ao seu termo, registam as fontes que, em regra, ele advinha do decurso de prazo combinado pelas partes [30]; aspectos importantes do laboralismo actual constavam, também, das fontes romanas: assim, o dever de pagar as *merces* – o salário – mantinha-se, em certos casos, mesmo na ausência do trabalho [31], o que é dizer: o risco geral do contrato concentrava-se na esfera do "empregador" ou do *conductor*.

Os aspectos colectivos da fenomenologia laboral – embora já existissem e tivessem eficácia social – não deixaram rastos nos textos jurídicos. Para tanto, impunha-se ainda toda uma revolução histórica que implicasse, para além de modificações tecnológicas, alterações sócio-culturais aprofundadas.

VI. Estes ensinamentos foram acolhidos e desenvolvidos no Direito comum, marcado, como é sabido, por recepções sucessivas do Direito romano. Analisando as diversas situações laborais, BÁRTOLO distinguia as *operae obsequiales, artificiales, fabriles* e *officiales*, consoante se tratasse de trabalho prestado no quadro da família, de trabalho prestado por artistas ou outras pessoas com particular formação, de trabalho não qualificado e de trabalho prestado a entidades oficiais, com uma subordinação mais intensa [32]; destas, as primeiras não dariam lugar a remuneração, ao contrário das restantes. A ideia do salário justo já era conhecida e desenvolvida [33], admitindo-se, aliás, que o mesmo não consistisse em prestações pecuniárias [34]. O desenvolvimento das manufacturas, nas cidades e, em geral, toda uma evolução económica, rica e variada, conduziram ao longo da Idade Média e da Idade Moderna, a um diversificar das relações de trabalho [35]. Essa situação era completada pela estruturação corporativa

---

[28] Cf. DE ROBERTIS, *I rapporti di lavoro nel diritto romano* cit., 55 ss..

[29] Cf. MAYER-MALY, *Locatio conductio* cit., 81.

[30] Cf. MAYER-MALY, *Römische Grundlagen des modernen Arbeitsrechts* cit., 285.

[31] Cf. MAYER-MALY, *Elemente der Entwicklung des Arbeitsrechts* cit., 1335.

[32] Cf. MAYER-MALY, *Vorindustrielles Arbeitsrecht* cit., 59.

[33] Cf. MAYER-MALY, *Vorindustrielles Arbeitsrecht* cit., 61; cf., do mesmo Autor, *Elemente der Entwicklung des Arbeitsrechts* cit., 1332 ss..

[34] Cf. EBERHARD SCHMIEDER, *Geschichte des Arbeitsrechts im deutschen Mittelalter* I (1939), 22.

[35] Cf. VAN DER VAN, *Sozialgeschichte der Arbeit* cit, 2.º vol., 49 ss. e WERNER OGRIS, *Geschichte des Arbeitsrechts vom Mittelalter bis in das 19. Jahrhundert/Ein Überblick*, RdA 1967, 286-297.

das profissões que regulava, por vezes com minúcia, os diversos aspectos profissionais, incluindo, em consequência, normas atinentes à prestação de trabalho subordinado [36].

6. Revolução Industrial e questão social

I. A quietude relativa que, durante largos séculos, caracterizou a regulação jurídica do trabalho subordinado sofreu um abalo infra-jurídico profundo com a Revolução Industrial. Como é sabido, a generalização do motor a vapor permitiu um incremento da indústria, assente numa organização que punha, frente a frente, os proprietários das fábricas, das máquinas e das matérias-primas e os trabalhadores assalariados. Este fenómeno, que já era conhecido de períodos históricos anteriores [37], ganhou dimensões novas, pela extensão das suas implicações sociológicas. Assim, ele levou a um êxodo em direcção às cidades e aos centros industriais nascentes, como abandono dos campos e a formação de consideráveis massas de assalariados. A breve trecho – e num movimento que se foi atenuando à medida que se passa dos espaços desenvolvidos para a periferia, onde a industrialização foi mais lenta ou, até, incipiente – toda a estruturação económica, depois social e, por fim, política, foi alterada [38].

II. A Revolução Industrial levantou uma problemática social nova, fonte de conflitos e tensões, que se arrastaram durante o século XIX e conduziram, no seu termo, a novas estruturações: essa situação ficou conhecida como a questão social [39]. A procura do lucro condicionada pela forte concorrência existente na indústria nascente, a abundância da mão de obra, a especialização crescente com o concomitante abandono da

---

[36] Cf. Soares Martinez, *Manual de Direito Corporativo*, 3.ª ed. (1971), 29 ss..

[37] Quanto às formas industriais, desde o Renascimento à Revolução Francesa, cf. van der Van, *Sozialgeschichte der Arbeit* cit, 2.º vol., 249 ss..

[38] Cf. Rudolf Rebbert, *Geschichte der Industrialisierung* (1972), 17 ss. (Inglaterra) e 52 ss. (Continente).

[39] Cf. o clássico Gustav Schmoller, *Die soziale Frage/Klassenbildung, Arbeiterfrage, Klassenkampf* (1918); certos aspectos da questão social podem ser confrontados em Friedrich Engels, *A situação da classe trabalhadora em Inglaterra*, trad. port. (1975); uma visão cristã pode ver-se em Johannes Messner, *Die soziale Frage*, 6.ª ed. (1956), especialmente 293 ss.. Com elementos jurídicos: Ulrich Sellier, *Die Arbeiterschutzgesetzgebung im 19. Jahrhundert* (1998), 21.

auto-suficiência individual, só possível em comunidades agrícolas, a não--sensibilidade dos poderes públicos para a nova problemática, as grandes concentrações humanas sem as necessárias infra-estruturas, a falta de cautelas com o ambiente, a ocorrência cíclica de crises económicas e uma incapacidade cultural de entender, de imediato, o alcance, nas sociedades humanas, dos passos tecnológicos efectuados, conduziram, como se sabe, a uma situação de grande degradação da posição dos trabalhadores por conta de outrem: baixos salários, alongamento do dia de trabalho, más condições de laboração e, em geral, de vida e de cultura, e falta de protecção na infância, na maternidade, na doença, nos acidentes e na velhice.

III. A questão social tem sido entendida como o motor do Direito do trabalho [40]. Com o seguinte sentido: até meados do século XIX, o contrato de trabalho analisava-se, apenas, na promessa de actuação contra dinheiro, sob a aplicação das regras comuns ao fenómeno contratual geral [41]; os maus resultados a que isso conduziu levaram ao aparecimento de numerosas novas regras jurídico-laborais, bases do moderno Direito do trabalho. Como motores desta evolução normativa que terá conduzido ao juslaboralismo actual podem apontar-se: as próprias iniciativas tomadas pelos trabalhadores, designadamente através do seu agrupamento em organismos colectivos – os sindicatos – e que obrigaram a novos equilíbrios, depois juridificados; os acordos celebrados entre os parceiros sociais em presença – empregadores e trabalhadores – e que, quando reconhecidos, mais tarde, pelo Direito, deram lugar a novos complexos normativos; as reformas sociais levadas a cabo pelos Estados, primeiro tímidas e, depois, de peso crescente, num movimento duplamente facilitado pela difusão de doutrinas sociais diversas – cooperativismo, socialismos, doutrina social da Igreja – e pelo alargamento do direito de voto, até ao sufrágio universal, que facultou a possibilidade, aos trabalhadores por conta de outrem, em maioria numérica, de dominar os parlamentos e promover governos próprios; as decisões dos tribunais – sobretudo nos países de *common*

[40] A ligação do Direito do trabalho à Revolução Industrial e à questão social é corrente em todos os manuais de Direito do trabalho e nas publicações especializadas: por exemplo, cf. HERMANN KRAUSE, *Der deutschrechtliche Anteil an der heutigen Privatsrechtsordnung*, JuS 1970, 313-321 (314); FRIEDRICH SCHNEIDER RUPRECHT GROSSMANN, *Arbeitsrecht*, 7.ª ed. (1986), 41; ULRICH LUHMANN, *Arbeitsrecht*, 2.ª ed. (1977), 17 ss..

[41] Cf. GUNTHER BERNET, *Arbeitsverhältnisse im 19. Jahrhundert* (1970), 29 e 30.

law, mas também no próprio Continente europeu, a coberto de cláusulas gerais ou de conceitos indeterminados – que deram corpo às novas aspirações surgidas em torno da problemática laboral; no limite, revoluções que, com sucesso, alterassem a ordem jurídica no seu todo, num sentido favorável aos trabalhadores.

IV. Tudo isto é conhecido e não poderia ser posto em dúvida. Mas ainda quando determinante, a realidade infra-jurídica da Revolução Industrial e da questão social não poderiam explicar, só por si, a complexidade jurídico-cultural que rodeou o aparecimento do moderno Direito do trabalho. Nesse sentido, apontam-se, desde já duas ordens de factores:

- a História mostra que em épocas anteriores e em culturas diversificadas, muitas vezes grandes massas humanas foram subjugadas por minorias, em condições bem mais degradantes do que as verificadas no século XIX e sendo certo que um seu levantamento logo poria cobro à situação; não houve, no entanto, um Direito do trabalho que desse corpo à movimentação social que essas situações sempre vieram provocar;
- no próprio processo de formação jurídico-laboral, no auge da questão social, poderiam ter sido aproveitados esquemas anteriores de protecção aos trabalhadores ou, pelo menos, utilizados quadros já conhecidos para lançar novas medidas; não foi, no entanto, isso que sucedeu. O laboralismo esqueceu muito das experiências anteriores, ainda quando isso o tenha, depois, obrigado a percorrer uma maior distância.

7. **Aspectos jurídico-culturais; as codificações**

I. A génese histórica do Direito do trabalho, para se entender, deve, pois, aprofundar a sua dimensão histórico-cultural. Não foi apenas a fenomenologia económico-social que ditou os seus aparecimento e feição; antes operou uma síntese criativa entre essa ordem de factores e a Ciência jurídica existente no século XIX.

II. O século XIX foi, no Continente europeu, dominado pelas codificações civis, que deram ao Direito a feição que hoje lhe conhecemos. Na sua base esteve toda uma tradição de recepção do Direito romano. Assistiu-se no entanto, nessa altura, a uma clivagem entre as experiências francesa e alemã, que teria, mais tarde, o maior influxo em Portugal. Justifica-se, pois, uma referência ao fenómeno [42].

A codificação francesa foi a primeira: deu lugar ao Código francês ou Código NAPOLEÃO, concluído em 1804. Na sua base esteve um longo trabalho de estudo e análise das fontes, levados a cabo nos séculos XVI e XVII, pelos juristas humanistas ou jurisprudentes elegantes e, mais tarde, por vários juscientistas, com relevo para DOMAT e POTHIER. Tal trabalho foi, depois, filtrado pelo jusracionalismo, que o verteu nos seus próprios moldes. O jusracionalismo postula uma sistemática jurídica de tipo central, dominada por desenvolvimentos dedutivos: escolheu-se um conjunto de princípios fundamentais, arvorados a núcleo do sistema e, a partir deles, compõem-se – ou apresentam-se – as diversas proposições do Direito. O núcleo do sistema foi centrado na pessoa humana, tomada como indivíduo e nos bens, necessários à sua sobrevivência e expansão; o Direito civil subsequente ordenava-se em consequências derivadas dessas duas realidades e do relacionamento estabelecido entre elas [43]. Constituía-se, assim, um sistema marcado por ideias individuais, mas que, no seu interior, transmitia os esquemas romanistas consagrados [44].

III. A codificação alemã seguiu-se-lhe, no tempo, tendo sido aprontada em 1896, para entrar em vigor em 1900. Ela surgiu como o culminar de um longo processo jurídico-científico, conduzido pelos pandectistas no século XIX. Contrapondo-a à francesa, a codificação alemã representa um sistema mais elaboradamente científico: ela não se preocupa com a assunção explícita de um esquema racional, antes elaborando todo um material recebido da História e da cultura, à luz de vectores sensíveis, capazes de permanentes adaptações. A relação jurídica faz uma aparição intensa, sendo utilizada para descrever as diversas situações cuja classi-

[42] Um maior desenvolvimento pode ser confrontado em MENEZES CORDEIRO, *Tratado de Direito civil*, 1.º vol., tomo I (1999), 47 ss..

[43] O Código NAPOLEÃO apresenta, assim, a seguinte sistematização: Livro I – Das pessoas, tratando, sucessivamente, da posição jurídica do indivíduo e da família; Livro II – Dos bens e das diversas modificações da propriedade, versando as coisas, a propriedade e outros direitos reais; Livro III – Das diferentes formas por que se adquire a propriedade, relativo a sucessões, a doações, a contratos em geral, ao casamento e a regimes matrimoniais, a contratos em especial, a hipotecas e à prescrição.

[44] A presença de uma determinada sistematização não é indiferente, concorrendo para comunicar, à matéria de fundo, um determinado sentido. A sistemática napoleónica era, depois, complementada por outros aspectos, consonantes com ela.

ficação propicia [45]. Tecnicamente mais avançada, a codificação alemã veio a disputar à francesa o seu espaço de influência, acabando por levar a melhor.

IV. Apesar de historicamente contrapostas, as duas grandes codificações – francesa e alemã – confluíram em várias características, essenciais para o entendimento do Direito do trabalho.

Como codificações modernas, ambas tiveram em mente a necessidade de proceder a uma simplificação na matéria jurídica pré-existente, de grande intensidade e de complexo manuseamento. Assim, procurava-se uma modelação tal das proposições jurídicas que fosse possível o seu apreendimento mesmo por não-juristas. Por outro lado, era importante que os códigos novos revogassem, efectivamente, as fontes anteriores – ou constituiriam apenas mais um elemento, junto de todos os outros, já presentes no espaço jurídico. Por fim, o próprio conteúdo dos institutos jurídicos havia de ser simplificado [46]. Vectores importantes, como a autonomia privada, bem conhecida pelo desenvolvimento anterior, são mantidos e reafirmados [47]. Áreas completas ficam sem regulamentação – pense-se na pura e simples supressão das antigas guildas e corporações – deixando o campo aberto à autonomia privada, então guiada por meras considerações económicas [48].

V. O Código Napoleão, preocupado em regular a posição do sujeito individualmente considerado, ao qual era reconhecido um campo de actuação rigorosamente igualitário, dirigia-se às classes médias, sem preocupações sociais [49]. Querendo proteger os fracos, o Código Napoleão

---

[45] A esta luz, o Código Civil alemão reparte-se por cinco livros: Parte geral, Direito das relações obrigacionais, Direito das coisas, Direito da família e Direito das sucessões.

[46] Giovanni Tarello, *Le ideologie della codificazione nel secolo XVIII*, 3.ª ed. (1974), 27.

[47] Harald Steindl, *Überlegungen zum Verhältnis von Privatrecht. Gewerbefreiheit und Industrialisierung*, 1C 15 (1981), 76-107 (79) e Dieter Grimm, *Soziale wirtschaftliche und politische Voraussetzungen der Vertragsfreiheit*, em *La formazione storica del diritto moderno in Europa*, 3.º vol. (1977), 1245.

[48] Harald Steindl, *Zur Genese des Privatrechts als "allgemeines Wirtschaftsrecht"*, FG Coing (1982), 349-386 (em especial, 364, por exemplo).

[49] Cf., em especial, Albert Tissier, *Le Code Civil et les classes ouvrières*, em *Livre du Centenaire* (1904), 73-94, segundo o qual as deficiências sociais do *Code* seriam patentes desde o início.

regulou em pormenor o regime dotal – artigos 1540.º e seguintes, hoje revogados – ou a administração dos bens dos menores, esquecendo o problema do trabalho das mulheres e das crianças; flagrante, também, o seu desinteresse pelo próprio contrato de trabalho, que mereceu a mais parca das referências [50]. De facto, aquando da sua aprovação, havia já – como sempre terá havido – um conjunto de problemas sociais graves. Mas faltava ainda a Revolução Industrial: por isso, e embora as desigualdades na distribuição da riqueza fossem de monta, não se generalizara ainda uma consciência desse factor, em termos culturais que promovessem uma intervenção do Direito.

VI. Também o Código Civil alemão – o BGB – se mostraria alheio à problemática jurídico-laboral. Esta opção surge, aliás, estranha, se se considerar que ele foi aprovado quase um século depois do Código Napoleão e numa altura em que a problemática fundamental posta pelo fenómeno do trabalho subordinado, depois da consolidação plena da Revolução Industrial, estava, há muito, elucidada pelos juscientistas. Ao longo do século XIX, a pandectística referia-se ao contrato de trabalho a propósito da *locatio-conductio operarum* [51], limitando-se, nalguns casos, a escassas referências suplementares [52]. Alguns estudos elaborados no século XIX sobre temas laborais – estudos esses que denotavam já uma presença desenvolvida dos institutos jurídicos ligados ao trabalho [53] – não

---

[50] Cf. Albert Tissier, *Le Code Civil et les classes ouvrières* cit., 88 ss.. O Código Napoleão apenas referia a "locação de serviços", para determinar que a mesma apenas fosse temporária ou para um empreendimento determinado, podendo cessar pela vontade unilateral de qualquer das partes, quando contratada sem prazo. Cf., assim, o seu artigo 1780.

[51] Cf. Karl Adolph Vangerow, *Lehrbuch der Pandekten*, 7.ª ed., 3.º vol. (1896), § 645 (460-461); Carl Georg Wächter, *Pandekten*, 2.º vol. (1881), § 209 (477 ss.); L. Arndts von Arnesberg, *Lehrbuch der Pandekten*, 13.ª ed. (1886), § 260 (627); Dernburg/Biermann, *Pandekten*, 7.ª ed., 2.º vol. (1903), § 112 (310 ss.); Windscheid/Kipp, *Lehrbuch des Pandektenrechts*, 9.ª ed., 2.º vol. (1906), § 401 (744 ss.).

[52] Dernburg/Biermann, *Pandekten*, 7.ª ed., 2, 310, vêm dizer que a locação de serviços "... deve ser tratada por analogia com a locação de coisas, na medida em que a sua particular natureza a isso não se oponha". E mais acrescentam que o trabalhador deve cumprir pessoalmente a sua prestação, não podendo, para o efeito, fazer-se representar; Wächter, *Pandekten* cit., 2, 478, distingue as *operae illiberales* das *liberales*, acentuando que apenas as primeiras relevam; Wendt, *Pandekten* (1888), 627, foca a situação de disponibilidade perante o empregador.

[53] Assim, H, Dankwardt, *Der Arbeiter-Vertrag*, JhJb 14 (1875), 228-283, ainda que com um conteúdo marcadamente descritivo.

foram tidos em conta na elaboração do projecto do Código Civil alemão, apesar das críticas que, nesse sentido, lhe foram oportunamente dirigidas por autores de prestígio como MENGER [54] e VON GIERKE [55].

Na verdade, o BGB, tratando a prestação de serviço, não deixaria de consagrar, a cargo do empregador, um "dever de assistência". Este incluiria deveres de cuidado na doença e de protecção perante os perigos que ameaçassem a vida ou a saúde do obrigado aos serviços, em termos que a própria lei declarava injuntivos – §§ 617 e seguintes. Saudadas como uma "novidade social e política" [56], estas disposições não puderam deixar de ser vistas como insuficientes, numa altura em que os sindicatos estavam consagrados e em que os níveis colectivos eram uma realidade reconhecida.

VII. A insuficiência das codificações civis, particularmente chocante na alemã, dado o condicionalismo que a rodeou e a data – relativamente avançada – em que surgiu, parecerá surpreendente.

Não é de esperar que os autores do projecto – todos eles juristas sabedores e experientes – desconhecessem a fenomenologia laboral ou pretendessem, pela omissão, pôr-lhe cobro [57].

O silêncio das codificações civis quanto ao tema do Direito do trabalho radica na essência dessas duas realidades.

Uma codificação não traduz, em regra, reformas de fundo. Normalmente, os codificadores visam sancionar o que está – e não alterar os esquemas pré-vigentes. Como foi focado, tanto a codificação francesa como a alemã assentaram num longo trabalho de estudo, análise, adaptação e reformulação das fontes românicas.

Ora não havia, aquando das codificações, um desenvolvimento suficientemente consistente da disciplina jurídico-laboral. A Ciência do Direito não tinha, nessa ocasião, capacidade bastante para fornecer, aos

---

[54] ANTON MENGER, *Das bürgerliche Recht und die besitzlosen Volksklassen* (1890, a 1.ª ed.; há uma 4.ª ed. de 1908 e uma 5.ª, de 1927) e *Das Recht auf den vollen Arbeitsertrag in geschichtlicher Darstellung*, 2.ª ed. (1891).

[55] OTTO VON GIERKE, *Der Entwurf eines bürgerlichen Gesetzbuchs und das deutsche Recht* (1889), 245.

[56] GUSTAV RÜMELIN, *Diensvertrag und Werkvertrag* (1905), 262.

[57] Ainda que fosse palpável uma particular cautela do BGB perante todos os tipos de novidades que pudessem entravar o desenvolvimento da economia alemã. Muito apontado é o exemplo da responsabilidade civil, consignada em moldes restritivos, designadamente, para não embaraçar o desenvolvimento da actividade das empresas.

legisladores, bases sólidas no domínio do trabalho. No caso francês, a falta é compreensível: a Revolução Industrial estava ainda longe, em 1804. No alemão, o problema é mais complexo. Perante ele pode, simplesmente, afirmar-se que os níveis culturais – entre os quais o Direito –, num fenómeno que se manteria constante durante o nosso século, não acompanharam o progresso técnico-social. Essa dificuldade de acompanhamento mais se acentuou no domínio jurídico-laboral, perante a problemática suscitada pelo policentrismo, acima referenciado.

Conclui-se pois: o Direito civil, tal como resultou das codificações modernas – e descontando certas experiências posteriores, a que se fará referência – não teve meios para promover a redução dogmática e subsequente enquadramento da temática laboral. A falha não foi casual: traduziu, na época, uma incapacidade estrutural da Ciência do Direito.

O Direito do trabalho representou uma crítica a esse estado de coisas.

8. Regras laborais francesas

I. Sobre o pano de fundo geral, acima indicado, vamos verificar como surgiram as regras jurídico-laborais mais características, ao longo do século XIX, particularmente no Continente europeu.

Na origem encontramos o pensamento fisiocrático francês. TURGOT toma medidas no sentido de pôr cobro a diversas limitações então existentes, de tipo normativo, à liberdade de trabalho [58].

No período da Revolução, foram tomadas outras medidas impressivas. O Decreto d'Allarde, de 2-17-Mar.-1791 estabeleceu a liberdade de trabalho. Em 14-Jun.-1791, a Lei Le Chapelier proíbe as corporações e quaisquer coligações de tipo profissional.

II. A França entraria no período da industrialização sem quaisquer regras de protecção laboral.

As consequências são conhecidas: dias de trabalho intermináveis; emprego maciço de mulheres e crianças em condições insalubres; péssima higiene; total desprotecção nos acidentes de trabalho, na doença, na invalidez e na velhice. A publicação, em 1840, do relatório VILLERMÉ, chamou

[58] Em especial: NORBERT OLSZAK, *Histoire du Droit du travail* (1999), 18.

a atenção para esse estado de coisas, acelerando a tomada de medidas necessárias [59].

A Lei de 22-Mar.-1841 veio introduzir medidas relativas ao trabalho de crianças, ainda que apenas nas oficinas motorizadas ou nos estabelecimentos com mais de 20 pessoas; proibição de trabalho para os menores de 8 anos; limitação a 8 horas diárias para o trabalho de crianças de 8 a 12 anos e a 12 horas, para as de 12 a 16; proibição de trabalho nocturno para os menores de 13 anos e de trabalho dominical antes dos 16.

Esta lei terá sido pouco aplicada [60].

III. Apenas em 19-Mai.-1874 seriam tomadas novas medidas: uma lei dessa data fixa o mínimo de 12 anos para o acesso ao trabalho, ainda que com excepções; além disso, prevê uma inspecção de trabalho, para garantir a sua aplicação. Segue-se uma lei de 2-Nov.-1892, que fixa os 13 anos como a idade mínima para trabalhar e limita a 10 h. o dia de trabalho para os menores de 16 anos. Toma, ainda, a primeira medida de protecção das mulheres: máximo de 11 h. diárias; proibição de trabalho nocturno; repouso semanal; proibição de certos trabalhos. Somente leis de 27-Nov.-1909 e de 17-Jun.-1913 estabeleceriam as primeiras medidas de protecção da maternidade.

IV. A redução do dia de trabalho foi, depois, uma preocupação constante do movimento sindical. Os incidentes de 1-Mai.-1886, em Chicago, ficariam na memória colectiva; o dia 1-Mai. foi, em 1889, erigido a dia mundial de protesto e da reivindicação do dia de 8 h [61].

O repouso semanal foi fixado por lei de 13-Jul.-1906.

Apenas após a Primeira Grande Guerra, em 23-Abr.-1919, foi fixado o dia de 8 h. Esta medida – tomada em diversos outros países, na mesma ocasião – tem sido associada, também, à necessidade de reintegrar no mercado de trabalho milhões de soldados desmobilizados.

---

[59] LOUIS-RENÉ VILLERMÉ, *Tableau de l'état physique et moral des ouvriers employés dans les manufactures de laine, de coton et de soie* (1840) *apud* OLSZAK, ob. sup. cit.; na altura já havia leis de protecção em Inglaterra – 1802, 1814 e 1833 – e na Prússia – 1839.

[60] Sobre toda esta matéria e com elementos subsequentes, além de OLSZAK, *Histoire* cit., 48 ss., cf. GÉRARD LYON-CAEN/JEAN PÉLISSIER/ALAIN SUPIOT, *Droit du travail*, 19.ª ed. (1998), 7 ss. e 877 ss..

[61] A liberdade de associação sindical fora estabelecida pela Lei de 21-Mai.-1884, sendo fundamental para a evolução subsequente.

Outras medidas se seguiriam, ao longo do século XX, com destaque da semana de 40 h., adoptada pela Frente Popular, em 21-Jan.-1936, para lutar contra o desemprego.

V. Em 1998, novamente as preocupações do emprego levaram, através da Lei AUBRY [62], a aprovar o princípio duma semana de 35 horas [63]. Acentuando um quadro de flexibilidade, anuncia-se uma Lei Aubry II, já muito debatida [64].

9. **Regras laborais alemãs**

I. Na Alemanha, aponta-se a Lei Prussiana de 9-Mar.-1839 como a primeira que restringiu, ao exemplo inglês, o trabalho das crianças; seguindo-se-lhe, em 15-Jan.-1840, uma Lei da Baviera [65].

Também na Alemanha, ao longo do século XIX, se verificaram excessos decorrentes da desprotecção dos trabalhadores [66]. Desde 1848 o movimento sindical veio lutando pelo seu encurtamento.

---

[62] Correspondente a um projecto apresentado por MARTINE AUBRY, a dinâmica ministra do emprego e da solidariedade do Governo francês; cf. JEAN-CLAUDE JAVILLIER, *Droit du travail*, 7.ª ed. (1999), 464 ss..

[63] O número de Abril da revista *Droit Social* (DS) ocupa-se especialmente deste diploma, inserindo artigos de YVES CHARLARON, GÉRARD COUTURIER, FRANÇOISE FEVENNEC--HÉRY, FRANÇOIS GAUDU, BERARD GAURIOU, GÉRARD GÉLINEAU-LARRIVET, ANTOINE LYON-CAEN, JEAN-EMMANUEL RAY, JEAN SAVATIER e PIERRE-YVES VERKINDT.

[64] DS, Nov. 1999, com trabalhos de PAUL-HENRI ANTONMATTÉI, GILLES AUZERO, GILLES BÉLIER, GÉRARD COUTURIER, BERNO DENKIEWICZ, JEAN-JACQUES DUPEYROUX, DOMINIQUE JOURDAN, FRANÇOISE FEVENNEC-HÉRY, CHRISTOPHE RADÉ, JEAN-EMMANUEL RAY e PIERRE LOUIS REVING.

[65] Com diversos elementos: ALFRED SÖLLNER, *Grundriss des Arbeitsrechts*, 12.ª ed. (1998), 8 ss. e ZÖLLNER/LORITZ, *Arbeitsrecht*, 5.ª ed. cit., 25 ss.. A nível monográfico: SABINE BISCHOFF, *Arbeitszeitrecht in der Weimarer Republik* (1987), 21 e 23.

[66] Quanto à evolução do Direito do trabalho, entre os clássicos: LUDWIG SCHNORR VON CAROLSFELD, *Arbeitsrecht*, 2.ª ed. (1954), 39 ss., WALTER KASKEL/HERMANN DERSCH, *Arbeitsrecht*, 5.ª ed. (1957), 7 ss., ARTHUR NIKISCH, *Arbeitsrecht* I – *Allgemeiner Lehren und Arbeitsvertragsrecht*, 3.ª ed. (1961), 13 ss. e ALFRED HUECK/HANS-CARL NIPPERDEY, *Lehrbuch des Arbeitsrechts* – I, 7.ª ed. (1963), 6 ss.. Quanto às condições reinantes no século XIX: WEGNER, *Entwicklung der Gesetzgebung und tariflicher Regelung der Arbeitszeit* (s/d), 3 ss..

II. A primeira lei geral de protecção dos trabalhadores surgiu em 1-Jun.-1891, fixando a Lei de 19-Dez.-1908 o dia de trabalho nas 10 horas. A Primeira Grande Guerra interrompeu a evolução que se registava, regressando-se, particularmente nas indústrias do armamento, a dias de trabalho de 12, 14 e 16 horas [67].

O processo foi retomado depois do armistício. Logo em 12-Nov.--1918, foi fixado, para entrar em vigor a 1-Jan.-1919, o dia de 8 h [68]. Seguiram-se diversas intervenções legislativas [69] E a 27-Mar.-1931 – portanto: em plena República de Weimar – chegou-se às 40 h. semanais, numa clara ambiência de combate à crise económica e ao desemprego [70]. Sucederam-se, depois, os diplomas sobre a duração do trabalho, em resposta às exigências do mercado de emprego ou, pelo menos, do que se pensava, na época, corresponder a tais exigências [71].

III. A Lei de Duração do Trabalho – AZO [72] –, de 30-Abr.-1938, veio regular com precisão a dogmática da duração do trabalho [73]. Trata-se dum diploma que, com poucas alterações, vigorou quase meio-século [74], em condições bastante diversificadas [75]. A partir da recuperação subsequente

---

[67] S. Bischoff, *Arbeitszeitrecht* cit., 26 a 28.

[68] Cf. Joachim Fischer, *Das Übereinkommen von Washington über den Achtstundentag (1919-1929)* (1929), 19 ss..

[69] Cf. W. Dehms, *Die Arbeitszeit nach deutschen Recht* (1927), Gerhard Erdmann, *Die Verordnung über die Arbeitszeit vom 21-Dez.-1923 nebst dem Gesetz zur Abhänderung der Arbeitszeitverordnung von 14.April 1927*, 3.ª ed. (1927) e G. Rohmer, *Die Verordnung über die Arbeitszeit in der Fassung des Arbeitszeitnotgesetzes vom 14. April 1927* (1927), 3; há uma 2.ª ed., de 1929.

[70] S. Bischoff, *Arbeitszeitrecht* cit., 156.

[71] Compulsámos: F. Schindler/F. Deutschbein, *Die Arbeitszeitkürzung nach der Notverordnung vom 5. Juni 1931* (1932), IX e *passim*, Gustav Rohmer, *Arbeitszeitordnung/ in der Fassung der Verordnung von 26-Juli-1934* (1934) e Richard Schneider/Hans Wolkersdörfer, *Arbeitszeitordnung vom 26-Jul.-1934* (1937).

[72] *Arbeitszeitordnung*; cf. Wolfgang Siebert, *Das Recht der Arbeit* (1941), 92.

[73] Cf. Werner Mansfeld, *Arbeitszeitrecht*, 3.ª ed. (1938), 1 ss., Gustav Rohmer, *Arbeitszeitordnung und Jugendschutzgesetz*, 5.ª ed. (1939; foi também confrontada a 4.ª ed., de 1935) e Wilhelm Rohde, *Arbeitszeitordnung und Jugendschutzgesetz/Kommentar* (1939).

[74] Johannes Zmarzlik, *Arbeitszeitordnung/Kommentar* (1967), Waldemar Röhsler, *Die Arbeitszeit/Arbeitszeitregelungen für Arbeitnehmer unter Einschluss der gleitenden Arbeitszeit* (1973), 19 ss. e J. Denecke/Herbert Monjau/Dirk Neumann, *Arbeitszeitordnung/Kommentar*, 8.ª ed. (1973), 39 ss..

[75] Cf. Jörg Janicki, *Aktuelle arbeitszeitrechtliche Probleme und der Entwurf der Arbeitszeitgesetzes* (1991), *passim.*

à 2.ª Guerra Mundial, pôs-se o problema de novas reduções do tempo de trabalho; foi ponderado o fenómeno perante a empresa [76], em face do tempo livre e do tempo óptimo [77], mediante a denominada semana de 4 dias [78] e ponderando-se já esquemas de flexibilização [79].

Após longos debates, foi aprovada a Lei de Duração do Trabalho de 6-Jun.-1994 [80] – ArbZG [81]. Este diploma veio corresponder à moderna necessidade de flexibilização dos tempos de trabalho e do horário [82], em termos a que teremos oportunidade de regressar.

Cumpre ter presente que o moderno Direito do trabalho alemão deixa grande margem à negociação colectiva, em cuja sede se têm procurado soluções para a crise do emprego [83]. Os direitos fundamentais têm um papel relevante [84], sendo de reter que, numa curiosa inversão histórica, eles têm levado – por exemplo – à invalidação da tradicional legislação de tutela das mulheres [85].

---

[76] KLAUS HUFFELMANN, *Die Arbeitszeitverkürzung* (1964), 17 ss. e 52.

[77] ERNST MICHANEK/INGVAR OHLSSON, *Verkürzung der Arbeitsrecht/Schwedische Untersuchung* (1958), 91 ss. e 119.

[78] HERBERT MONJAU, *Von der 5-Tage-Woche zur 4-Tage-Woche* (1971).

[79] Assim RÖHSLER, *Die Arbeitszeit* cit., 51.

[80] SÖLLNER, *Grundriss des Arbeitsrechts*, 12.ª ed. cit., 225.

[81] *Arbeitszeitgesetz*, alterada, por último, em 9-Jun.-1998; cf. os *Arbeitsgesetze* da Beck, 57.ª ed. (2000), 278 ss..

[82] PETER DOBBERAHN, *Das neue Arbeitszeitrechtsgesetz* (1994), 11 ss., e DIRK NEUMANN/JOSEF BIEBI, *Arbeitszeitgesetz* (1995), 65 ss..

[83] PETER HANAU, *Der Tarifvertrag in der Krise*, RdA 1998, 65-71, ROLF WANK, *Die Auslegung von Tarifverträgen*, RdA 1998, 71-90 e CORD MEYER, *Chancen und Grenzen der Anpassung von Tarifverträgen*, RdA 1998, 142-155.

[84] HERBERT WIEDEMANN/HARALD PETERS, *Neuere Rechtsprechung zur Bedeutung des Gleichheitsatzes für Tarifverträge eingreifen?*, RdA 1997, 351-355, WOLFGANG RÜFNER, *Verantwortung des Staates für die Parität der Sozialpartner?*, RdA 1997, 130-134, GÜNTER HIRSCH, *Die Grundrechte in der Europäischen Union*, RdA 1998, 194-200 e PETER BADURA, *Arbeitsrecht und Verfassungsrecht*, RdA 1999, 8-13 (9).

[85] Assim: DAGMAR SCHIEK, *Nachtarbeitsverbot für Arbeiterinnen/Gleichberechtigung durch Deregulierung?* (1992), 419 e *passim*.

Já nos finais do século XX, o problema pôs-se, também, em França; cf. JEAN PHILIPPE LHERNOULD, *Un employeur peut-il s'opposer à la demande d'une de ses salariées de travailler la nuit?*, DS 1999, 129-132 e HÉLÈNE MASSE-DESSEN/MARIE-ANGE MOREAU, *A propos du travail de nuit des femmes: nouvelle contribution sur l'application des directives européennes*, DS 1999, 391-394: passados cem anos, o que antes fora uma conquista dos trabalhadores vem a ser repudiado, por contrário à igualdade e à liberdade: trata-se duma situação a ter em conta e que se verifica noutras áreas jurídico-laborais.

§ 3.º EVOLUÇÃO JURÍDICO-LABORAL PORTUGUESA

10. Generalidades

I. O Direito do trabalho português caracteriza-se, entre outros aspectos, por uma marcada dependência em relação ao legislador.

Passos que noutros espaços jurídicos foram obtidos através de negociação colectiva adviram, entre nós, de iniciativas reformadoras do Estado. A própria contratação colectiva terá sido, em grande parte, antecedida por legislação destinada a reconhecê-la [86].

II. Também a prolixidade legislativa marca o Direito do trabalho nacional. À semelhança do que sucede noutras áreas normativas, a legislação laboral portuguesa tem sofrido frequentes alterações. A instabilidade legislativa dificulta a formação de uma doutrina e de uma jurisprudência estáveis, causando, além disso, problemas complexos de sucessão das leis no tempo.

III. Finalmente, a Administração laboral mantém, no País, um papel que transcende o das suas congéneres europeias. Sem dúvida que a fiscalização do Estado é essencial, no domínio do trabalho: até para evitar que os prevaricadores sejam recompensados com maiores lucros. Entre nós ia-se, todavia, mais longe: numa sequela do corporativismo, a Administração intervinha, previamente, em decisões empresariais que, pela lógica do sistema, apenas deveriam competir aos empregadores. Trata-se duma postura que vem sendo revista e isso sem prejuízo da necessidade duma fiscalização subsequente.

---

[86] Cf. o nosso *Manual de Direito do trabalho* cit., 232 ss..

IV. A preponderância do Estado no campo laboral leva-nos a propor uma periodificação do Direito português do trabalho em função do tipo de política legislativa. Teremos, assim, 5 fases [87]:

- a fase do Direito civil: de 1834 a 1891;
- a fase das medidas de protecção: de 1891 a 1926;
- a fase corporativa: de 1926 a 1974;
- a fase social: de 1974 a 1989;
- a fase actual: de 1989 em diante.

Caracterizaremos as 5 fases à medida que formos apresentando o seu conteúdo [88].

11. A fase do Direito civil (1834 a 1891)

I. O Direito do trabalho moderno nasceu, também entre nós, com a supressão das antigas corporações [89]. A medida visava, expressamente, consagrar o princípio liberal da liberdade de indústria; na realidade, não veio mais do que rematar uma longa decadência, iniciada no século XVI e intensificada, em Portugal, a partir de meados do século XVIII [90].

---

[87] No nosso *Manual de Direito do trabalho* cit., 50 ss., tínhamos operado, apenas, na base de 3 fases: liberal, corporativa e actual. Uma reflexão demorada permitirá, uma periodificação mais analítica. Cf., ainda, as exposições de ROMANO MARTINEZ, *Direito do trabalho*, 1.º vol. cit., 103 ss. e de BERNARDO XAVIER, *Curso de Direito do trabalho* cit., 43 ss..

[88] Um texto histórico importante sobre a evolução do Direito do trabalho português, designadamente no tocante a medidas de protecção é, ainda hoje, o parecer da Câmara Corporativa sobre o projecto do que viria a ser a Lei da Duração do Trabalho, aprovada pelo Decreto-Lei n.º 409/71, de 27 de Setembro: trata-se do parecer n.º 26/X (MANUEL CID DE OLIVEIRA PROENÇA), ACC, n.º 72, X Legislatura (1971), 4-Mai., 747-802, intitulado *Duração do trabalho prestado por força do contrato de trabalho*; cf., aí, 757 ss..

[89] Decreto de 7 de Maio de 1834, em *Collecção de Decretos e Regulamentos mandados publicar por sua Magestade Imperial o Regente do Reino desde a sua entrada em Lisboa até à instalação das Câmaras Legislativas* (1840), 115, cujo artigo 1.º dispunha:

> Ficam extinctos os Logares de Juiz, e Procuradores do Povo, Mesteres, Casa dos vinte e quatro, e os gremios dos differentes Officios.

[90] Cf. SOARES MARTINEZ, *Manual de Direito Corporativo*, 3.ª ed. cit., 61 ss..

II. O desaparecimento da ordem antiga deixou os agentes laborais totalmente entregues ao Direito civil. Seguiu-se, assim, uma larga autonomia privada no domínio laboral: a supressão das velhas corporações não deu lugar a qualquer outra regulação, enquanto que, a nível económico como a nível científico, nenhuma alteração jogava a favor do laboralismo. Não havia, no País, uma indústria propriamente dita [91], enquanto, no Direito em geral, se mantinha um esforço codificador, ainda não coroado de êxito.

III. O pensamento laboral europeu ia sendo conhecido: VIEIRA DA SILVA, tipógrafo, tentou constituir o primeiro sindicato português [92]; em 1840, SILVESTRE PINHEIRO FERREIRA elabora um Projecto da Associação das Classes Industriosas, que apresentaria, três anos volvidos, às Cortes, sem sucesso [93]; em 1852 registam-se as primeiras greves – entre trabalhadores dos tabacos e tipógrafos [94].

IV. O Decreto de 7 de Maio de 1834, que havia abolido as antigas corporações, foi interpretado no sentido de proibir, para o futuro, quaisquer associações de tipo profissional; os sindicatos e a acção sindical seriam assim, vedados, numa medida complementada pelo Código Penal de 1852 que incriminava a greve e os dirigentes de associações ilícitas, por falta de autorização.

Algumas medidas legislativas destinadas ao melhoramento das condições de trabalho fizeram, também, uma tímida aparição. Não são, no

[91] Quanto à incipiente situação industrial então existente, cf. MARIA TAVARES DA SILVA, *Direito do Trabalho* cit., 307 ss. onde se lê, designadamente: "... não há ainda problemas específicos do proletariado industrial pela simples razão de que não existe indústria". A tal propósito, é curiosa e elucidativa a leitura de J. ACÚRSIO DAS NEVES, *Memória sobre os meios de melhorar a indústria portuguesa*, 1820.

[92] Cf. COSTA JÚNIOR, *História breve do movimento operário português* (1964), 17; a tentativa ocorreu em 1834, tendo sido, também sem êxito, retomada dois anos mais tarde.

[93] Publ. em *Antologia do pensamento jurídico português/Silvestre Pinheiro Ferreira*, BMJ 12 (1949), 89-156 (95 ss., a apresentação do próprio e 101 ss., o articulado). Em 1846 surgiu a *Caixa de socorros dos empregados da Imprensa Nacional* e, em 1850, foi fundado – ainda que por intelectuais – o primeiro jornal operário, *O Eco dos Operários*. Outras organizações e jornais se lhe seguiriam: cf. M. TAVARES DA SILVA, *Direito do Trabalho* cit., 318 ss..

[94] Cf. FERNANDO EMYGDIO DA SILVA, *As greves* 1 (1913), 269.

entanto, suficientemente relevantes para justificar a autonomização de uma disciplina jurídica [95].

V. Esta fase é ainda marcada, a nível jurídico, pelo aparecimento, em 1867, da primeira codificação civil portuguesa [96] e, no plano económico, por uma relativa industrialização do País, com a concomitante erupção de vários factores periféricos de desenvolvimento laboral [97]: associações, lutas colectivas e iniciativas similares. Ao Código Civil, pelo seu significado profundo no domínio da cultura jurídica, é devida a maior atenção.

Elaborado na linha do Código Napoleónico, de 1804, o Código de SEABRA assumia uma feição individualista marcada: todo ele se arquitectava em função da pessoa e dos bens, surgindo os contratos como simples meio de adquirir a propriedade [98]. O contrato de trabalho não teve, nele, qualquer referência expressa, enquanto tal. Trata-se de uma situação comum e explicável: como qualquer codificação, o Código de SEABRA veio traduzir a elaboração doutrinária anterior à sua aprovação; ora tal elaboração desconhecia o fenómeno juslaboral.

Não obstante – e complementando o quadro conhecido pelo Direito comum da pré-codificação – o Código de SEABRA veio regular o contrato de prestação de serviço doméstico – artigo 1370.º e seguintes – e o contrato do serviço salariado – artigo 1391.º e seguintes. Este último era, efectivamente, o contrato de trabalho; basta atinar no dispositivo do artigo

---

[95] Regista-se, assim, um Decreto de 27 de Agosto de 1855 (RODRIGO DA FONSECA) – *Collecção official da Legislação Portugueza*, 1855, 294-303 – sobre estabelecimentos insalubres, incómodos e perigosos; visa, no entanto, proteger a saúde, a segurança e os bens dos vizinhos e não dos trabalhadores.

[96] A aprovação do Código Civil de 1867, de acordo com o projecto do VISCONDE DE SEABRA, pode confrontar-se, nas suas vicissitudes, em: JOSÉ DIAS FERREIRA, *Código civil portuguez annotado* 1 (1890), V ss.; GUILHERME MOREIRA, *Instituições de Direito Civil português* 1 (1907), 22 ss.; TEIXEIRA D'ABREU, *Curso de Direito Civil*, 1 – *Introdução* (1910), 378 ss.; JOSÉ TAVARES, *Os princípios fundamentais do Direito civil*, 1, 2.ª ed. (1929), 325 ss.; LUÍS CUNHA GONÇALVES, *Tratado de Direito Civil* 1 (1929), 121 ss.; J. G. PINTO COELHO, *Direito Civil (Noções fundamentais)* (1936-37), 129-131; L. CABRAL DE MONCADA, *Lições de Direito Civil*, 1, 3.ª ed. (1959), 128 ss..

[97] Cf. M. VILLAVERDE CABRAL, *Sobre o século XIX português: a transição para o capitalismo*, Análise Social, XII (45), 1976/1.º, 106-126 (121) e *O desenvolvimento do capitalismo em Portugal no século XIX* (1976), 247 ss. e 270 ss..

[98] Recorde-se que o Código de SEABRA se repartia por quatro partes: I – *Da capacidade civil*; II – *Da aquisição dos direitos*; III – *Do direito de propriedade*; IV – *Da ofensa dos direitos e da sua reparação*.

1392.º do Código de SEABRA que consagrava, com clareza, a subordinação laboral:

> O serviçal assalariado é obrigado a prestar o trabalho, a que se propôs, conforme as ordens e direcção da pessoa servida. Se assim o não fizer, poderá ser despedido antes que finde o dia, pagando-se-lhe as horas de serviço prestado.

A regulação por ele estabelecida era, no entanto, parca; e a insuficiência perfilava-se, patente, mesmo para a época [99].

Com relevo laboral pode apontar-se ainda, no Código de SEABRA, o contrato de aprendizagem – artigo 1424.º e seguintes. A esse proprósito surgiam já normas protectoras do "aprendiz" [100].

VI. O período ficou ainda marcado por surtos grevistas e pelos primeiros contactos internacionalistas das organizações operárias portuguesas [101]; tudo isto não foi prejudicado pelo agravamento das penas pela greve ou pelo despedimento colectivo, através do artigo 170.º do Código Penal de 1886.

12. **A fase das medidas de protecção**

I. A segunda fase, iniciada em 1891, foi provocada pelo Ultimato inglês e pela instabilidade política que se lhe seguiu. A industrialização do País prosseguia o seu curso, em termos que davam já um peso social aos trabalhadores, enquanto o influxo de novas correntes e agrupamentos – desde os republicanos aos anarquistas – provocara uma agitação que o legislador pretendeu minorar [102]: tal a origem das primeiras medidas de protecção laboral.

---

[99] CUNHA GONÇALVES, *Tratado* cit., VII (1933), 573, faz notar que o dispositivo civil português era preferível ao francês ou ao brasileiro, que mantinham a referência a uma locação de serviços. Mas estranha que o serviço doméstico tivesse merecido ao legislador de 1867 vinte artigos, enquanto que o contrato do serviço assalariado ou trabalho se contentara com cinco.

[100] Segundo o artigo 1427.º do Código de SEABRA, "Nenhum aprendiz, antes dos catorze anos, pode ser obrigado a trabalhar mais de nove horas em cada vinte e quatro nem, antes dos dezoito, mais de doze". Para CUNHA GONÇALVES, *Tratado* cit., VII, 755, "... deve notar-se quão deshumano era o art. 1427.º ...".

[101] Cf. EMYGDIO DA SILVA, *As greves* cit., 271 ss.; M. TAVARES DA SILVA, *Direito do Trabalho* cit., 341 ss.; COSTA JÚNIOR, *Movimento operário* cit., 31 ss.. A nível político, a movimentação traduziu-se pela criação, em 1875, do Partido Socialista.

[102] Cf. M. TAVARES DA SILVA, *Direito do Trabalho* cit., 353.

II. Foram, assim, publicados:

- o Decreto de 9 de Maio de 1891 sobre associações de classe, para defesa dos interesses dos seus membros; a sua constituição ficava dependente de aprovação dos estatutos pelo Governo, o que, segundo os comentadores, acontecia, por norma, como simples formalidade [103];
- o Decreto de 14 de Abril de 1891 sobre o trabalho de mulheres e de menores: a protecção era prosseguida através de uma série de restrições, escalonadas por idades, quanto ao tipo de trabalho e à sua duração, para essas duas categorias consideradas vulneráveis [104];
- os Decretos de 19 de Março de 1891 sobre árbitros-avindores.

Outra legislação se seguiu designadamente no domínio das condições de trabalho [105].

III. A proclamação da República, em 1910, não introduziu, por si, alterações no universo laboral [106]. O Decreto de 6 de Dezembro de 1910 veio, na verdade, permitir a greve e o despedimento colectivo [107], revogando a correspondente penalização, inserida no Código Penal; essa permissão

[103] Apesar do silêncio deste diploma, depressa se vieram a formar federações de sindicatos, designadamente no Porto e em Lisboa. Um novo diploma, de 5 de Julho de 1894, viria regular os sindicatos agrícolas.

O texto do Decreto de 9-Mai.-1891 pode ser confrontado na *Collecção de Legislação Portugueza* (1891), 227-231.

[104] Um resumo do dispositivo pode ser confrontado em M. Tavares da Silva, *Direito do Trabalho* cit., 364 ss.. Segundo o preâmbulo desse diploma, "A cobiça natural das empresas deseja nos seus trabalhos o menor porque ele é instrumento dócil e barato e tanto mais barato quanto mais produzir". Avançado para a época, este diploma nem sempre foi, na prática, aplicado. O diploma é publicado em anexo.

[105] Assim, por exemplo: Portaria de 7-Ago.-1894, sobre estatísticas de acidentes de trabalho; Decreto de 6-Jun.-1895, sobre inspecção e vigilância na construção civil; Decreto de 24-Set.-1898, sobre fiscalização das caldeiras e recipientes a vapor; Carta de Lei de 24-Mai.-1902 e Decreto de 24-Dez.-1902, sobre substâncias explosivas; Decreto de 28-Fev.-1903 sobre indústrias eléctricas, etc. Para mais pormenores, cf. M. Tavares da Silva, *Direito do Trabalho* cit., 374.

[106] Emygdio da Silva, *As greves* cit., 295 ss., relata, em páginas muito interessantes, os acontecimentos laborais então registados.

[107] Segundo esse diploma, era "... garantido aos operários como aos patrões o direito de se coligarem para a cessação simultânea do trabalho".

era acompanhada de restrições no domínio dos "serviços de interesse público" e de uma proibição para a função pública. A permissão jurídica da greve não teve grandes repercussões de fundo: por um lado, as greves eram frequentes durante a proibição sem que, daí, resultassem particulares consequências; por outro, a permissão de 1910 não impediu a repressão das greves e a perseguição dos grevistas as quais, em certa medida, foram mesmo intensificadas [108].

Caberia de novo ao Estado a introdução, por via legislativa e sempre insular, de algumas medidas jurídico-laborais:

- o Decreto de 8 de Março de 1911 veio garantir o descanso semanal, já fixado pelo Decreto de 9 de Janeiro desse mesmo ano [109];
- a Lei n.º 83, de 24 de Julho de 1913, veio fazer correr pelos empregadores o risco de acidentes de trabalho, em certos ramos de actividade considerados perigosos [110].
- a Lei n.º 494, de 16 de Março de 1916, veio criar o Ministério do Trabalho e da Previdência Social;
- o Decreto n.º 5.516, de 10 de Maio de 1919, veio fixar em oito horas por dia e 48 por semana a duração máxima do trabalho normal, aceitando uma das mais célebres reivindicações dos trabalhadores, a nível mundial [111];
- o Decreto n.º 10.415, de 27 de Dezembro de 1924, veio regular as uniões ou federações de grémios, mencionando, pela primeira vez, de modo expresso, os contratos colectivos de trabalho.

IV. Registe-se, por fim que, culminando uma longa série de esforços, reuniu em Coimbra, no ano de 1919, um Congresso Operário Nacional,

---

[108] Cf. Costa Júnior, *Movimento operário* cit., 67 ss.. Graves acontecimentos tiveram lugar em 1912, na sequência de uma greve geral proclamada entre os trabalhadores rurais do Alentejo, severamente reprimida; foi decretada uma greve geral revolucionária em todo o País, que acabaria com a tomada, pela polícia e pelo exército, da sede da União das Associações de Classe de Lisboa, a 31-Jan.-1912, numa altura em que esta já havia decidido cessar a greve, e com a prisão de 700 sindicalistas que aí se encontravam, os quais foram conduzidos para navios de guerra. Cf. Manuel Joaquim de Sousa, *O sindicalismo em Portugal*, 2.ª ed. (1974), 90 ss. e Alexandre Vieira, *Para a história do sindicalismo em Portugal*, 4.ª ed. (1974), 61 ss..

[109] Publicados em anexo.

[110] Cf. M. Tavares da Silva, *Direito do Trabalho* cit., 176 ss..

[111] Publicado em anexo.

que criaria a Confederação Geral do Trabalho – C.G.T. –, de predominância anarquista, que teria, na época, grande influência [112].

13. **A fase corporativa (1926-1974)**

I. A fase corporativa surgiu como projecção do regime político implantado na sequência da sublevação militar de 28 de Maio de 1926 [113]. É possível distinguir, nela, dois subperíodos:

1.º – de 1926 a 1966
2.º – de 1966 a 1974.

O primeiro subperíodo foi marcado pela formação e consolidação, em termos jurídicos, do pensamento laboral do Estado novo. A acção estadual foi decisiva, tendo o Direito do trabalho conhecido, nessa altura, um desenvolvimento central. De início, apenas se registou a proibição da greve – Decreto n.º 13.138, de 15 de Fevereiro de 1927. Um sistema mais completo seria prenunciado pela Constituição de 1933 e pelo Estatuto do Trabalho Nacional, aprovado pelo Decreto-Lei n.º 23.048, de 23 de Setembro de 1933.

II. Na linha das constituições sociais programáticas, filiadas na experiência de Weimar, a Constituição de 1933 veio consagrar direitos relativos ao trabalho, de efectivação mais ou menos imediata; assim o direito ao trabalho – artigo 8.º/1-A – e a liberdade de escolha da profissão – artigo 8.º/7. Os elementos corporativos [114] levaram-se a proscrever, expres-

---

[112] Um breve apanhado das evoluções subsequentes, que incluiriam violência e ilegalidades por parte dos empregadores, dos trabalhadores e dos próprios governos republicanos e, ainda, uma série de desacordos dentro da C.G.T. pode ser confrontado em COSTA JÚNIOR, *Movimento operário* cit., 117 ss.; cf., também, ANTÓNIO VIANA MARTINS, *Da I República ao Estado Novo* (1976), 51 ss..

[113] No início, tratava-se apenas de mais uma intervenção militar na política, numa prática bastante comum ao longo de todo o liberalismo; uma série de factores levou, no entanto, a uma perpetuação dos militares no poder e, depois, à ascensão de SALAZAR; o regime adquiriria, assim, um teor ideológico autoritário; cf. JORGE CAMPINOS, *A ditadura militar 1926/1933* (1975); ANTÓNIO DE FIGUEIREDO, *Portugal: Cinquenta anos de ditadura* (1975).

[114] O corporativismo é uma doutrina política, económica e social difícil de definir, dada a multiplicidade de orientações que comporta ou comportou – cf. ALBERTO XAVIER, *Direito corporativo* (1972), 3 ss.. No essencial, apresentou-se como uma terceira via entre o liberalismo e o socialismo, procurando evitar o dilema indivíduo-Estado com

samente, a luta de classes, com reflexos imediatos no Direito do trabalho colectivo. Assim,

> artigo 35.º A propriedade, o capital e o trabalho desempenham uma função social, em regime de cooperação económica e solidariedade, podendo a lei determinar as condições do seu emprego ou exploração conformes com a finalidade colectiva.
>
> artigo 39.º Os conflitos colectivos nas relações de trabalho serão dirimidos nos termos da lei, por conciliação ou por arbitragem, não sendo permitida a suspensão de actividade por qualquer das partes com o fim de fazer vingar os respectivos interesses.

Desta contraposição resultou uma dupla linha de evolução jurídico-laboral no Estado Novo:

– o Direito do trabalho individual e o Direito das condições de trabalho seguiram, com alguns desvios menores, um rumo comparável ao dos outros ordenamentos ocidentais [115];
– o Direito colectivo do trabalho, em função das proibições que incidiram sobre as lutas laborais colectivas e a liberdade de associação apresentou uma feição distorcida.

---

recurso a entes intermédios – as corporações. Cf., além de A. Xavier: Marcello Caetano, *Lições de Direito Corporativo*, 1935; Fezas Vital, *Curso de Direito Corporativo*, 1940; Adriano Moreira, *Direito Corporativo*, Lisboa, 1951; Soares Martinez, *Manual de Direito Corporativo*, 3.ª ed. cit.; Oliveira Ascensão, *Direito corporativo* (1964, reimpr. 1971); Alexandre Coelho do Amaral, *Corporativismo e Direito corporativo* (1969/70); Sérvulo Correia, *Sumários de Direito Corporativo* (1971); Vital Moreira, *Direito corporativo* (1973). Além destas obras onde podem ser confrontadas as diversas orientações corporativas, cabe referir dois artigos aprofundados: Nuno Cabral Basto, *Ordem natural e organização plural*, ESC VI, 24 (1967), 115-154 e Rui Machete, *Os princípios e classificações fundamentais do corporativismo*, SI XVIII, 99-100 (1969), 398-440. O termo "corporativismo", bem como algumas das suas ideias, foram aproveitadas, em moldes ora propagandísticos ora efectivos, pelo regime fascista de Mussolini e por certos regimes autoritários, como o do Estado Novo, designadamente para combater o sindicalismo livre. Resultou, daí, um descrédito acentuado. Algumas das suas teses, com outros epítetos, têm encontrado abrigo em programas políticos muito variados; assim, por exemplo, o relevo dado ao "poder local" ou às "associações culturais". As referências a um neocorporativismo surgiram nos escritos da década de oitenta do século XX, tendo, depois, caído em desuso, com o incremento do liberalismo subsequente a 1989 e ao desabar do comunismo soviético.

[115] Efectivamente, o essencial da legislação em vigor nestes domínios é anterior a 1974.

III. Os principais diplomas de Direito do trabalho cifram-se, neste período no que segue:

- a Lei n.º 1.952, de 10 de Março de 1937, aprovou o regime do contrato individual de trabalho, constituindo o primeiro diploma a ocupar-se da matéria;
- o Decreto-Lei n.º 24.402, de 24 de Agosto de 1934 [116], aprovou as regras relativas à duração de trabalho, com alterações posteriores;
- a Lei n.º 1.942, de 27 de Julho de 1936 [117], veio dispor sobre acidentes de trabalho e doenças profissionais;
- o Decreto-Lei n.º 23.870, de 18 de Maio de 1934 [118], veio punir a greve e o despedimento colectivo;
- o Decreto-Lei n.º 36.173, de 6 de Março de 1947 [119], veio aprovar o regime das convenções colectivas de trabalho [120].

IV. O segundo subperíodo acusou a necessidade de modernização, imposta por novas circunstâncias e pelo desenvolvimento económico-social então registado. Assim:

- a Lei n.º 2.127, de 3 de Agosto de 1965, veio aprovar o regime dos acidentes de trabalho e das doenças profissionais;
- o Decreto-Lei n.º 47.032, de 27 de Maio de 1966, substituído pelo Decreto-Lei n.º 49.408, de 24 de Novembro de 1969, veio aprovar o regime do contrato individual de trabalho;
- o Decreto-Lei n.º 49.212, de 28 de Agosto de 1969, veio aprovar o regime das relações de trabalho colectivas;
- o Decreto-Lei n.º 409/71, de 27 de Setembro, veio aprovar o regime da duração do trabalho [121].

---

[116] Com alterações introduzidas pelos Decretos-Leis n.º 26.917, de 24 de Agosto de 1936 e n.º 43.182, de 23 de Setembro de 1960. Estes diplomas são publicados em anexo.

[117] Com alterações introduzidas pelos Decretos-Leis n.º 27.165, de 10 de Novembro de 1936 e n.º 38.539, de 24 de Novembro de 1951.

[118] Alterado pelo Decreto-Lei n.º 24.836, de 2 de Janeiro de 1935.

[119] Alterado pelo Decreto-Lei n.º 43.182, de 23 de Setembro de 1960.

[120] Outra legislação relativa a este primeiro período do juslaboralismo corporativo pode ser confrontada em M. TAVARES DA SILVA, *Direito do Trabalho* cit., 440 ss..

[121] Publicado em anexo.

A evolução neste segundo período confirma a dupla linha acima enunciada: as grandes especificidades cifravam-se no Direito colectivo do trabalho. Note-se, no entanto, que o Decreto-Lei n.º 49.212, de 28 de Agosto de 1969, correspondia já a uma elaboração doutrinária considerável, embora incompleta [122].

Uma referência favorável é, também, merecida pelo Decreto-Lei n.º 409/71, de 27 de Setembro, que abaixo examinaremos mais detidamente.

14. **A fase social (1974-1989)**

I. A fase social iniciou-se com a queda do Estado Novo, em 25-Abr.-1974.

Na Revolução de 1974-75 não houve, em momento algum, a introdução de modificações radicais, no Direito do trabalho.

É certo que logo em 27 de Maio, o Decreto-Lei n.º 217/74 veio aprovar

> (...) um conjunto de disposições transitórias destinadas a abrir caminhos para a satisfação das justas e prementes aspirações das classes trabalhadoras e a dinamizar a actividade económica.

---

[122] Apesar de algumas deficiências, a doutrina laboral conheceu um desenvolvimento importante, a partir da década de sessenta, o qual permitiu o surto acima apontado. A inexistência, no Curso geral da licenciatura em Direito, de uma disciplina de Direito do trabalho foi um óbice gravoso no desenvolvimento da matéria. O Decreto-Lei n.º 23.382, de 20 de Dezembro de 1933, veio introduzir, nos cursos de Direito, um Curso (semestral) de Direito Corporativo, em substituição do Curso de Economia Social; e fê-lo integrando-o no grupo de Ciências Económicas. Este estado de coisas impediu que o Curso de Direito Corporativo se tornasse num verdadeiro Curso de Direito do Trabalho: os programas perdiam-se nas discussões sobre o sentido das doutrinas corporativas e das corporações e esgotavam-se com a orgânica corporativa então em vigor. A situação surgia amenizada apenas a nível de Curso Complementar (6.º ano) onde era, efectivamente, leccionado Direito do trabalho, designadamente na Faculdade de Direito de Lisboa. Fora das Faculdades de Direito, o Direito de trabalho desenvolveu-se no Instituto de Estudos Sociais e no Centro de Estudos Sociais e Corporativos, que editou a importante revista Estudos Sociais e Corporativos (ESC). A reforma de 1972 – Decreto-Lei n.º 364/72, de 28 de Setembro – introduziu, no 3.º ano, um semestre de Direito Corporativo e do Trabalho; não chegou a entrar em vigor, na sequência dos acontecimentos de 1974. Sobre o ensino do Direito do Trabalho cf. PEDRO ROMANO MARTINEZ, *Relatório de Direito do Trabalho* (1998).

O artigo 6.º/3 deste diploma determinava que o Governo publicasse

> (...) no prazo de trinta dias, legislação adequada sobre organizações sindicais de trabalhadores e associações patronais, bem como legislação que regulamente a greve, o *lock-out* e as relações colectivas de trabalho.

Este programa não foi cumprido.

II. O Decreto-Lei n.º 392/74, de 27 de Agosto aprovou um regime de direito à greve e "lock-out". Considerado restritivo, teve pouca aplicação, vindo a ser substituído pela Lei n.º 65/77, de 26 de Agosto, muito permissiva [123]. O *lock-out*, na linha imposta pela Constituição, está proibido.

O Decreto-Lei n.º 292/75, de 16 de Junho, fixou salários máximos e mínimos e suspendeu os despedimentos durante trinta dias. Os despedimentos foram regulados, em termos restritivos, pelo Decreto-Lei n.º 372-A//75, de 16 de Julho. Este diploma ainda admitia, ao lado do despedimento com justa causa, despedimentos com base em "motivo atendível". Considerada contrária à Constituição, esta hipótese foi vedada pelo Decreto-Lei n.º 84/76, de 28 de Janeiro.

III. O Decreto-Lei n.º 372-A/75 foi alterado pelo Decreto-Lei n.º 841-C/76, de 7 de Dezembro, que ampliou o conceito de justa causa, alargando as hipóteses em que ela vinha expressamente prevista. O Decreto-Lei n.º 841-E/76, também de 7 de Dezembro, procurou facilitar o processo de despedimento; essa linha foi, porém, invertida pela Lei n.º 48/77, de 11 de Julho que, com emendas, ratificou o Decreto-Lei n.º 841-C/76, de 7 de Dezembro.

IV. Como balanço, podemos considerar que esta fase recebeu o essencial da legislação do Estado Novo – de resto: bastante avançada, descontando os bloqueios nas áreas colectivas provocados pela ausência de sindicalismo livre e pela proibição da greve. Além disso, liberalizou, quase sem limites, a greve e bloqueou, ao máximo, os despedimentos.

Chegou-se, assim, a um regime rígido: as únicas válvulas eram representadas pelos contratos a termo, facultados pelo Decreto-Lei n.º 781/76, de 28 de Outubro, e pelos despedimentos colectivos. O resultado prático foi o proliferar duns e doutros. A precarização do emprego fez a sua aparição; e nem por isso os trabalhadores já empregados ficavam totalmente ao abrigo do despedimento.

---

[123] Cf. o nosso *Manual* cit., 380 ss..

15. A fase actual (1989 em diante)

I. A modernização do Direito do trabalho exige que, sem perda do seu sentido social, se aprontem instrumentos capazes de adequar as situações laborais à realidade multifacetada da economia.

Na base duma descompressão associada à perda do radicalismo verificado na Revolução [124], procuraram-se consensos, designadamente no quadro da chamada concertação social.

II. A flexibilização tem progredido, ainda que lentamente. A nova Lei da Cessação do Contrato de Trabalho (LCCT), aprovada pelo Decreto-Lei n.º 64-A/89, de 27 de Fevereiro [125], tentou um certo equilíbrio: reduziu o âmbito dos contratos a prazo e abriu o leque das hipóteses de cessação do contrato por razões atinentes à empresa.

III. Com algumas oscilações, foram sendo tomadas diversas medidas. Assim, no tocante à duração do trabalho:

- o Decreto-Lei n.º 48/96, de 15 de Maio, regulou o período de funcionamento dos estabelecimentos comerciais;
- a Lei n.º 21/96, de 23 de Julho, tomou medidas no sentido da semana de 40 horas;
- a Lei n.º 73/98, de 10 de Novembro, veio transpor para a ordem interna a Directriz n.º 93/104/CE, do Conselho, de 23 de Novembro, relativa à organização do tempo de trabalho [126];
- a Lei n.º 103/99, de 26 de Julho, regulou o trabalho a tempo parcial, facilitando a repartição do trabalho existente [127].

No fundo, estes diplomas têm, subjacente, a necessidade de adaptar o regime laboral à captação de mais empresas.

---

[124] Monteiro Fernandes, *Direito do trabalho*, 11.ª ed. (1999), 44 ss., fala em "legislação concertada".

[125] Quanto aos episódios que antecederam este diploma e, designadamente, a tentativa de reforma de 1988, fracassada perante o TC 31-Mai.-1988 (Monteiro Dinis), DR I Série n.º 141, de 21-Jun.-1988, 2516-2543 = BMJ 377 (1988), 155-218, que a considerou inconstitucional, cf. o nosso *Manual* cit., 811 ss..

[126] Quanto à Directriz n.º 93/104/CE, cf. Ulrich Baeck/Markus Deutsch, *Arbeitszeitgesetz Kommentar* (1999), 7.

[127] À luz do Direito anterior, cf. STJ 9-Jul.-1997 (Matos Canas), BMJ 469 (1997), 320-333 (330 ss.).

IV. Outros diplomas visam directamente essa problemática:

- o Decreto-Lei n.º 119/99, de 14 de Abril, alterado pelo Decreto-Lei n.º 186-B/99, de 31 de Maio, relativo ao subsídio de emprego;
- o Decreto-Lei n.º 132/99, de 21 de Abril, referente à política de emprego.

Podemos, assim, considerar claramente que, hoje, estão suplantadas as fases puramente humanitárias e higiénicas, no tocante à temática da duração do trabalho. O Estado visa, antes, objectivos mais amplos de integração do trabalhador na sociedade e de pleno emprego.

CAPÍTULO II

REGIME DOS HORÁRIOS DE TRABALHO

§ 4.º A LEI DA DURAÇÃO DO TRABALHO

16. Trabalhos preparatórios

I. A actual Lei da Duração do Trabalho (LDT) foi aprovada pelo Decreto-Lei n.º 409/71, de 27 de Setembro. Trata-se dum diploma de excelente nível técnico, produzido já na fase final do Estado Novo. Beneficiou dos progressos então obtidos pelos juslaboralistas nacionais e não foi prejudicado por preconceitos de tipo político.

II. Na preparação desse diploma elaborou-se um projecto [128] sobre o qual recaiu um parecer da Câmara Corporativa [129]: um documento pensado e cuidadoso.

Cumpre salientar que, logo nas apreciações iniciais, se chama a atenção para o facto de o problema ser hoje (em 1971) reposto em termos novos: reclama regras gerais de protecção com adequadas derrogações [130].

III. A duração desmedida do trabalho provoca quebras de produtividade. Além disso, sublinha o parecer da Câmara Corporativa que as soluções encontradas não devem ser uniformes.

Socorrendo-se de Alonso Garcia, o parecer recorda que a limitação legal do horário de trabalho pode operar:

- por razões económicas: a fadiga é contraproducente;
- por razões sociais e humanas: estão em causa deveres familiares e sociais;
- por razões espirituais: permitir o lazer, a cultura e a religião;
- por razões fisiológicas: a preservação da saúde;
- por razões político-jurídicas: a procurar no Direito.

---

[128] O projecto de Decreto-Lei n.º 5/X.

[129] *Duração do trabalho prestado por força do contrato de trabalho*, tendo sido relator Manuel Cid de Oliveira Proença, cit. *supra*, nota 88.

[130] *Duração do trabalho* cit., 749.

Assim se justificaria uma intervenção legislativa cuidada [131]. O parecer analisa, depois, diversas convenções internacionais e, ainda, a evolução das leis portuguesas. Procede, finalmente, a um cuidadoso exame na especialidade [132]: tomaremos os aspectos relevantes desse estudo em boa conta, na devida altura.

17. Aspectos preambulares

I. A LDT, aprovada pelo Decreto-Lei n.º 409/71, de 27 de Setembro, é antecedida por um longo preâmbulo, em 17 números [133]. Trata-se dum auxiliar de interpretação, permitindo em especial fazer luz sobre a *occasio legis*.

II. O preâmbulo em causa começa por historiar o regime português da duração do trabalho, desde a Lei de 23 de Março de 1891, que fixou o dia de trabalho de 8 horas para os manipuladores de tabacos [134].

Posto isso, vem referir o parecer da Câmara Corporativa e as observações do BIT [135].

Feito esse enquadramento, explicita que

> (...) pretende promover uma transformação sensível das linhas gerais que enformavam o regime estabelecido no Decreto-Lei n.º 24 402. Em vez, porém, de se impor, directa e imediatamente, essa transformação espera-se que ela resulte gradual e progressivamente dos instrumentos de regulamentação colectiva de trabalho, de maneira a não trazer perturbações à economia nacional e a oferecer todas as garantias de uma realística adaptação de cada sector ou de cada ramo de actividade. [136]

Como se vê, é anunciada uma clara opção flexibilizadora, com uma profissão de fé nas virtualidades da negociação colectiva. Todavia, logo se acrescenta que a liberdade colectiva não pode ser total, pois o regime da duração do trabalho "... importa, e de maneira decisiva, para o desenvolvimento económico e social do País" [137].

---

[131] *Duração do trabalho* cit., 753.
[132] *Duração do trabalho* cit., 765.
[133] DG I Série n.º 228, de 27-Set.-1971, 1393-1402.
[134] *Preâmbulo* cit., n.ºs 1 a 4.
[135] *Preâmbulo* cit., n.º 5.
[136] *Preâmbulo* cit., n.º 6.
[137] *Idem*, 3.º parágrafo.

III. Passando a enumerar as alterações introduzidas, temos o seguinte:

- o campo de aplicação da LDT passa a coincidir com o da própria LCT, salvo determinadas empresas públicas, dotadas de regime especial [138];
- os limites máximos da duração do trabalho são fixados em 8 horas por dia e 48 horas por semana, mantendo-se os limites dos empregados de escritório em 7 horas por dia e 42 horas por semana [139];
- os limites diários podem ser ultrapassados, desde que se adopte a "semana inglesa" ou a "semana americana" [140];
- reconhece-se liberdade aos instrumentos de regulamentação colectiva para uma progressiva redução do tempo de trabalho e para o aumento do intervalo de descanso [141];
- facilita-se a prestação de trabalho extraordinário, regulando-o [142];
- autonomiza-se o conceito de "período de funcionamento dos estabelecimentos" [143];
- inovou-se no tocante à organização de turnos e ao trabalho nocturno [144];
- adopta-se um esquema adequado de sanções [145].

IV. O preâmbulo do Decreto-Lei n.º 409/71, de 27 de Setembro, aparenta determinadas cautelas, habituais na época. Mas além disso, ele denota uma certa preocupação de modernidade: o tema da duração de trabalho deixa de constituir uma decorrência das exigências da saúde pública, para se associar a exigências sociais e empresariais.

Compreende-se, assim que, embora alterado, este diploma tenha sobrevivido até aos nossos dias.

---

[138] *Preâmbulo* cit., n.º 7; anteriormente – e como aí se explica – o Decreto-Lei n.º 24 402, de 24 de Agosto de 1934, só submetia a horário de trabalho os estabelecimentos comerciais e industriais; o Decreto-Lei n.º 42 182, de 23 de Setembro de 1960, autorizou a extensão das disposições sobre horários de trabalho a outras entidades.

[139] *Preâmbulo* cit., n.º 8.

[140] *Idem*, 2.º parágrafo e, ainda, n.º 15; a "semana inglesa" implica, livre, a tarde de Sábado, enquanto a "americana" liberta todo o sábado.

[141] *Preâmbulo* cit., n.º 9 e n.º 10.

[142] *Preâmbulo* cit., n.º 12.

[143] *Preâmbulo* cit., n.º 13.

[144] *Preâmbulo* cit., n.º 13.

[145] *Preâmbulo* cit., n.º 15.

18. Sistemática e conteúdo gerais

I. A sistematização dum diploma não é irrelevante para o seu conteúdo: trata-se duma consideração pacífica, perante a moderna doutrina sistemática [146].

Faz, pois, sentido considerar a LDT por esse prisma.

II. A LCT apresenta-se como um diploma de média dimensão: na sua versão inicial, comportava 57 artigos. Modificações sucessivas introduzidas nos últimos trinta anos levaram a que lhes fossem aditados 3 novos artigos [147], e retirados 15 [148]. O diploma tem assim, hoje, 45 artigos, tendo sido respeitada a numeração inicial.

III. Os referidos 45 artigos agrupam-se em onze capítulos, nos termos seguintes:

Capítulo I – Âmbito de aplicação do diploma – 1.º a 4.º;
Capítulo II – Período normal de trabalho – 5.º a 10.ºA;
Capítulo III – Horário de trabalho – 11.º a 15.º;
Capítulo IV – Trabalho extraordinário – 16.º a 22.º, hoje revogados;
Capítulo V – Períodos de funcionamento – 23.º a 28.º;
Capítulo VI – Trabalho nocturno – 29.º a 34.º;
Capítulo VII – Encerramento e descanso semanal – 35.º a 42.º, estando revogados os dois últimos;
Capítulo VIII – Trabalho a tempo parcial – 43.º;
Capítulo IX – Mapas de horário de trabalho – 44.º a 47.º;
Capítulo X – Sanções – 48.º a 52.º, estando revogados os quatro últimos;
Capítulo XI – Disposições finais – 53.º a 57.º.

---

[146] Cf. MENEZES CORDEIRO, *Feitura de leis / problemas de sistematização*, em *A feitura das leis*, org. DIOGO FREITAS DO AMARAL, vol. II (1986), 133-149.

[147] Trata-se dos artigos 6.ºA, 9.ºA e 10.ºA, acrescentados pela Lei n.º 58/99, de 30 de Junho e que têm a ver com a tutela de menores e de outras categorias carecidas de protecção.

[148] Mais precisamente: desapareceram os artigos 16.º a 22.º, sobre trabalho extraordinário, revogados pelo Decreto-Lei n.º 421/83, de 2 de Dezembro, os artigos 41.º e 42.º, sobre trabalho no dia de descanso semanal, revogados pelo mesmo diploma e os artigos 49.º a 52.º, relativos a sanções e revogados pela Lei n.º 118/99, de 11 de Agosto. Os artigos 31.º e 32.º da LCT, relativos à protecção das mulheres, contrariam o artigo 13.º da Constituição; além disso, podem considerar-se implicitamente revogados pelo Decreto-Lei n.º 392/79, de 20 de Setembro, que proíbe a discriminação em função do sexo.

IV. Como se vê, a LDT, além da duração do trabalho *stricto sensu* trata, ainda, de diversos aspectos circundantes: períodos de funcionamento e de descanso, mapas e sanções.

Tem uma abrangência e um conteúdo gerais bastante semelhantes aos dos seus congéneres alemães, embora seja mais circunstanciado e regulamentar.

19. **Legislação revogada e alcance codificador**

I. A LDT revogou, no seu artigo 57.º, o Decreto-Lei n.º 22:500, de 10 de Maio de 1933 e o Decreto-Lei n.º 24 402, de 24 de Agosto de 1934. Cumpre dar uma ideia destes diplomas, até para fazer um juízo sobre o efectivo alcance da própria LDT.

II. O Decreto-Lei n.º 22:500, de 10 de Maio de 1933, tem o alcance que logo resulta do seu artigo 1.º:

> O regime do horário de trabalho para as indústrias de transportes de pessoas ou de mercadorias por estrada, via férrea ou via de água, marítima ou interior, incluindo a conservação de mercadorias em docas, cais, embarcadouros e entrepostos, com excepção do transporte manual, compreendido na alínea *d*) do artigo 1.º da Convenção de Washington de 1919, confirmada e ratificada pelo Govêrno da República Portuguesa por carta de 15 de Junho de 1928, publicada no *Diário do Govêrno* n.º 207 de 1928, passa a ser regulada nos termos da mesma Convenção e de harmonia com o presente diploma.

O artigo 2.º fixava o princípio do dia de 8 h. e da semana de 48 h.; admitia o 3.º que esses limites fossem ultrapassados, quando houvesse funcionamento contínuo com trabalho por turnos, com o limite de 56 h. por semana.

II. O Decreto-Lei n.º 22:500 ocupava-se, depois, de certas funções como o serviço de trens ferroviários e autocarros, incluindo o de revisão de bilhetes e de locomotivas nos quais o tempo efectivo de trabalho diário seria calculado pela média do trabalho efectuado no período duma semana ou qualquer outro não superior a um mês.

O diploma não se aplicaria a pessoas em postos de fiscalização ou de direcção ou em cargos de confiança – artigo 9.º [149].

As horas extraordinárias dariam lugar a suplementos remuneratórios.

---

[149] O qual remetia, de resto e expressamente para o artigo 2.º, *a*), da Convenção de Washington, de 1919.

III. Cumpre, depois, examinar o importante Decreto-Lei n.º 24:402, de 24 de Agosto de 1934, que veio generalizar o horário de trabalho nos estabelecimentos comerciais e industriais [150].

No seu preâmbulo, este diploma afirma que as regras sobre horários de trabalho não podem advir, apenas, de "reivindicações". Prossegue textualmente [151]:

> Ninguém ignora que nesta matéria se legislou entre nós quási sem outra preocupação que não fôsse a de dar satisfação a compromissos assumidos em horas de vida perturbada. Mas tal processo, acrescido de defeituosa orientação de generalizar e uniformizar em excesso, e ainda de sobrepor sem reservas o social ao económico, trouxe como consequência uma aplicação por via de regra muito irregular (...)

O preâmbulo declarava, depois, optar por limites máximos, remetendo o mais para a negociação colectiva. O trabalho dos menores e das mulheres é, ainda, particularmente visado [152].

IV. O Decreto-Lei n.º 24:402, de 24 de Agosto de 1934, alargava-se por 40 artigos corridos. Respigamos algumas das suas normas.

O limite do dia de trabalho era fixado nas 8 horas – artigo 1.º – sendo de 7 para os empregados de escritório – 1.º, § 2.º. Por "resolução corporativa" poderia haver reduções – artigo 4.º.

A idade mínima para o trabalho foi fixado nos 12 anos completos – artigo 6.º. O trabalho nocturno ficava vedado às mulheres e aos menores de 16 anos – artigo 7.º.

Impunha-se um período de descanso – artigo 10.º. Admitiam-se os termos, na laboração contínua, mediante autorização administrativa – artigos 11.º e 12.º.

Haveria suplementos por trabalho extraordinário e nocturno – 14.º e 15.º. O descanso semanal – ao Domingo, em princípio – estava prescrito – 16.º.

---

[150] Sobre o regime estabelecido por este diploma cabe citar ANTÓNIO DA SILVA LEAL, *O regime jurídico do horário de trabalho*, ESC 3 (1962), 92-112 e MARIA LAURA LOUÇÃ RABAÇA GASPAR, *A duração do trabalho* (1970), 37 ss..

[151] DG I Série, n.º 199, de 24-Ago.-1934, p. 1617.

[152] Lê-se no preâmbulo – DG I n.º 199 cit., p. 1618/II:

Inútil pretender dignificar a família operária e elevar o seu nivel moral, se as mulheres casadas tiverem de abandonar os lares para fazer turnos nocturnos nas fábricas e se os menores de ambos os sexos se sujeitarem desde verdes anos à vida áspera das oficinas e aos perigos que daí resultam, sem algumas medidas que os protejam.

V. Todos os estabelecimentos comerciais e industriais deveriam elaborar um horário de trabalho – artigo 20.º. Previa-se, ainda, todo um esquema de fiscalização e de sanções – artigos 23.º a 37.º.

VI. No tocante a isenção de horários e na linha facultada pela Convenção de Washington, dispunha o artigo 3.º:

> Poderá ser requerida a não aplicação de qualquer das disposições do horário de trabalho aos indivíduos que exercem cargos de confiança, de direcção ou de fiscalização. O mesmo pode ser requerido aos indivíduos empregados em estabelecimentos de pequena categoria que estejam ligados aos respectivos patrões por laços de parentesco muito próximo.
>
> § único. As emprêsas que desejarem beneficiar da faculdade prevista neste artigo devem requerer nos mesmos termos do § 4.º do artigo 1.º ao I.N.T.P., que poderá deferir ou não a pretensão, conforme o fundamento das razões alegadas.

De notar que – ao contrário do esquema depois introduzido pela LDT, a autorização administrativa surgia como constitutiva, aparentando mesmo uma certa margem de valoração.

VII. O Decreto-Lei n.º 24:402, de 24 de Agosto de 1934 foi alterado pelo Decreto-Lei n.º 26:917, de 24 de Agosto de 1936. No fundamental, este diploma veio desagravar as sanções previstas pela versão original. Tomaram-se, ainda, medidas de tutela dos menores.

VIII. Finalmente, há ainda que referir as alterações introduzidas pelo Decreto-Lei n.º 43 182, de 23 de Setembro de 1960. Este diploma introduziu diversos preceitos com relevância laboral e alterou vários diplomas em vigor.

O Decreto-Lei n.º 24:402 foi, então, alterado em 7 dos seus preceitos, com especial relevo no campo das sanções.

IX. A LDT, revogando toda a indicada matéria, não teve em vista, apenas, proceder a uma compilação das normas que a antecederam. Antes se tratou de, em termos assumidos, reescrever a matéria, em moldes jurídico-científicos. Foram feitas correcções de forma e de fundo, reordenando-se o tecido normativo. Guardadas as devidas proporções, podemos considerar que a LDT teve um alcance codificador.

20. Alterações subsequentes

I. A LDT, tal como foi aprovada pelo Decreto-Lei n.º 409/71, de 27 de Setembro, conheceu oito alterações directas.

O primeiro diploma a considerar nesse sentido é o Decreto-Lei n.º 421/83, de 2 de Dezembro, relativo ao trabalho suplementar. Esse diploma, que será melhor referido a propósito da legislação extravagante, veio revogar o Capítulo IV da LDT e, ainda, os seus artigos 41.º e 42.º.

II. Seguidamente, temos o Decreto-Lei n.º 65/87, de 6 de Fevereiro, que veio alterar os artigos 46.º e 47.º da LDT. A ideia era a seguinte: a propósito dos mapas de horário de trabalho, o artigo 47.º, versão inicial, da LDT determinava a sua remessa ao INTP – depois: Inspecção-Geral de Trabalho – o qual teria de os aprovar previamente, sempre que a entrada e saída dos trabalhadores não coincidisse com o início e o termo do período de funcionamento do estabelecimento ou quando não seja comum a todos o intervalo de descanso. Ora, segundo o preâmbulo do diploma em causa [153]:

> Esta exigência revela-se hoje injustificada e desajustada em relação ao papel que o Estado deve assumir, estabelecendo o quadro legal que abstracta e genericamente delimite o poder de organização dos agentes económicos e fiscalizando o acatamento das regras e dos limites impostos.
>
> Para que esse objectivo se atinja é desnecessária a aprovação dos mapas de horário de trabalho, sendo suficiente a remessa de uma cópia, para conhecimento, à Administração.

O Decreto-Lei n.º 65/87, de 6 de Fevereiro, inscreve-se, pois, numa linha tendente à desburocratização da realidade laboral, sem, contudo, perder de vista o papel do Estado na normalização da vida sócio-laboral.

III. A evolução geral do País deu azo à instituição do Conselho Permanente de Concertação Social, onde tinham assento representantes do Governo, das associações sindicais e das associações de empregadores. Em execução dum acordo aí concluído, foi publicado o Decreto-Lei n.º 398/91, de 18 de Outubro, que alterou os artigos 5.º, 13.º, 27.º, 36.º, 37.º e 38.º da LDT e, ainda, os artigos 5.º, 7.º, 9.º e 10.º do Decreto-Lei n.º 421/83, de 2 de Dezembro. No que toca à LDT, foram introduzidas as alterações seguintes:

---

[153] DR I Série, n.º 31, de 6-Fev.-1987, p. 488.

– fixação do limite de 8 horas diárias e de 44 horas semanais;
– estabelecimento de limites máximos diários e semanais dos períodos normais de trabalho nos casos em que a duração normal seja definida em termos médios, bem como os critérios de fixação do período de referência a considerar para o efeito;
– o estabelecimento de limite máximo diário no caso de trabalho prestado por equipas de fim-de-semana;
– o alargamento da possibilidade de isenção de horário de trabalho a trabalhadores que exerçam com regularidade a sua actividade fora do estabelecimento ou que assegurem trabalhos preparatórios, complementares ou outros que só possam ser executados fora do horário normal;
– a maior facilidade na adopção de regimes de laboração contínua e de turnos rotativos traduzida no regime especial de gozo dos dias de descanso nos turnos de laboração contínua e de trabalhadores que assegurem serviços que não possam ser interrompidos e na possibilidade de isenção da suspensão da laboração de um dia completo por semana em relação a estabelecimentos industriais quando ocorram circunstâncias excepcionais e mediante autorização administrativa [154].

Quanto ao Decreto-Lei n.º 421/83, de 2 de Dezembro, as alterações visaram, no fundamental, facilitar o recurso ao trabalho suplementar e simplificar os procedimentos legislativos a ele atinentes.

Temos, no conjunto, mais um voto favorável à flexibilização de matéria atinente à duração do trabalho.

IV. Correspondendo à evolução europeia geral, pôs-se, depois, com mais acuidade, o tema da redução dos períodos normais de trabalho, de modo a atingir as 40 horas por semana.

Nesse sentido surgiu a Lei n.º 21/96, de 23 de Julho. O limite das 40 horas foi prescrito, de modo a ser alcançado progressivamente. Foram alterados os artigos 10.º/2 e 12.º/3 e 4 da LDT, por forma a dar mais liberdade às convenções colectivas no tocante aos intervalos para descanso e à organização dos horários de trabalho, respectivamente [155].

[154] Assim, *vide* o Preâmbulo do Decreto-Lei n.º 398/91, de 16 de Outubro, DR I Série-A, n.º 238, de 16-Out.-1991, p. 5373.

[155] Quanto a dúvidas suscitadas por este diploma e pela evolução subsequente cf. Monteiro Fernandes, *Direito do trabalho*, 11.ª ed. cit., 348 ss..

V. O Decreto-Lei n.º 96/99, de 23 de Fevereiro, veio ocupar-se do trabalho nocturno. Alterou, assim e no seu artigo único o artigo 29.º da LDT: no sentido de restringir o próprio conceito de trabalho nocturno, facultando às convenções colectivas uma maior latitude dispositiva nesse domínio.

VI. A Lei n.º 58/99, de 30 de Junho, veio alterar o regime do trabalho subordinado e de regulamentação do emprego de menores. Esta Lei veio, no artigo 1.º, ampliar o descanso semanal dos menores e alterar diversos diplomas, entre os quais, no seu artigo 3.º, precisamente a LDT. Quanto a esta: introduziu dois novos preceitos – os artigos 9.ºA e 10.ºA – e alterou os artigos 33.º e 34.º, tudo respeitante a trabalho de menores.

Consegue-se, por esta via, uma dupla protecção dos menores: directa, por força dos normativos vigentes e indirecta, por se tornar pouco incentivador, para as empresas, contratá-los. Tudo isto só fará sentido se o Estado desenvolver, depois, uma adequada política de educação e de ocupação de tempos livres.

VII. No mesmo dia, a Lei n.º 61/99 veio regulamentar "... a dispensa de horários de trabalho com adaptabilidade dos trabalhadores menores, dos portadores de deficiência e das trabalhadoras grávidas, puérperas ou lactantes ..." e simplificar "... alguns procedimentos na organização do tempo de trabalho, designadamente os que envolvem actos de relacionamento entre os empregadores e a Inspecção-Geral do Trabalho", segundo a epígrafe oficial do diploma [156].

Em execução desse objectivo, a Lei n.º 61/99 alterou os artigos 12.º e 46.º da LDT e aditou-lhe um novo artigo: o 6.ºA.

VIII. Finalmente, a Lei n.º 118/99, de 11 de Agosto, veio desenvolver e concretizar "... o regime geral das contra-ordenações correspondentes à violação dos diplomas reguladores do regime geral dos contratos de trabalho".

O artigo 11.º da referida Lei revogou os artigos 49.º a 52.º da LDT, dando nova redacção ao seu artigo 48.º: trata-se, efectivamente, de matéria atinente às sanções.

---

[156] DR I Série-A, n.º 150, de 30-Jun.-1999, p. 4003.

§ 5.º DOGMÁTICA GERAL

21. Conceitos e terminologia

I. O Direito da duração de trabalho postula determinados conceitos especializados. Além disso, entre nós como noutras ordens jurídicas, fez uso duma terminologia já bastante diferenciada [157], que se tem vindo a aperfeiçoar [158].

II. Assim, a *duração do trabalho* corresponde ao conjunto das regras que determinam o tempo da relação de trabalho. Trata-se de matéria que, normalmente, postula *a latere* o estudo do repouso, das pausas, das férias e das faltas.

O *período normal de trabalho* corresponde ao esforço máximo permitido por lei, medido em horas por dia e por semana, sem prejuízo de determinadas derrogações – artigo 5.º/1 e 2 da LDT [159]. Tais derrogações devem estar previstas na lei – artigo 6.º/1 da LDT. *Período de descanso* é qualquer período que não seja de trabalho – artigo 2.º/1, *b*), da Lei n.º 73/98, de 10 de Novembro.

O *intervalo* equivale a uma interrupção no período de trabalho diário, para descanso. Segundo o artigo 10.º/1 da LDT, ele não deve ser inferior a uma hora ou superior a duas, de modo que os trabalhadores não prestem

[157] Cf. ANTÓNIO MOTTA VEIGA, *Lições de Direito do trabalho*, 4.ª ed. (1992), 434 ss., BERNARDO XAVIER, *Curso de Direito do trabalho* cit., 356 ss. e MONTEIRO FERNANDES, *Direito do trabalho*, 11.ª ed. cit., 323 ss..

[158] Na literatura mais antiga cf. MÁRIO BIGOTTE CHORÃO, *Direito do Trabalho*, II vol. (1970/71), 99 ss. e LUÍS BRITO CORREIA, *Direito do trabalho*, vol. I (1980-81), 179 ss..

[159] Vai-se desenhando uma tendência para a fixação anual dos limites do trabalho, em mais um esforço no sentido da flexibilização das regras atinentes à duração do trabalho. Cf. LAURENCE MERLIN, *La durée annuelle du travail: une figure en hausse*, DS 1999, 863-870 (864).

mais de cinco horas consecutivas de trabalho. Fala-se, também, em *pausas* documentando-se, no Direito comparado, durações da ordem dos 15 minutos [160]. Em obediência à sua finalidade básica, a jurisprudência impõe que elas sejam efectivas [161].

O *horário de trabalho* é a fixação das horas do início e do termo do período normal de trabalho diário e dos intervalos – artigo 11.º/2 da LDT [162]. O horário de trabalho fica exarado em *mapas* – artigo 44.º, também da LDT.

III. Temos, depois, o trabalho suplementar. Trata-se duma noção hoje fixada no Decreto-Lei n.º 421/83, de 2 de Dezembro, e que substitui o antigo "trabalho extraordinário", antes regulado nos revogados artigos 16.º a 22.º da LDT.

O *trabalho suplementar* é definido, no artigo 2.º do Decreto-Lei n.º 421/83 como todo o trabalho prestado fora do horário de trabalho.

O *descanso compensatório* é uma noção dele decorrente: trata-se do descanso equivalente a 25% do trabalho suplementar realizado a que o trabalhador tem direito, em certas circunstâncias, por via do artigo 9.º/1 do citado Decreto-Lei.

IV. Seguem-se vários conceitos relacionados com períodos de funcionamento e que não têm relevância directa no regime da duração de trabalho.

Período de funcionamento é o período diário durante o qual os estabelecimentos podem exercer a sua actividade – artigo 23.º/2 da LDT.

Período de abertura equivale ao período de funcionamento dos estabelecimentos de venda ao público – artigo 24.º/1 do mesmo diploma.

Período de laboração designa o mesmo período de funcionamento dos estabelecimentos industriais – artigo 26.º/1,.

V. *Turnos* ou *trabalho por turnos* é a técnica específica de organização do trabalho necessário sempre que o período de funcionamento ultrapasse os limites máximos dos períodos normais de trabalho.

---

[160] Cf. Rolf Dietz, *Fragen der Arbeitsbereitschaft, insbesondere Arbeitsbereitschaft und Pausen*, RdA 1969, 199-204 (203) e Dieter Gaul, *Arbeitszeit und bezahlte Pause/ Der Einfluss veränderter gesetzlicher oder tariflicher Regelungen*, NZA 1987, 649-658.

[161] Assim, BAG 23-Set.-1992, NZA 1993, 752-754.

[162] Cf. STJ 18-Mar.-1997 (Carvalho Pinheiro), CJ/Supremo V (1997) 1, 298-300 (299/I) e STJ 3-Mar.-1998 (Couto Mendonça), CJ/Supremo VI (1998) 1, 270-273 (271/ /II) = BMJ 475 (1998), 429-436 (433).

Trabalho nocturno é hoje o prestado num período com a duração mínima de sete horas e a máxima de onze, compreendendo o intervalo entre as 0 e as 5 horas – 29.º/1 da LDT, na redacção dada pelo Decreto-Lei n.º 96/99, de 23 de Março. Trata-se de situações especiais a que dedicaremos rubricas próprias.

VI. Temos, depois, as noções que se prendem com o encerramento e o descanso semanal.

Encerramento semanal é o período de um dia por semana – normalmente o Domingo – no qual os estabelecimentos comerciais ou industriais devem encerrar ou suspender a sua laboração – artigo 35.º/1 da LDT.

Descanso semanal equivale ao período de um dia por semana no qual os trabalhadores repousam. Deve coincidir com o Domingo. *Descansos semanais complementares* equivalem a meio-dia de descanso ("semana inglesa") ou a um dia de descanso ("semana americana"), para além do Domingo – artigo 38.º da LDT.

O descanso semanal, apesar das origens bíblicas, foi posto em causa durante a revolução industrial, só lentamente tendo sido restabelecido pelo Direito do trabalho [163]. Recentemente, o feriado dominical, em nome da flexibilidade e do consumismo, tem vindo a ser obliterado. Colocam-se problemas constitucionais [164] e de diversa natureza [165], que têm sido ultrapassados com cautela e mediante compensações.

VII. O trabalho diz-se a *tempo parcial* quando corresponda a um período normal de trabalho semanal igual ou inferior a 75% do praticado a tempo completo, numa situação comparável, na definição do artigo 1.º/ /1 da Lei n.º 103/99, de 26 de Julho.

Tempo de trabalho, em si, é o período no qual o trabalhador está a trabalhar ou, para tal, fica disponível – artigo 2.º/1, *a*), da Lei n.º 73/98,

---

[163] Quanto ao descanso semanal, com um importante desenvolvimento de Direito comparado e de Direito nacional cf. STJ 3-Jul.-1991 (SOUSA MACEDO), BMJ 409 (1991), 568-574 (570 e 571 ss.). No tocante a feriados, *vide* RCb 26-Fev.-1985 (MENDES CARVALHÃO), CJ X (1985) 1, 129. A evolução do tema pode ser seguida em REINHARD RICHARDI, *Grenzen industrieller Sonntagsarbeit/Ein Rechtsgutachten* (1988), 20 ss..

[164] Assim: PETER HÄBERLE, *Der Sonntag als Verfassungsprinzip* (1988).

[165] Assim: KARL-GEORG LORITZ, *Möglichkeiten und Grenzen der Sonntagsarbeit* (1989), 95 ss. – Direito e carta social europeus –, WALTER ERASMY, *Angewähte Rechtsfragen zum neuen Arbeitszeitrecht* – II, NZA 1995, 97-103 e MICHAEL SCHNIEDERS, *Sonntagsarbeit nach dem Arbeitszeitgesetz und tarifliche Regelung der Sonntagsarbeit* (1996).

de 10 de Novembro. Juridicamente, o tempo de trabalho abrange, por força do artigo 2.º/2 dessa mesma Lei:

a) As interrupções de trabalho como tal consideradas nas convenções colectivas ou pelos usos das empresas;
b) As interrupções ocasionais, quer inerentes à satisfação das necessidades pessoais inadiáveis do trabalhador, quer as toleradas ou concedidas pela entidade empregadora;
c) As interrupções ditadas por razões técnicas [166];
d) Os espaços para refeição em que o trabalhador tenha de permanecer no espaço habitual do trabalho ou próximo dele, à disposição da entidade empregadora, podendo ser chamado a prestar trabalho normal em caso de necessidade;
e) As interrupções ou pausas nos períodos de trabalho impostas por prescrições de regulamentação específica de segurança, higiene e saúde no trabalho.

22. **Fontes**

I. Na concretização do tempo de trabalho – e, *maxime*, na fixação do horário de trabalho – há que atender às fontes próprias do Direito do trabalho. Surgem, todavia, algumas especificidades, de que cumpre dar conta.

II. A Constituição, no seu artigo 59.º relativo aos direitos dos trabalhadores fixa, no n.º 2, alínea *b*), como incumbência do Estado,

A fixação, a nível nacional, dos limites da duração de trabalho.

Tata-se duma regra programática que, de todo o modo, o Estado poderia violar por omissão.

III. No tocante a Convenções internacionais temos, desde logo, a Convenção n.º 1 da OIT, de 1919, sobre a duração do trabalho na indústria [167]. A Convenção n.º 14, de 1921, fixou as regras sobre descanso semanal, também na indústria [168].

---

[166] Que a lei exemplifica com a limpeza, manutenção ou afinação de equipamentos, mudança de programas de produção, carga ou descarga de mercadorias, falta de matéria-prima ou energia, motivos climatéricos que afectem a actividade da empresa ou por razões económicas, designadamente de quebra de encomendas.

[167] Aprovada para ratificação pelo Decreto n.º 15:361, de 14 de Abril de 1928.

[168] Aprovada para ratificação pelo Decreto n.º 15:362, da mesma data.

Quanto ao trabalho nocturno de mulheres dispôs a Convenção da OIT n.º 4, de 1919 [169], versando a n.º 6, desse mesmo ano, sobre o trabalho nocturno de menores, na indústria [170].

Fixado o núcleo duro da matéria atinente à duração do trabalho, apenas mais tarde a OIT regressaria a sua área jurídico-laboral.

A Convenção n.º 106, de 1957, ocupou-se do descanso semanal no comércio e serviços [171].

A Convenção n.º 171, de 1990, veio versar, novamente, o trabalho nocturno [172].

Todas estas convenções vigoram, na ordem interna, nos termos do artigo 8.º/2 da Constituição.

IV. No plano comunitário surgem fontes relevantes. Tal o caso da Directriz n.º 93/104/CEE, de 23 de Novembro, do Conselho, relativa a determinados aspectos de organização do tempo de trabalho e que foi transposta pela Lei n.º 73/98, de 10 de Novembro, acima referida.

V. Prosseguindo, encontramos as diversas leis sobre duração do trabalho e aspectos conexos, com relevo para a aprovada pelo Decreto-Lei n.º 409/71, de 27 de Setembro, já examinada. A duração do trabalho pode, ainda, ser inflectida por regras diversas sobre o encerramento dos estabelecimentos e sobre a abertura ao público.

VI. Finalmente, regem as convenções colectivas de trabalho, os regulamentos de empresa, os usos e os contratos individuais de trabalho, todos eles quando fixem regras mais favoráveis para os trabalhadores.

Resta acrescentar que, pela sua própria natureza, a duração do trabalho tende a ocupar, em profundidade, os agentes laborais: preenche, desta forma, lugar de destaque nos diversos instrumentos de regulamentação laboral colectiva.

---

[169] Aprovada para ratificação pelo Decreto n.º 20:988, de 8 de Março de 1932. Trata-se de matéria revista pela Convenção n.º 89, de 1948, aprovada para ratificação pelo Decreto n.º 44 862, de 23 de Janeiro de 1963.

[170] Aprovada para ratificação pelo Decreto n.º 20:992, de 9 de Março de 1932.

[171] Aprovada para ratificação pelo Decreto-Lei n.º 43 005, de 3 de Junho de 1960.

[172] Aprovada para ratificação pela Resolução da Assembleia da República n.º 55/94, de 27 de Agosto.

23. Determinação

I. Nos termos do artigo 11.º/1 da LDT,

> Compete às entidades patronais estabelecer o horário de trabalho do pessoal ao seu serviço, dentro dos condicionalismos legais.

Trata-se dum preceito inserido já no artigo 49.º da LCT e que é correntemente sufragado pela jurisprudência: RPt 16-Jan.-1989 [173], RCb 18-Out.-1990 [174], STJ 24-Abr.-1991 [175], RLx 9-Out.-1991 [176], RLx 25-Nov.-1992 [177], RCb 22-Abr.-1993 [178], STJ 29-Set.-1993 [179], RLx 18-Jan.-1995 [180], RLx 29-Mar.-1995 [181], RPt 18-Mar.-1996 [182], RLx 18-Jun.-1997 [183], RPt 1-Mar.-1999 [184], STJ 26-Abr.-1999 [185] e STJ 23-Set.-1999 [186].

A jurisprudência entende – e bem – que o poder de fixar os horários não é prejudicado por, alguma vez, a entidade patronal ter pedido o assentimento dos trabalhadores [187] ou por, a título de mera liberalidade ou tolerância, ter permitido a cessação do trabalho 5 minutos antes da hora marcada [188]. O empregador só não pode cair em abuso do direito [189] ou manipular o horário de trabalho como forma indirecta de, à margem das regras estabelecidas, aplicar sanções – e desde que, naturalmente, os competentes factos se provem [190].

---

[173] RPt 16-Jan.-1989 (José Correia), CJ XIV (1989) 1, 224-227 (226/I).

[174] RCb 18-Out.-1990 (Fernando Dias Simões), CJ XIV (1990) 4, 116-117 (117//II).

[175] STJ 24-Abr.-1991 (Pedro Sousa Macedo), BMJ 406 (1991), 466-472 (469-470).

[176] RLx 9-Out.-1991 (Nunes Ferreira), CJ XVI (1991) 4, 219-221 (220/I).

[177] RLx 25-Nov.-1992 (Ventura de Carvalho), CJ XVII (1992) 5, 193-194 (193//II).

[178] RCb 22-Abr.-1993 (José Correia), CJ XVIII (1993) 2, 78-80 (79/II).

[179] STJ 29-Set.-1993 (Chichorro Rodrigues), BMJ 429 (1993), 616-624 (623) = CJ/Supremo I (1993) 3, 276-279 (278/II).

[180] RLx 18-Jan.-1995 (Dinis Roldão), CJ XX (1995) 1, 175-177 (177/I).

[181] RLx 29-Mar.-1995 (Carlos Horta), CJ XX (1995) 1, 174-175 (175).

[182] RPt 18-Mar.-1996 (Sousa Peixoto), CJ XXI (1996) 2, 257-259 (259/II).

[183] RLx 18-Jun.-1997 (Dinis Roldão), BMJ 468 (1997), 459.

[184] RPt 1-Mar.-1999 (Sousa Peixoto), CJ XXIV (1999) 2, 238-239.

[185] STJ 26-Abr.-1999 (Padrão Gonçalves), CJ/Supremo VII (1999) 2, 270.

[186] STJ 23-Set.-1999 (António Pereira), CJ/Supremo VII (1999) 3, 243-244 (244).

[187] Assim o citado RLx 25-Nov.-1992, CJ XVII, 5, 193/II.

[188] Assim o citado RCb 22-Abr.-1993, CJ XVIII, 2, 79/II.

[189] Assim o citado RPt 16-Jan.-1989, CJ XIV, 1, 226/II.

[190] Assim o citado STJ 24-Abr.-1991, BMJ 406, 469-470; neste caso não se provou o desvio em causa.

II. Na determinação do horário, as entidades patronais devem ter em conta as diversas fontes aplicáveis e, designadamente:

- os limites máximos prescritos no artigo 5.º da LDT, na Lei n.º 21/96, de 23 de Julho e no artigo 3.º da Lei n.º 73/98, de 10 de Novembro;
- os limites mais reduzidos eventualmente fixados em decreto regulamentar ou em instrumento de regulamentação colectiva de trabalho, nos termos do artigo 8.º/1 da LDT [191];
- as regras específicas atinentes a menores ou a outras categorias de pessoas especialmente protegidas: artigos 9.º e 9.ºA da LDT;
- as regras referentes a intervalos de descanso – artigos 10.º da LDT e 4.º e 5.º da Lei n.º 73/98, de 10 de Novembro – as quais podem contemplar os menores – artigo 10.ºA da LDT;
- os períodos de funcionamento, de abertura e de laboração, consoante a situação considerada – artigos 23.º a 26.º da LDT;
- o encerramento semanal – normalmente o Domingo – e os feriados obrigatórios – artigo 35.º da LDT, com as isenções previstas no artigo 36.º do mesmo diploma;
- o descanso semanal – que poderá não coincidir com o Domingo e os descansos semanais complementares – artigos 37.º e 38.º da LDT; releva, também, o artigo 6.º da Lei n.º 73/98, de 10 de Novembro;
- as cláusulas adoptadas no contrato individual de trabalho [192].

III. O acordo do trabalhador, em relação ao horário de trabalho que se lhe irá aplicar, pode ser exigido pelo instrumento de regulamentação laboral colectiva aplicável [193].

Havendo acordo na manutenção de certo horário, este deve ser respeitado [194]: terá de ficar, todavia, claro que o empregador pretendeu, nesse ponto, abdicar do seu poder de direcção. Doutra forma, a empresa ficaria ingovernável, com evidentes danos para os próprios trabalhadores e para a sociedade em geral.

---

[191] Cf. o citado RPt 16-Jan.-1989, CJ XIV, 1, 226/I.

[192] Trata-se dum aspecto que resulta do princípio da vinculação aos contratos livremente celebrados e que, de todo o modo, emerge no artigo 12.º/3, *b*), da LDT.

[193] RLx 9-Out.-1996 (Garcia Reis), CJ XXI (1996) 4, 185-186 (186/I).

[194] RLx 9-Mar.-1994 (Dinis Roldão), CJ XIX (1994) 2, 162-163 (163/I).

Ainda ao abrigo destes princípios e da prevalência da autonomia privada, tem-se entendido que a entidade patronal não pode alterar livremente o horário se se provar que só devido a ele o trabalhador firmou o seu contrato [195]. Todavia: neste caso, seria ainda necessário provar que a entidade patronal sabia dessa particularidade do trabalhador interessado e deu o seu acordo à rigidificação daquele horário.

Também já se entendeu que ao trabalhador que aceite uma promoção com a condição de conservar o horário anterior e isso com o assentimento do empregador, não pode ser imposto novo horário [196]: se não bastasse o princípio da autonomia privada, a boa fé a tanto conduziria, sob pena de *venire contra factum proprium.*

IV. Fixado um horário de trabalho, a entidade patronal pode modificá-lo. Naturalmente, ela terá em conta que, com isso, irá quebrar as rotinas do trabalhador, pondo em crise compromissos extralaborais que ele poderá ter assumido na convicção da estabilidade do horário. No limite, a boa fé poderá inviabilizar alterações *ad nutum.*

Todo um ciclo de jurisprudência considera que o horário não pode ser reduzido sem o acordo do trabalhador: STJ 3-Out.-1989 [197], RPt 6-Nov.-1989 [198], RPt 30-Abr.-1990 [199], RPt 9-Mar.-1992 [200] e RLx 22-Out.--1997 [201]. Desta feita está em causa o princípio da não-redução da retribuição.

Não estando em causa esse aspecto, o horário pode, em especial, ser alterado na hipótese de reestruturação da empresa [202], no caso de empresas descentralizadas, como as de segurança, que se devem adaptar aos seus clientes [203] ou havendo transferência do trabalhador – altura em que, naturalmente, este terá de adoptar o horário do novo local de trabalho [204].

Tratando-se não de modificação de horário, mas de mudança de tipo de horário – excepto a inclusão em turnos – o assentimento do trabalhador

---

[195] RCb 22-Abr.-1993 (José Correia), CJ XVIII (1993) 2, 80-87 (86/II).
[196] RCb 7-Jul.-1993 (Sousa Lamas), CJ XVIII (1993) 4, 92-95 (95/I).
[197] STJ 3-Out.-1989 (Salviano de Sousa), BMJ 390 (1989), 287-293 (293).
[198] RPt 6-Nov.-1989 (José Correia), CJ XIV (1989) 5, 242-244 (244/I).
[199] RPt 30-Abr.-1990 (José Correia), CJ XV (1990) 2, 266-269 (268/II).
[200] RPt 9-Mar.-1992 (Manuel Fernandes), CJ XVII (1992) 2, 257-258.
[201] RLx 22-Out.-1997 (Dinis Roldão), CJ XXII (1997) 4, 171-174.
[202] RLx 2-Mai.-1984 (Roberto Valente), CJ IX (1984) 3, 214-215.
[203] RLx 21-Mar.-1990 (Rodrigues da Silva), CJ XV (1990) 2, 194-195 (195/I).
[204] RLx 13-Nov.-1991 (Rodrigues da Silva), CJ XVI (1991) 5, 164-165 (165/I).

já é necessário [205]. Fora isso e com os limites apontados, a regra é a da modificabilidade [206].

24. **Forma e mapas dos horários**

I. Na determinação dos horários de trabalho, as entidades patronais devem observar determinadas regras processuais, de forma e de fundo.

Em termos processuais, as alterações da organização dos tempos de trabalho – e, por maioria de razão, a própria organização inicial – implicam – artigo 12.º/3, *c*), da LDT:

- a informação e consulta prévia aos representantes legais dos trabalhadores;
- a afixação na empresa com, pelo menos, uma semana de antecedência ou duas semanas, tratando-se de horários com adaptabilidade;
- a comunicação à Inspecção-Geral de Trabalho, nos termos previstos para os mapas de horário de trabalho.

II. No tocante à forma, cumpre sublinhar que, à partida, os horários não estão sujeitos a qualquer forma especial [207]. O que bem se compreende: o próprio contrato de trabalho é, em princípio, consensual [208].

Mas se a validade dos horários não depende de qualquer forma solene, razões de fiscalização e de divulgação obrigam a que os horários sejam vertidos em mapas, a afixar em lugar bem visível – artigo 44.º/1, da LCT. Como se viu, os mapas não têm, hoje, de ser aprovados pela Administração do trabalho [209]. A não preparação dos mapas ou a sua não-afixação não afecta os horários: apenas dá azo a uma contra-ordenação leve [210].

---

[205] RLx 29-Mar.-1995 (Carlos Horta), CJ XX (1995) 2, 174-175 (175).

[206] STJ 23-Set.-1999 (António Pereira), CJ/Supremo VII (1999) 3, 243-244 (244).

[207] STJ 27-Jul.-1984 (Miguel Caeiro), BMJ 339 (1984), 345-349 (348).

[208] Recorde-se o artigo 6.º da LCT; existem, todavia, múltiplas excepções, que requerem a forma escrita.

[209] Trata-se de alteração introduzida no artigo 47.º da LDT pelo Decreto-Lei n.º 65/87, de 6 de Fevereiro.

[210] Artigo 48.º/5 da LDT.

III. O tema dos mapas de trabalho deu azo a múltiplas intervenções jurisdicionais no tocante aos transportes rodoviários: os veículos de transporte devem ter consigo os mapas de trabalho dos condutores assalariados. A sua ausência dá lugar a uma transgressão a julgar em tribunais comuns: RLx 16-Nov.-1983 [211], RCb 9-Dez.-1983 [212] e RCb 10-Dez.-1985 [213]. Trata-se, efectivamente, duma obrigação que tem a ver com a segurança das pessoas e do tráfego não assumindo, por isso, natureza laboral [214].

Nestas condições, a apontada exigência é aplicável às empresas públicas [215], mesmo quando dotadas de estatuto especial, como era o caso da RTP [216].

IV. A revogação da exigência da aprovação administrativa dos mapas relativos aos horários de trabalho levou, ainda, à supressão da correspondente exigência, quando feita em instrumento colectivo de regulamentação laboral.

Foi o que sucedeu em relação à cláusula 62.ª da CCTV para o sector bancário: RLx 18-Out.-1995 [217], RLx 8-Nov.-1995 [218] e RLx 5-Mar.-1997 [219].

25. **Regras de fundo**

I. Existem, ainda, regras de fundo a observar na elaboração dos horários. Para além das normas imperativas resultantes das leis, de fontes laborais colectivas ou do próprio contrato individual de trabalho, a entidade patronal não deve usar uma discricionariedade gratuita na fixação de horários. Ela antes deve atender aos seguintes factores [220]:

---

[211] RLx 16-Nov.-1983 (Sousa Macedo), BMJ 338 (1984), 459 (o sumário).

[212] RCb 9-Dez.-1983 (Frederico Carvalhão), BMJ 333 (1984), 528.

[213] RCb 10-Dez.-1985 (Soares Caramujo), CJ X (1985) 5, 77-78.

[214] STJ 22-Mai.-1985 (Vasconcelos Carvalho), BMJ 347 (1985), 312-315.

[215] RLx 8-Jan.-1986 (Leite Ferreira), CJ XI (1986) 1, 127-129.

[216] RPt 28-Abr.-1986 (Vasco Tinoco), CJ XI (1986) 2, 228 e REv 22-Mai.-1986 (Guerra Pires), CJ XI (1986) 3, 285-286.

[217] RLx 18-Out.-1995 (César Teles), CJ XX (1995) 4, 165-166 (166).

[218] RLx 8-Nov.-1995 (Carlos Horta), CJ XX (1995) 5, 186-188 (188).

[219] RLx 5-Mar.-1997 (Andrade Borges), CJ XXII (1997) 2, 157-158 (158).

[220] Trata-se de regras que foram inseridas na LDT pela Lei n.º 21/96, de 23 de Julho.

- em termos prioritários: às exigências de protecção da segurança e da saúde dos trabalhadores – artigo 12.º/3, *a*);
- ao facto de haver trabalhadores pertencentes ao mesmo agregado familiar – artigo 12.º/3, *e*), ambos da LDT.

Além disso, quando se adoptem alterações que impliquem acréscimo de despesas para os trabalhadores, estes devem ser economicamente compensados – artigo 12.º/3, *d*), da LDT. Podemos proclamar que o risco de tais alterações corre pela entidade patronal.

II. Estas regras de tipo programático são, no seu cumprimento, de difícil controlo. Desde que não viole normas imperativas, legais, convencionais ou contratuais, a entidade empregadora apreciará o que são "exigências da protecção de segurança e da saúde dos trabalhadores" e até que ponto se poderá, a nível da empresa, facilitar a união dos agregados familiares.

Em casos de evidência, pensamos contudo que a entidade patronal se deve ater às directrizes legais.

III. Jogam, além disso, as já acima referidas exigências da boa fé e da própria finalidade do instituto: os empregadores devem usar os seus poderes em prol da empresa e não para quaisquer outros fins.

26. **Natureza jurídica**

I. O horário de trabalho surge, formalmente, como a expressão temporal da prestação do trabalhador. Ela indica, em moldes objectivos e prévios, as coordenadas que irão presidir à determinação temporal do trabalho a prestar.

II. Tecnicamente, o horário de trabalho vem dar corpo a regras muito variadas, como acima documentámos: convenções internacionais, leis, convenções colectivas, contratos individuais e poder de direcção patronal, ainda que norteado por determinados sectores legalmente fixados.

Tem-se entendido que uma cláusula contratual, mesmo quando dê corpo a uma regra legal de tipo imperativo, não deixa de ser "cláusula contratual" [221]. Além disso, o horário de trabalho, ainda que inflectido por regras heterogéneas, tem uma manifesta unidade intrínseca.

[221] Tal como, de resto, a lei imperativa se mantém lei imperativa.

II. Uma vez que a situação jurídica laboral é, fundamentalmente [222], uma realidade contratual, vamos entender o horário de trabalho como uma expressão daquela situação, vinculando o trabalhador e o empregador. O facto de este, dentro de certos limites e com a observância de determinado formalismo, a poder alterar apenas recorda a especial heterodeterminação da prestação laboral.

O horário de trabalho é, assim, um elemento de natureza jurídica laboral assumindo, em cada concreta esfera jurídica, natureza contratual.

Quando prescrito, com generalidade, ele surgirá como regulamento da empresa [223].

---

[222] E afastadas as leituras "institucionalistas" ou "comunitário-pessoais".

[223] Cf., quanto à natureza deste, o nosso *Manual de Direito do trabalho* cit., 176 ss..

§ 6.º SITUAÇÕES ESPECIAIS

27. Trabalho nocturno

I. O ser humano é, biologicamente, um animal diurno. Todavia, com um suplemento de esforço e de desgaste, é-lhe possível furtar-se ao ciclo natural, realizando, durante a noite, as suas diversas funções. Pode, pois, trabalhar à noite.

Desde o início do laboralismo – como verificámos – surgiram normas tendentes a proteger os trabalhadores – ou certas categorias deles – do trabalho nocturno. Este veio, assim, a merecer um regime especial.

II. A LDT, na sua versão inicial, definia o trabalho nocturno como o prestado entre as 20 horas de um dia e as 7 horas do dia seguinte – artigo 29.º/1 [224]. Este conceito foi, depois, restringido pela Convenção n.º 171 da OIT, de 1990, ratificado pela Resolução da Assembleia da República n.º 56/94, de 27 de Agosto, e pela Directriz n.º 93/104/CE, do Conselho, de 23 de Novembro, transposta pela Lei n.º 73/98, de 10 de Novembro.

Consequentemente, o referido artigo 29.º foi alterado pelo Decreto-Lei n.º 96/99, de 23 de Março, apresentando hoje a redacção seguinte [225]:

> 1. Considera-se trabalho nocturno o prestado num período com a duração mínima de sete horas e máxima de onze horas, compreendendo o intervalo entre as 0 e as 5 horas.
>
> 2. As convenções colectivas de trabalho estabelecem o período de trabalho nocturno, com observância do disposto no número anterior.
>
> 3. Na ausência de fixação por convenção colectiva, considera-se período de trabalho nocturno o compreendido entre as 20 horas de um dia e as 7 horas do dia seguinte.

---

[224] Cf. o nosso *Manual de Direito do trabalho* cit., 694.

[225] Cf. Monteiro Fernandes, *Direito do trabalho*, 11..ª ed. cit., 357 ss..

III. Trata-se dum preceito menos claro, que isola, aparentemente, os conceitos seguintes:

– o de trabalho nocturno;
– o de período de trabalho nocturno;
– o de período de trabalho nocturno supletivo.

Trabalho nocturno será o que, tendo a duração de 7 a 11 horas, compreende o intervalo entre as 0 e as 5 horas. Ficará, pois, entre as 7 e as 11 horas, uma margem que as convenções colectivas poderão precisar, assim obtendo o período de trabalho nocturno. Na sua falta, a solução supletiva é de 11 horas, entre as 20 de um dia e as 7 do dia seguinte.

No fundo, a novidade de 1999 cifrou-se em permitir às convenções colectivas restringir o trabalho a considerar nocturno.

IV. O trabalho nocturno poderá ser normal ou "não-normal"[226], conforme conste ou não do horário, isto é, consoante tenha ou não sido pré-fixado, em termos estáveis e previsíveis. O facto de o trabalho nocturno apresentar, em regra, um maior esforço para o trabalhador levou a lei o artigo 30.º da LDT a atribuir-lhe uma retribuição em 25% superior à do trabalho equivalente prestado durante o dia[227] e isso mesmo tratando-se de trabalho por turnos[228]. Parte-se, pois, do princípio de que a retribuição é fixada tendo em conta o esforço padrão requerido para a correspondente actividade laboral diurna. E de facto, o Decreto-Lei n.º 348/73, de 11 de Julho, expressamente assumido como interpretativo[229], veio retirar do âmbito do artigo 30.º da LDT, que atribui o referido suplemento de remuneração:

> o trabalho prestado ao serviço de actividades que sejam exercidas exclusiva ou predominantemente durante o período nocturno;
>
> o trabalho prestado ao serviço de actividades que, pela sua natureza ou por força de lei, devam necessariamente funcionar à disposição do público durante esse mesmo período[230].

---

[226] Como será referido, o trabalho "não-normal" é, hoje, o trabalho suplementar do Decreto-Lei n.º 421/83, de 2 de Dezembro o qual corresponde, *grosso modo*, ao trabalho extraordinário dos artigos 16..º a 22..º da LDT.

[227] RCb 18-Fev.-1986 (Gomes Baião), CJ II (1986) I, 72-73.

[228] REv 18-Jun.-1991 (Jerónimo Martins), CJ XVI (1991) 3, 318-319 (319).

[229] Trata-se, pois, de interpretação autêntica, a qual, nos termos do artigo 13..º do Código Civil, tem eficácia retroactiva, salvo os casos julgados e situações similares.

[230] Em qualquer dos dois casos, as actividades em causa deveriam ser definidas por decreto governamental, o que viria a suceder logo através do Decreto-Lei n.º 349/73, de 11 de Julho.

As actividades em causa seriam definidas por Decreto [231].

V. Nos termos gerais, também não há lugar ao subsídio por trabalho nocturno quando o trabalhador já tenha sido contratado para esse tipo de trabalho, de tal modo que, desde o início, as partes hajam fixado uma remuneração que tenha em conta a maior penosidade desse tipo de trabalho [232].

A prestação de trabalho nocturno pode, também, representar uma vantagem para o trabalhador: ganhará mais e poderá dispor do dia como entender. Assim, se a cláusula de trabalho nocturno constar do próprio contrato de trabalho, apenas por mútuo consenso ela poderá ser suprimida [233].

28. **Trabalho suplementar**

I. As considerações acima expendidas são confirmadas pelo regime do trabalho suplementar, hoje constante do Decreto-Lei n.º 421/83, de 2 de Dezembro.

O diploma em causa começa, desde logo, por definir trabalho suplementar como o que é prestado "fora do horário de trabalho" artigo 2.º/1 do Decreto-Lei n.º 421/83 [234].

Fica, assim, abrangido:

- o trabalho diurno prestado para além dos limites diários resultantes do horário ou, muito simplesmente, fora deles;

---

[231] Veio dispor o Decreto n.º 349/73, de 11 de Julho, que fixou as seguintes actividades:

espectáculos e diversões públicas;
indústria hoteleira e similar;
farmácias, nos períodos de serviço ao público com a porta fechada.

[232] Cf. STJ 21-Nov.-1986 (Melo Franco), BMJ 361 (1986), 416-426 (419-420).

[233] STJ 10-Mai.-1995 (Castelo Paulo), BMJ 447 (1995), 279-287 (282) que cita, no mesmo sentido, mais sete acórdãos.

[234] Simples em si, esta definição veio concluir uma evolução delicada; o artigo 46..º/1 da LCT falava em "trabalho extraordinário" como o prestado "para além do período normal"; o artigo 16..º da LDT definia esse mesmo trabalho extraordinário como o prestado "fora do período normal". O artigo 2..º/1 concluiria essa evolução; cf. Monteiro Fernandes, *Direito do trabalho*, 11..ª ed. cit., 351.

– o trabalho nocturno prestado, nos mesmos termos, fora do horário;
– o trabalho prestado em dia de descanso semanal em regra o Domingo, mas não necessariamente ou em dia feriado.

Compreende-se, perante isto, porque desaparecem as antigas categorias do "trabalho extraordinário" e do "trabalho prestado em dia de descanso semanal"[235]: estando ambos fora dos horários, passaram a ser trabalho suplementar.

II. O regime do trabalho suplementar consta do Decreto-Lei n.º 421/83:

– é obrigatório para os trabalhadores, quando decidido pelo empregador[236], com determinadas excepções artigo 3.º: deficientes, grávidas ou com filhos de idade inferior a 10 meses e menores[237];
– só pode ser utilizado em certas condições "... que não justifiquem a admissão de trabalhador com carácter permanente ou em regime de contrato a prazo" artigo 4.º/1 ou ainda "... em casos de força maior ou quando se torne indispensável para prevenir ou reparar prejuízos graves para a empresa ou para a sua viabilidade" artigo 4.º/2;
– e dentro de certos limites – os do artigo 5.º[238].

O trabalho suplementar obedecia ainda a regras relativas a certas formalidades, referenciadas no artigo 6.º. Trata-se duma exigência suprimida pelo Decreto-Lei n.º 398/91, de 16 de Outubro.

III. O trabalho suplementar tinha, assim, uma natureza intrínseca de não-normalidade. Outros aspectos do seu regime vincavam bem essa característica:

---

[235] Cf. João Francisco Almeida Policarpo, *Pagamento ou não pagamento ao trabalhador da retribuição correspondente ao dia de descanso semanal*, ESC 23 (1967), 61-82.

[236] As próprias convenções colectivas podem prever a obrigatoriedade de prestação de trabalho para além do horário normal: RLx 3-Mai.-1985 (Leite Ferreira), CJ X (1985) 3, 202-204 (203/II).

[237] O trabalho suplementar de menores é proibido pelo artigo 124..º/4, da LCT.

[238] Alterado pelo Decreto-Lei n.º 398/91, de 16 de Outubro.

- o artigo 7.º do Decreto-Lei n.º 421/83 fixa, para ele, um suplemento de remuneração: mais 50% da remuneração normal na primeira hora e mais 75% nas restantes, elevando-se o acréscimo a 100%, no mínimo, no caso de trabalho suplementar prestado em dia de descanso semanal, complementar ou em dia feriado;
- o artigo 8.º do mesmo Decreto-Lei n.º 421/83 determinava que a entidade empregadora e o trabalhador contribuam, um e outro, com 25% dos acréscimos das remunerações resultantes da prestação de trabalho suplementar para o Fundo de Desemprego; como se lia no preâmbulo do diploma há, aqui, uma função desincentivadora do recurso a este tipo de trabalho, de modo a facilitar a criação de novos empregos. Todavia, este desconto foi revogado pelo Decreto-Lei n.º 398/91, de 16 de Outubro.

Podemos concluir que o trabalho suplementar passa a ser um instrumento, entre outros, ao serviço do trabalho e da empresa. A apreciação e a utilização, sem preconceitos, deste e doutros instrumentos marca a idade adulta do Direito do trabalho.

29. Trabalho por turnos

I. A lei portuguesa tal como as suas congéneres [239] admite, como foi visto, regimes temporais diferentes para o funcionamento das unidades produtivas e para as prestações normais de trabalho: o período do primeiro pode ser maior do que o das segundas. Dispõe, assim, o artigo 27.º da LDT [240]:

> 1. Deverão ser organizados turnos de pessoal diferente sempre que o período de funcionamento ultrapasse os limites máximos dos períodos normais de trabalho.
>
> (...)
>
> 3. A duração de trabalho de cada turno não pode ultrapassar os limites máximos dos períodos normais de trabalho.

[239] Foram confrontados, a nível de jurisprudência: BAG 4-Fev.-1988, NZA 1989, 315, BAG 20-Jun.-1990, NZA 1990, 861-862 e BAG 18-Jul.-1990, NZA 1991, 23.

[240] Na redacção do Decreto-Lei n.º 398/91, de 16 de Outubro.

O regime dos turnos é ainda referido no artigo 26.º da Lei das Associações Sindicais [241] e no artigo 2.º/6 da Lei das Comissões de Trabalhadores [242]: ele não deve ser prejudicado pelos direitos associativos dos trabalhadores.

II. O esquema dos turnos postula, pois, horários de trabalho não uniformes ou de tal modo articulados que o termo do período dum trabalhador coincida com o início do de outro [243]. Resulta daí que a presença de um esquema de turnos não implica trabalho suplementar [244]; este só surgirá em face da ultrapassagem do horário, possível nas particulares circunstâncias do Decreto-Lei n.º 421/83.

Não se trata de uma mera qualificação linguística: o trabalho por turnos, estando devidamente implantado, assume as características básicas da previsibilidade, estabilidade e segurança que enformam a prestação normal de trabalho.

Pode, ainda, ter manifestas vantagens para o trabalhador que, organizando a sua vida nessa base, poderá dispor de mais tempo livre. A jurisprudência considera-o, ainda, útil, em nome do interesse geral [245].

III. Cabe agora articular o trabalho por turnos com certas modalidades da prestação de trabalho, acima examinadas. Assim:

– com o trabalho nocturno: o trabalho por turnos pode ser nocturno quando a respectiva escala caia em período de trabalho nocturno, e na medida em que isso suceda; não é trabalho suplementar; não obstante, pode dar lugar, quando não se verifique o condicionalismo do Decreto-Lei n.º 348/73, ao suplemento de 25% referido no artigo 30.º da LDT, substituível por algum dos esquemas do artigo 2.º desse diploma [246];

---

[241] Aprovada pelo Decreto-Lei n.º 215-B/75, de 30 de Abril.

[242] Aprovada pelo Decreto-Lei n.º 46/79, de 12 de Setembro.

[243] Os horários de trabalho com turnos estavam sujeitos à aprovação do INTP, segundo o artigo 28..º/1 da LDT; este preceito foi revogado pelo artigo 2..º do Decreto-Lei n.º 65/87, de 6 de Fevereiro.

[244] Assim, a remuneração acrescida pelo trabalho ao Domingo não é devida se se tratar de trabalho por turnos: RCb 12-Jul.-1990 (Almeida Deveza), CJ XV (1990) 4, 104-108 (107/II).

[245] RLx 20-Mar.-1991 (Belo Videira), CJ XVI (1991) 2, 217-218 (218/II).

[246] Cf. REv 18-Jun.-1991 (Jerónimo Martins), CJ XVI (1991) 3, 318-319 (319).

- com o trabalho prestado ao Domingo: o trabalho por turno tem por efeito automático o deslocar o dia de descanso semanal; poderá ocorrer, assim, fora do Domingo, numa situação prevista no artigo 37.º/1 da LDT, à qual haverá que equiparar, disso sendo o caso, os dias de descanso complementar, quando concedidos: eles não coincidirão com os das pessoas não sujeitas a turnos; em qualquer dos casos, está-se dentro do horário, pelo que não é trabalho suplementar [247];
- com o trabalho suplementar: pode acontecer que, apesar dos turnos, haja que solicitar ao trabalhador a prestação de serviço fora do horário que lhe fora atribuído ou no próprio dia de descanso semanal arbitrado em substituição do Domingo: nessa ocasião, há trabalho suplementar, com todas as consequências legais.

IV. Esclareça-se, agora, a questão dos denominados subsídios de turno [248].

Os subsídios de turno podem ser fixados em instrumentos de regulação colectiva, a favor de trabalhadores que trabalhem nesse regime. A lei não obriga a que tal suceda; apenas se verifica o direito ao subsídio de 25%, na medida em que a escala considerada envolva trabalho nocturno.

Quando surja o subsídio de turno há ainda que, pela interpretação, apurar a sua natureza. Na verdade:

- pode tratar-se de uma pura e simples regalia, atribuída aos trabalhadores;
- pode ser uma retribuição por trabalho nocturno, atribuída nesse esquema ao abrigo do artigo 2.º, *b*) do Decreto-Lei n.º 348/73, de 11 de Julho.

Em qualquer caso, quando nenhum instrumento o atribua, o subsídio de turno não tem lugar.

V. Já se levantou a questão de saber como articular o problema do trabalho por turnos com o descanso semanal [249]. A jurisprudência tem entendido que nas empresas de laboração contínua em que o trabalho é

---

[247] Cf. o citado RCb 12-Jul.-1990, CJ XV, 4, 107/II.

[248] Cf. RPt 22-Jan.-1990 (José Correia), CJ XV (1990) 1, 273-274.

[249] Raúl Ventura/Monteiro Fernandes, *Trabalho por turnos rotativos/Descanso semanal*, CJ X (1985) 2, 11-17.

prestado no regime de turnos, os trabalhadores prestam serviço durante sete dias, descansando no oitavo e não no sétimo [250]; na mesma linha, também se tem entendido que, no regime dos turnos, há um direito a um dia de descanso em cada semana, caia ele, ou não, no sétimo dia [251]: a necessidade de organizar harmoniosamente os turnos a tanto conduz.

VI. Pergunta-se, finalmente, quem decide da passagem dum trabalhador ao regime de turnos.

Desde que a empresa esteja autorizada a laborar em contínuo [252], a entidade patronal pode alterar o horário dos seus trabalhadores para o regime dos turnos [253].

O acordo do trabalhador é dispensável [254] excepto, naturalmente, se outra coisa resultar do contrato de trabalho [255]. Em suma: temos, aqui, um afloramento do poder patronal de fixar os horários de trabalho.

30. **Outras situações**

I. Com base na jurisprudência, na prática, nas convenções colectivas de trabalho e na própria lei, é possível apontar outras situações especiais, no tocante a horários de trabalho.

Temos, assim, o *horário flexível*, previsto para os estudantes trabalhadores [256]. Segundo o artigo 3.º/1 da Lei n.º 116/97, de 4 de Novembro,

> As empresas ou serviços devem elaborar horários de trabalho específicos para os trabalhadores-estudantes, com flexibilidade ajustável à frequência das aulas e à inerente deslocação para os respectivos estabelecimentos de ensino.

---

[250] RLx 24-Jul.-1985 (PEDRO MACEDO), CJ X (1984) 4, 197-201, com importantes considerações, bem como RLx 15-Jan.-1986 (PEDRO SOUSA MACEDO), CJ XII (1986) 1, 136-148.

[251] STJ 28-Fev.-1986 (CORREIA DE PAIVA), BMJ 354 (1986), 407-419, STJ 14-Nov.-1986 (CORREIA DE PAIVA), TJ 24 (1986), 23, STJ 20-Fev.-1987 (DIAS ALVES), BMJ 364 (1987), 730-736, RLx 20-Abr.-1988 (NUNO ALVIM), CJ XIII (1988) 2, 184-186 e RLx 2-Nov.-1988 (NUNO ALVIM), CJ XIII (1988) 5, 152-153.

[252] Cf. o artigo 26..º/4 da LDT.

[253] RLx 5-Jun.-1996 (DINIS ROLDÃO), CJ XXI (1996) 3, 164-166 (165/II).

[254] RLx 29-Mar.-1995 (CARLOS HORTA), CJ XX (1995) 2, 174-175 (175).

[255] STJ 26-Abr.-1999 (PADRÃO GONÇALVES), CJ/Supremo VII (1999) 2, 270.

[256] Cf. RCb 20-Jan.-1994 (VICTOR DEVEZA), CJ XIX (1994) 1, 66-69.

Não sendo possível a fixação de tal horário flexível e não havendo acordo, a lei convola a tutela do estudante trabalhador para uma dispensa até seis horas semanais, sem perda de retribuição ou de quaisquer outras garantias [257].

A protecção assim conferida ao estudante trabalhador é salutar. Questionável é, porém, fazer correr, *ad nutum* e pelas empresas, o encargo da sua formação. O Estado deverá, pois, compensar as empresas em causa, sob pena de evidente inconstitucionalidade.

II. Encontramos o *horário móvel*. Desta feita, o trabalhador – ou um grupo de trabalhadores – que nele se inclua poderá ver o seu horário de trabalho deslocar-se em relação ao horário mais geral da empresa ou do estabelecimento [258]. Algo próximo, surge o *trabalho diferenciado*: embora fixo, ele não corresponde ao normal [259].

III. Na situação de *disponibilidade para o trabalho*, o trabalhador conserva-se disponível para acudir ao trabalho, mediante chamada da entidade empregadora [260]. Ele poderá estar acessível a um sinal de rádio, devendo responder para receber instruções [261].

Entre nós, o problema tem-se suscitado a propósito do caso, já referido, das passagens de nível: fala-se, então, em *trabalho intermitente*.

Cumpre distinguir: o trabalhador que está no local de trabalho, em funções, mas que apenas age quando solicitado – por exemplo: o empregado numa bilheteira – tendo, assim, um horário normal e o trabalhador que, em casa ou fora do ambiente de trabalho, aguarda uma chamada para trabalhar.

A jurisprudência foi já crítica em relação a esse tipo de horários, por entender que eles punham em causa o direito ao lazer: STJ 11-Dez.-1991 [262] e STJ 18-Dez.-1991 [263]. De facto, dada a natureza intermitente do horário, os períodos de disponibilidade ultrapassam os mínimos habituais.

---

[257] Cf. o artigo 3..º/2, 4 e 5 da Lei n.º 116/97, de 4 de Novembro.

[258] Cf. RLx 29-Mar.-1995 (Carlos Horta), CJ XX (1995) 2, 174-175 (175).

[259] Cf. RLx 12-Fev.-1992 (Dinis Roldão), CJ XVII (1992) 1, 206-208 (207/II), com referência ao CCT do sector dos seguros.

[260] BAG 25-Out.-1989, NZA 1990, 561-564.

[261] ArbG Lübeck 11-Mai.-1989, NZA 1990, 481-482.

[262] STJ 11-Dez.-1991 (Sousa Macedo), BMJ 412 (1992) 319-332 (330).

[263] STJ 18-Dez.-1991 (Prazeres Pais), BMJ 412 (1992), 344-355 (354).

Após múltiplas discussões sobre o tema – que incluem a hipótese da inconstitucionalidade – o horário intermitente veio a ser admitido, com um alongamento no período de disponibilidade: STJ 24-Fev.-1999 [264]. Antes deste aresto cumpre, ainda, citar outros acórdãos de tribunais superiores: RLx 10-Nov.-1993 [265], RCb 18-Nov.-1993 [266] e STJ 18-Out.-1995 [267].

[264] STJ 24-Fev.-1999 (Victor Deveza), CJ/Supremo VII (1999) 1, 294-296, onde podem ser confrontadas as questões mais debatidas quanto a este tipo de horário.

[265] RLx 10-Nov.-1993 (Dinis Roldão), CJ XVIII (1993) 5, 174-177 (176/II).

[266] RCb 18-Nov.-1993 (Victor Deveza), CJ XVIII (1993) 5, 81-84.

[267] STJ 18-Out.-1995 (Victor Deveza), BMJ 450 (1995), 273-284.

CAPÍTULO III

A ISENÇÃO DO HORÁRIO DE TRABALHO

§ 7.º ASPECTOS GERAIS

31. **Noção geral; a flexibilização**

I. As leis do trabalho não definem, directamente, a isenção de horário de trabalho. Há que reconstruí-la.

Da própria designação "isenção de horário" é de concluir que se trata duma situação que dispensa a prévia determinação das horas do início e do termo do período normal de trabalho diário, bem assim como dos intervalos de descanso [268].

II. A isenção de horário inscreve-se nas modernas tendências sócio-laborais para uma flexibilização de certas regras.

Na origem, a fixação de horário de trabalho era uma importante garantia dos trabalhadores: a de que os limites do tempo de trabalho seriam cumpridos. Sabemos, todavia, pela evolução geral das sociedades pós-industriais que, a partir de determinada altura, a limitação do tempo de trabalho passou a visar objectivos mais gerais e não já a tutela directa do trabalhador considerado. A individualização do tempo de trabalho torna-se, assim, uma hipótese requerida pelos interesses colectivos [269]. Podemos mesmo considerar que toda a evolução do Direito de duração do trabalho aponta nesse sentido [270].

---

[268] E usando, portanto, a definição do artigo 11.º/2 do Decreto-Lei n.º 409/71, de 27 de Setembro.

[269] DIETER REUTER, *Arbeitsrechtliche Aspekte neuer Arbeitszeitstrukturen*, RdA 1981, 201-208 (206). Sobre toda esta matéria e sobre diversos dos seus pressupostos cumpre referir KLAUS ADOMEIT, *Arbeitsrecht für die 90er Jahre* (1991).

[270] Em especial, as monografias de HELMUT GLAUBRECHT/DIETER WAGNER/ERNST ZANDER, *Arbeitszeit im Wandel / Möglichkeiten und Formen der Arbeitszeitgestaltung* (1987) e de MICHAEL BRUNZ/GERRIT WOLTER, *Möglichkeiten und Chancen der flexible Arbeitszeit* (1988) e a importante recolha de estudos organizada por WOLFGANG HROMADKA, *Arbeitszeitrecht im Umbruch / eine Zwischenbilanz* (1988). Cf. SCHAUB, *Arbeitsrechts--Handbuch*, 9.ª ed. cit., 1588 ss..

III. Efectivamente, a massificação do trabalho e dos trabalhadores veio, em determinada altura do percurso histórico, dificultar a elevação da qualidade de vida, provocando mesmo retrocessos. O caos do tráfego urbano deriva justamente da existência de horários rígidos [271]. Além disso, a busca duma maior liberdade para o trabalhador tornou-se, também, um objectivo sócio-laboral [272]. A formação profissional [273] e as exigências familiares dos trabalhadores [274] são outros aspectos a ter em conta.

Essa flexibilização pode ser alcançada com a atribuição de maior autonomia ou instrumentos de regulação da empresa [275], às próprias convenções colectivas em geral [276] ou à direcção empresarial [277]. Em suma: todo o Direito do trabalho poderá ser chamado a contribuir para ela [278]. Além disso, ele permite uma melhor distribuição das flutuações sócio--económicas, no que transcende o estrito campo da duração rígida do trabalho [279].

A flexibilização da duração do trabalho pode – e deve – operar dentro de limites legais [280], sendo de sublinhar o papel da jurisprudência [281] e da prática na empresa [282].

---

[271] Cf. Fritz Werner Schüt, *Gleitende Arbeitszeit* (1971), 14 ss..

[272] Dirk Neumann, *Arbeitszeit und Flexibilisierung*, NZA 1990, 961-966.

[273] Sophie Biondi-Mandelbaum, *Formation profissionnelle et réduction du temps de travail: vers un nouvel équilibre des temps*, DS 1999, 239-241.

[274] Jeanne Fagnani, *Politique familiale, flexibilité des horaires de travail et articulation travail/famille*, DS 1999, 244-249.

[275] Gerrik von Hoyningen-Huene/Ulrich Meier-Krenz, *Flexibilisierung des Arbeitszeitrecht durch Verlagerung tariflicher Regelungskompetenzen auf den Betrieb*, ZfA 1988, 293-318.

[276] Reinhard Richardi, *Kollektivertragliche Arbeitszeitregelung / Fremdbestimmung durch Kollektivnorm oder Regelung der Arbeitsbedingungen für ein rechtsgeschäftliches Dienstleistungsversprechen?*, ZfA 1990, 211-243 (221 ss.).

[277] Peter Friedhofen/Ulrich Weber, *Flexibler Personaleinsatz – Direktionsrecht oder Änderungskündigung*, NZA 1986, 145-147 (146).

[278] Cf. Wolfgang Zöllner, *Flexibilisierung des Arbeitsrechts*, ZfA 1988, 265-291.

[279] Cf. Wolfgang Franz, *Chancen und Risiken einer Flexibilisierung des Arbeitsrechts aus ökonomischer Sicht*, ZfA 1994, 439-462 (450 ss.).

[280] Rolf Schwedes, *Gesetzliche Arbeitszeitregelung als Rahmen für die flexible Arbeitszeit*, em Hromadka, *Arbeitszeitrecht im Umbruch* (1988), 97-113.

[281] Ursula Schlochauer, *Die Rechtsprechung zur flexible Arbeitszeit*, em Hromadka cit., 25-43.

[282] Klaus Feught, *Arbeitszeitflexibilisierung in der betrieblichen Praxis*, em Hromadka cit., 3-23.

IV. Um dos esquemas de flexibilização primeiro encarados foi o da disponibilidade do trabalhador: este, não estando propriamente no exercício concreto da prestação laboral, estaria todavia disponível para acudir a qualquer chamada da entidade patronal [283].

Impôs-se, depois, a ideia de "horário flexível" ou deslizante: dentro de determinados limites, o próprio trabalhador fixa o princípio e o fim do dia de trabalho [284]. Tratando-se de processos produtivos que o permitam, o trabalhador apenas teria de estar ao serviço, predeterminadamente, no momento em que houvesse de receber instruções ou de comunicar, com os seus colegas, sobre as tarefas em curso.

Este tipo de "horário flexível" – ou ausência dele – tem evidentes vantagens para o trabalhador [285] e para a empresa [286]: permite evitar o caos e o desgaste nas horas de ponta, permite adequar o tempo de trabalho à vida pessoal de cada um e põe termo a problemas de pontualidade; além disso, faculta uma melhoria geral de produtividade e permite descomprimir as áreas de apoio social das empresas.

Em suma: trata-se dum esquema que, segundo a técnica laboral consagrada, faculta soluções mais favoráveis para o trabalhador [287], prevalecendo, na dúvida, o que seja acordado dentro da empresa [288]. São de resto possíveis diversas fórmulas concretizadoras [289].

32. **Origem e evolução**

I. O tema da isenção de horário deve, hoje, ser orientado e entendido à luz das considerações que antecederam.

---

[283] ERICH FECHNER, *Probleme der Arbeitsbereitschaft / Arbeitsbereitschaft und verwandte Erscheinungen in der Ordnung der Arbeit* (1963), 9 e 91.

[284] Cf. STEFFEN HACKH, *Gleitende Arbeitszeit*, 2.ª ed. (1971), 17 ss., SCHÜT, *Gleitende Arbeitszeit* cit., 11, ROLF LEYENDECKER, *Gleitende Arbeitszeit* (s/d, mas 1972 ou 1973), com exemplo nas caixas económicas e ULRICH BAECK/MARKUS DEUTSCH, *Arbeitszeitgesetz Kommentar* cit., § 3, Nr. 45 (99).

[285] HACKH, *Gleitende Arbeitszeit*, 2.ª ed. cit., 71 ss..

[286] HACKH, *Gleitende Arbeitszeit*, 2.ª ed. cit., 55 ss..

[287] HERBERT BUCHNER, *Arbeitszeit und Günstigkeitsprinzip*, em HROMADKA, *Arbeitszeitrecht* (1988), 3-23.

[288] BAG 23-Jun.-1992, NZA 1993, 89-91.

[289] HACKH, *Gleitende Arbeitszeit*, 2.ª ed. cit., 18 ss..

Na sua origem encontra-se a própria Convenção de Washington – Convenção n.º 1 da OIT – que instituiu o princípio do dia das 8 horas. Permitia, porém, um tratamento de excepção para os empregados que exercessem cargos de direcção ou similares.

II. O Decreto n.º 5:516, de 7 de Maio de 1919 não se referiu a essa hipótese. Já o artigo 3.º do Decreto-Lei n.º 24:402, de 24 de Agosto de 1934 – acima transcrito [290] – reportou-se-lhe. Fê-lo, todavia, em termos que justapunham duas situações profundamente diferentes:

– a de pessoas que exerçam cargos de confiança, de direcção ou de fiscalização;
– a de familiares da entidade patronal, com ela trabalhando em estabelecimentos de pequena categoria.

Perante o artigo 3.º, § único, do Decreto-Lei n.º 24:402, de 24 de Agosto de 1934, a Administração laboral [291] parecia ter certa margem para valorar os pedidos que lhe fossem submetidos.

III. A matéria foi retomada pela LDT, de 1971 [292]. Houve, aí, um aperfeiçoamento notável, designadamente em dois pontos:

– a isenção passou a reportar-se, apenas às pessoas que exerçam cargos de confiança ou de fiscalização;
– a margem de apreciação da Administração laboral desapareceu; a sua actuação veio a limitar-se, como lhe cabia, a um controlo de legalidade.

Adiante ponderaremos melhor o regime da LDT e as alterações que, nela, já foram introduzidas, neste domínio.

33. **Razão de ser**

I. A razão de ser da isenção de horário constitui um elemento importante para a interpretação das diversas normas que se lhe reportam: trata-se, efectivamente, do chamado factor teleológico da interpretação.

---

[290] *Supra*, 55

[291] Na altura: o Instituto Nacional do Trabalho e Previdência.

[292] Cf. *Duração do trabalho/Parecer da Câmara Corporativa* cit., 771.

Neste domínio – como, de resto, sucede com frequência com os mais diversos institutos jurídicos, dando corpo à chamada interpretação actualista – verifica-se que os valores servidos pela isenção de horário foram evoluindo.

II. Inicialmente, o horário de trabalho visava proteger os trabalhadores, pondo cobro a alongamentos desmesurados do dia laboral. E logo nessa ocasião, verificou-se que os trabalhadores colocados em cargos de direcção, de fiscalização ou similares não careciam desse tipo de tutela. Compartilhando duma parcela significativa do poder patronal de direcção e disfrutando de estatutos remuneratórios aprazíveis, os trabalhadores que ocupassem cargos dessa natureza dispensavam, objectivamente, a tutela estabelecida.

Por outro lado, os cargos de direcção e de fiscalização implicam, por vezes, picos de actividade que não se coadunavam com horários rígidos.

Tal era a situação inicial.

III. Os horários e a sua fundamentação evoluíram. Nos períodos de crise, a duração do trabalho foi usada para repartir o mercado de trabalho. A isenção de horário passaria, então, a servir outros vectores.

Justamente para enfrentar o caos do tráfego urbano, os inconvenientes da absoluta massificação e o desgaste inútil assim imposto a muitos trabalhadores, a isenção de horário passou a tutelar a personificação e a humanização das relações laborais.

Além disso, a crescente predominância das empresas de serviços apela, com mais veemência e mesmo numa lógica empresarial, a esquemas flexíveis e adaptáveis de funcionamento laboral.

IV. Em conclusão: a isenção de horário como que se populariza: ela serve as mais diversas camadas de trabalhadores, sendo útil às empresas. Além disso – como veremos – ela em nada confunde com a política de repartição do trabalho, uma vez que continua a respeitar determinados limites inerentes ao Direito de duração do trabalho.

§ 8.º O REGIME DA ISENÇÃO DE HORÁRIO

34. **Generalidades; a não sujeição aos horários normais**

I. Perguntar pelo regime da isenção de horário equivale a determinar as regras que enformam a situação jurídica laboral dos trabalhadores que lhe estejam sujeitos.

Haverá, a esse propósito, que jogar com as diversas fontes do Direito do trabalho e, particularmente: com a lei, com as convenções colectivas, com o contrato de trabalho e, na margem competente, com a direcção patronal.

II. O artigo 15.º da LDT, cuja versão original se mantém até hoje, vem dispor:

> Os trabalhadores isentos do horário de trabalho não estão sujeitos aos limites máximos dos períodos normais de trabalho, mas a isenção não prejudica o direito aos dias de descanso semanal, aos feriados obrigatórios e aos dias e meios dias de descanso concedidos pelos instrumentos de regulamentação colectiva por despacho do *Ministro das Corporações e Previdência Social* ou pelos contratos individuais de trabalho [293].

III. Se bem atentarmos, o enunciado legal é omisso quanto ao essencial. O que caracteriza a isenção de horário não é a não sujeição aos limites máximos normais [294] – que, de resto, não poderá ser total e absoluta. *Antes será a ausência de horas predeterminadas para a tomada do trabalho, para os intervalos de descanso e para a saída.*

---

[293] O itálico é da nossa autoria; trata-se, hoje, do Ministro do Trabalho.

[294] Como aliás resulta expressamente do artigo 50.º/2 da LCT: segundo esse preceito – agora suplantado pela LDT, como abaixo veremos – a isenção só daria lugar a um suplemento remuneratório *quando implicasse* a possibilidade de prestação de trabalho para além do período normal.

Trata-se da interpretação óbvia, que resulta das considerações gerais que presidiram ao tema da flexibilidade laboral que justifica a isenção e que a lei, claramente, pressupõe, vertendo-a nas epígrafes dos artigos 13.º a 15.º da LDT [295].

Monteiro Fernandes expressa-se da seguinte forma:

> Resulta claramente do regime legal da isenção que esta se traduz na possibilidade (para o empregador) de utilização dos serviços do trabalhador, não só à margem de um definido *esquema* cronológico de prestação (horário), mas também independentemente dos "limites máximos dos períodos normais de trabalho" [296].

35. **Os limites aplicáveis**

I. O artigo 15.º da LDT não veio, assim, explicar qual o núcleo evidente do regime de isenção de trabalho: isso ter-lhe-á parecido óbvio e pressuposto. Antes veio, *para além* desse núcleo, estabelecer outras consequências desse regime. Assim:

- os trabalhadores isentos não estão sujeitos aos limites máximos dos períodos normais de trabalho;
- mas isso não prejudica o descanso semanal, os feriados obrigatórios e os descansos complementares.

II. A não sujeição aos limites máximos dos períodos normais não implica, como é evidente, que os trabalhadores isentos devam trabalhar indefinidamente. Ser-lhe-ão aplicados os limites convencionados ou, não havendo nenhum, os limites legais sobre o trabalho suplementar, com as excepções previstas no caso de ocorrências extraordinárias. A lei apenas afasta os limites máximos dos períodos *normais*.

---

[295] Em abono, também, António José Moreira, *A moderna gestão dos tempos de trabalho*, em Ministério para a Qualificação e o Emprego, *Forum Emprego, Formação, Trabalho* (1997), 479-481 (480).

[296] Monteiro Fernandes, *Direito do trabalho*, 11.ª ed. cit., 356. Também Mário Pinto/Furtado Martins/Nunes de Carvalho, *Comentário às leis do trabalho*, vol. I – *Regime jurídico do contrato individual de trabalho* (1994), 212-213, explicam que, havendo isenção de horário, o trabalhador não tem de obedecer a um programa temporal pré-definido.

III. Em relação ao descanso semanal, aos feriados obrigatórios e aos descansos complementares, não há prejuízo. Eles devem ser observados [297].

Verificados os pressupostos legais, o trabalhador isento de horário poderá trabalhar nesses dias, como qualquer outro trabalhador, sendo depois devidamente retribuído e seguindo-se as restantes consequências, acima examinadas.

36. A retribuição

I. A situação jurídica da isenção de horário traduz uma evidente vantagem para o trabalhador: a possibilidade de disfrutar dum ritmo e dum tempo de trabalho mais personalizados.

Mas tem um contrapeso: em virtude da inaplicabilidade dos limites máximos dos períodos normais, o trabalhador poderá ser chamado a trabalhar horas suplementares, que não serão retribuídas [298].

II. Nessas condições, o artigo 14.º da LDT prevê o seguinte [299]:

> 1. Os instrumentos de regulamentação colectiva de trabalho fixarão as retribuições mínimas a que, no caso de serem isentos, terão direito os trabalhadores por eles abrangidos.
> 2. Na falta de disposições incluídas nos instrumentos de regulamentação colectiva de trabalho têm direito a uma retribuição especial, que não será inferior à remuneração correspondente a uma hora de trabalho extraordinário por dia.
> 3. Podem renunciar à retribuição referida no número anterior os trabalhadores que exerçam funções de direcção na empresa.

---

297 Assim: STJ 18-Jun.-1997 (António Manuel Pereira), AcD 433 (1998), 118-124 (123).

298 Assim: RPt 25-Fev.-1985 (Salviano de Sousa), CJ X (1985) 1, 291-293 (292/II) e STJ 13-Mar.-1991 (Octávio Castelo Paulo), BMJ 405 (1991), 335-343 (342).

299 No artigo 50.º da LCT surgia uma norma semelhante, ainda que não totalmente coincidente: atente-se no n.º 2 deste preceito:

> Essa retribuição nunca será inferior à remuneração correspondente a uma hora de trabalho extraordinário por dia, sempre que a isenção implicar a possibilidade de prestação do trabalho para além do período normal de trabalho.

Quanto às relações entre esta norma e a LDT, cf. Mário Pinto/Furtado Martins/Nunes de Carvalho, *Comentário às leis do trabalho* cit., 213-214.

O dispositivo é claro:

- prevê o princípio dum suplemento remuneratório a favor dos trabalhadores com isenção de horário [300];
- essa remuneração é fixada, como mínimo, nos instrumentos colectivos de regulamentação laboral: o contrato individual ou o regulamento da empresa podem prever tabelas mais elevadas;
- na falta de tais fixações, ela não será inferior à remuneração correspondente a uma hora de trabalho suplementar por dia.

III. Os trabalhadores que exerçam funções de direcção na empresa podem renunciar à remuneração, nos termos do acima transcrito n.º 3. Este preceito era necessário, uma vez que, de acordo com uma excelente regra jurisprudencial assente em vários princípios, a remuneração do trabalho é, em princípio, irrenunciável [301].

IV. O suplemento remuneratório devido pela isenção de horário deve ser computado na hipótese de indemnização por despedimento, se o trabalhador a ela tinha direito, naquela ocasião [302].

Todavia e segundo jurisprudência constante – RLx 19-Out.-1988 [303], RCb 7-Mar.-1996 [304] e RLx 3-Mar.-1999 [305] – o suplemento em causa cessa logo que termine a situação de isenção. Não é, pois, entendida como um núcleo retributivo intangível: a sua supressão, por corresponder ao desaparecimento da ocorrência que lhe deu azo, não é tomada como baixa de remuneração [306].

---

[300] Cf. STJ 14-Mar.-1991 (BALTAZAR COELHO), BMJ 405 (1991), 475-488 (487-488).

[301] Cf. MENEZES CORDEIRO, *Manual* cit., 734, com indicações.

[302] RLx 2-Out.-1991 (RODRIGUES DA SILVA), CJ XVI (1991) 4, 215-217 (216/II).

[303] RLx 19-Out.-1988 (NUNES FERREIRA), CJ XIII (1988) 4, 160-161 (160).

[304] RCb 7-Mar.-1996 (SOUSA LAMAS), BMJ 455 (1996), 583-584 (583) = CJ XXI (1996) 2, 63-65 (65/I).

[305] RLx 3-Mar.-1999 (SARMENTO BOTELHO), CJ XXIV (1999) 2, 155-158 (157/II).

[306] Cf. BERNARDO XAVIER, *Curso de Direito do trabalho* cit., 365.

§ 9.º OS REQUISITOS DA ISENÇÃO DE HORÁRIO

37. Generalidades; o acordo das partes

I. A actual lei portuguesa ainda prescreve determinados requisitos para possibilitar a isenção de horário.

Na sua versão original, dispunha o artigo 13.º da LDT:

> 1. Poderão ser isentos de horário de trabalho, mediante requerimento das entidades patronais, os trabalhadores que exerçam cargos de direcção, de confiança ou de fiscalização.
>
> 2. Os requerimentos de isenção de horário de trabalho, dirigidos ao I.N.T.P., serão acompanhados da declaração de concordância dos trabalhadores, bem como dos documentos que sejam necessários para comprovar os factos alegados.

II. O n.º 1 transcrito foi alterado pelo Decreto-Lei n.º 398/91, de 16 de Outubro, recebendo a redacção seguinte:

> 1. Podem ser isentos de horário de trabalho, mediante requerimento das entidades empregadoras, os trabalhadores que se encontrem nas seguintes situações:
>
> *a*) Exercício de cargos de direcção, de confiança ou de fiscalização;
> *b*) Execução de trabalhos preparatórios ou complementares que pela sua natureza só possam ser efectuados fora dos limites dos horários normais de trabalho;
> *c*) Exercício regular de actividade fora do estabelecimento sem controlo imediato da hierarquia.

Como se vê e correspondendo à evolução geral do Direito do trabalho, houve um manifesto alargamento do universo de trabalhadores susceptíveis de beneficiar de isenção de horário.

III. Se bem se atentar, o primeiro requisito é o acordo entre as partes [307]. O artigo 13.º/2 da LDT, ao exigir que o requerimento de isenção seja acompanhado da "... declaração de concordância dos trabalhadores ..." di-lo, de modo inequívoco.

Trata-se dum ponto importante. O horário de trabalho é visto, historicamente, como uma garantia dos trabalhadores. Hoje, vencida há muito a batalha para a limitação do dia de trabalho, ele passa a ser um factor de normalização do trabalho na empresa do qual, em certas circunstâncias, se poderá prescindir.

O acordo em si poderá ser verbal, tal como verbal poderá ser o próprio contrato de trabalho: recorde-se o artigo 6.º da LCT. Apenas a declaração do trabalhador interessado, para efeitos de atestar a sua aquiescência – e, logo, a existência de prévio acordo com o empregador irá – surgir por escrito.

A vontade do empregador poderá também manifestar-se por diversas formas, ficando, no final, atestada no próprio requerimento de isenção.

IV. O acordo das partes, formalmente apresentado como um "requisito" é, na realidade, bem mais do que isso: trata-se da base ontológica indiscutível sobre que assenta toda a situação jurídica da isenção.

Não devemos esquecer que o contrato de trabalho é um verdadeiro contrato, fruto da vontade autónoma e soberana de ambas as partes. Os seus meandros, no que a lei não proíba, serão sempre enformados pelas opções dos contratantes. A isenção de horário é fruto duma dessas opções. Os requisitos subjectivos, abaixo examinados, são apenas delimitações a operar no tronco básico constituído pela autonomia privada.

V. Pode ainda acontecer que a cláusula de isenção do horário conste do próprio contrato individual que tenha sido celebrado entre o trabalhador e o empregador. Nessa altura, a isenção é tão forte que o empregador não mais a pode retirar, sem o prévio consentimento do trabalhador [308].

Temos, aqui, mais um e fundamental elemento no sentido do papel nuclear do acordo das partes, no tocante à isenção de horário.

---

[307] Cf. STJ 22-Set.-1993 (Fernando Dias Simão), CJ/Supremo I (1993) 3, 269-275 (274/II).

[308] STJ 13-Nov.-1996 (Victor Deveza), AcD 425 (1997), 684-690 (688).

38. O problema da isenção de facto

I. Põe-se o problema do que poderemos chamar a "isenção de facto". *Quid iuris* se, independentemente dum acordo formal entre o trabalhador e o empregador, aquele ingressar numa prática laboral em que, de facto, não observe um horário de trabalho?

Haverá isenção e, havendo-a, é devido o suplemento remuneratório que a lei postula para tais casos?

II. O problema pôs-se por via dos trabalhadores cujas funções impliquem contínuas viagens, processadas – necessariamente, aliás – à margem de qualquer horário. Numa situação dessas, o Supremo Tribunal de Justiça, em notável acórdão de 27-Mai.-1992 [309], entendeu que, de facto, haveria isenção, não sendo necessário provar a sua expressa determinação: o suplemento remuneratório deveria ser pago, ainda que faltassem os diversos e previstos passos burocráticos [310].

Parece totalmente razoável. Tendo prestado o seu trabalho em regime de isenção, com conhecimento e proveito de ambas as partes, a retribuição impõe-se.

III. Alguma jurisprudência exige, para o pagamento do suplemento por isenção de horário, a prova do acordo [311]. Pensamos que ela é conciliável com a doutrina do STJ 27-Mai.-1992. Na realidade, a "isenção de facto" repousa, sempre, na autonomia das partes. O trabalhador age fora dos horários rígidos porque o quer fazer; o empregador aceita o trabalho assim prestado porque lhe convém e está de acordo. No fundo, a "isenção de facto" repousa na vontade tácita de ambas as partes [312].

39. Os requisitos funcionais; *a*) Cargos de direcção, confiança ou fiscalização

I. A LDT, no seu artigo 13.º/1 e na redacção que lhe foi dada pelo Decreto-Lei n.º 398/91, de 16 de Outubro, fixou determinados requisitos

---

[309] STJ 27-Mai.-1992 (Sousa Macedo), BMJ 417 (1992), 554-562.

[310] STJ 27-Mai.-1992 cit., BMJ 417, 557, 559 e 561.

[311] STJ 23-Abr.-1998 (António Manuel Pereira), AcD 443 (1998), 1465-1478 (1476).

[312] Cf. Menezes Cordeiro, *Tratado de Direito civil*, I, tomo 1 cit., 285 ss..

funcionais, no tocante aos trabalhadores, para poderem beneficiar de isenção de horário. Trata-se, como se viu, duma orientação que, embora com um alcance diferente, remonta ao Decreto-Lei n.º 24:402, de 24 de Agosto de 1934. E mais precisamente: ao artigo 3.º deste diploma.

II. Em primeiro lugar – alínea *a)* – podem beneficiar os trabalhadores que se encontrem nos cargos de direcção, de confiança ou de fiscalização. É o núcleo do preceito que vinha já da redacção inicial do Decreto-Lei n.º 409/71, de 27 de Setembro.

Cargo de direcção é o que faculta, ao trabalhador nele provido, o exercício de poderes conformadores da prestação de trabalho, em relação aos trabalhadores a ele subordinados. O trabalhador-director recebe os seus poderes do empregador, exercendo-os em nome dele. Inicialmente, aliás, os próprios administradores eram considerados trabalhadores da empresa, numa situação que veio a ser revista: de todo o modo, certas regras laborais poder-lhes-ão ser aplicáveis [313].

Aos trabalhadores em cargos de direcção poderão aplicar-se certas regras específicas [314]. Em termos tendenciais, poderemos dizer que eles disfrutam de estatutos remuneratórios privilegiados; todavia, dispõem duma menor tutela sócio-laboral. Nessa conformidade e tratando-se da isenção de horário, os trabalhadores em cargos de direcção podem renunciar ao suplemento remuneratório devido pela isenção: tal suplemento ficará como que englobado na remuneração especial global que acordem com o empregador.

III. Cargos de confiança são aqueles que postulem uma particular ligação profissional entre o trabalhador e o empregador ou entre aquele e outro trabalhador em cargo de direcção. Numa situação desse tipo, o trabalhador não pode, pura e simplesmente, ser trocado por outro.

Estarão nessas circunstâncias os secretários de direcção, os trabalhadores que tenham acesso a *dossiers* classificados, os trabalhadores que executem tarefas técnicas dotadas de especial autonomia advogados ou médicos, por exemplo – e, em geral, aqueles que, pelas circunstâncias da

[313] Cf. Menezes Cordeiro, *Da responsabilidade civil dos administradores das sociedades comerciais* (1996), 384 ss., com elementos e, em especial, Martin Diller, *Gesellschafter und Gesellschaftsorgane als Arbeitsnehmer* (1994).

[314] A grande obra de referência é, ainda hoje, a de Wolfgang Hromadka, *Das Recht der leitenden Angestellen / im historisch-gesellschaftlichen Zusammenhang* (1979).

situação considerada, não possam ser substituídos por outros e devam acompanhar a empresa fora do horário normal ou, pelo menos, para tanto devam estar disponíveis.

IV. Os cargos de fiscalização implicam o exercício de prerrogativas patronais, um tanto à semelhança dos de direcção. Além disso, a fiscalização, para ser eficaz e não perturbar o funcionamento da empresa, poderá ter de se efectuar fora de horas. Pense-se, assim, na verificação da qualidade dos produtos, na revisão de maquinarias, no conferimento de contas, de movimentos ou de procedimentos de tipo administrativo e burocrático. A fiscalização é, hoje, garantia de bom funcionamento das empresas e de tutela dos consumidores. Tanto surge necessária nas empresas industriais como nas comerciais e de serviços.

40. **Segue**; b) **Outras situações**

I. O artigo 13.º/1, da LDT permite a isenção de horário a favor dos trabalhadores a quem caiba a

> *b*) Execução de trabalhos preparatórios ou complementares que pela sua natureza só possam ser efectuados fora dos limites dos horários normais de trabalho;

Este preceito é uma novidade resultante do Decreto-Lei n.º 398/91, de 16 de Outubro.

II. A transcrita alínea *b*), do artigo 13.º/1 da LDT corresponde à natureza das coisas.

A agência bancária aberta ao público e com determinado horário normal pode implicar, consoante o movimento registado – e isso em termos sazonalmente previsíveis ou totalmente imprevisíveis – períodos de trabalho prévios ou subsequentes ao fecho. Trata-se de executar ordens recebidas, de conferir documentos, de proceder a apuros ou a correcções, de instruir ou informar processos, de colher informações e de preparar decisões.

Em nome do poder de direcção – e dentro dos limites implicados pela boa fé compete ao empregador decidir da necessidade e da oportunidade dos tais trabalhos preparatórios ou complementares, da conveniência – mais ou menos fatal mas, de todo o modo, plausível – e da sua efectivação fora dos horários.

III. Finalmente a lei contempla a situação dos trabalhadores que exerçam funções fora do estabelecimento e sem controlo regular da hierarquia artigo 13.º/1, *c*), da LDT, na redacção dada pelo Decreto-Lei n.º 398/91, de 16 de Outubro.

Desta feita, deparamos com casos nos quais a exigência, ao trabalhador, da observância dum horário de trabalho seria desnecessária e contraproducente. Trabalhando fora do estabelecimento e com contacto com a hierarquia, o trabalhador poderá, melhor do que ninguém, planear a sua vida de modo a, cumprindo os seus deveres laborais, adequar o esforço às circunstâncias e às necessidades. Ficam abrangidos trabalhadores dos transportes [315], prospectores, angariadores e pesquisadores no terreno.

IV. Resta perguntar se a lista do artigo 13.º/1 de trabalhadores susceptíveis de beneficiar de isenção de horário é taxativa ou exemplificativa.

Impõem-se algumas reflexões.

À partida, o horário de trabalho que prevalece é o fixado pelas partes aquando da contratação. Compreender-se-ia mal que, tendo o trabalhador e o empregador, no momento em que livremente celebraram o contrato de trabalho, acordado que não haveria o horário, viesse o Direito – ou a Administração laboral – proclamar que isso não é possível e então:

- ou considerar nulo o contrato, solução que, a impôr-se, iria prejudicar o trabalhador;
- ou aplicar, contra as partes, um qualquer horário, ficando em aberto saber que horário e de acordo com que critérios e com que autoridade fixá-lo.

Em qualquer hipótese, haveria que diminuir a retribuição do trabalhador, retirando-lhe a parcela correspondente à isenção: saída contrária ao espírito do Direito do trabalho e à vontade comum das partes [316].

Antes do Decreto-Lei n.º 398/91, de 16 de Outubro, ter revogado o artigo 8.º do Decreto-Lei n.º 421/83, de 2 de Dezembro, ainda haveria uma especial razão para considerar fechada a lista do artigo 13.º/1: a

---

[315] Recorde-se STJ 27-Mai.-1992, BMJ 417, 557, acima citado: o caso do trabalhador que realizava, em funções, frequentes viagens.

[316] E condenada pela jurisprudência; recorde-se STJ 13-Nov.-1996 cit., AcD 425, 688.

inclusão, nesta, permitiria o não-pagamento da contribuição para o Fundo de Desemprego, devida pelo trabalho suplementar. Neste momento, o problema já não se põe.

V. Fica-nos a ideia de que não há razões de fundo para considerar fechada a lista do artigo 13.º/1, da LDT. As exigências da vida moderna, a dificuldade do tráfego urbano e a humanização do trabalho recomendariam que se personalizassem quanto possível os tempos da prestação de trabalho.

De todo o modo, enquanto o artigo 13.º/1 em causa continuar em vigor, teremos de lhe atribuir um significado substancial. E assim sendo, admitimos que a lista seja taxativa, embora não excepcional. Será possível interpretá-la latamente ou, mesmo, aplicá-la por analogia, sempre que em concreto, esta se justifique.

§ 10.º A AUTORIZAÇÃO DA ADMINISTRAÇÃO LABORAL

41. Generalidades

I. O artigo 13.º/1 e 2 da LDT refere ainda, para a isenção do horário de trabalho, a necessidade de um requerimento dirigido à Administração laboral: antes, ao Instituto Nacional do Trabalho e Previdência; hoje, à Inspecção-Geral de Trabalho.

Tal requerimento deve ser acompanhado:

- da declaração de concordância dos trabalhadores;
- dos documentos necessários para comprovar os factos alegados.

Quanto à concordância, não haverá dúvidas: o trabalhador interessado subscreverá declaração minimamente explícita, identificando-se, identificando a empresa, precisando as funções e manifestando a vontade de ficar isento do horário.

II. Os factos alegados deverão ser atestados por declaração da empresa que explicite:

- o cargo do trabalhador, na hipótese de estar em causa a aplicação da alínea *a*): cargos de direcção, de confiança ou de fiscalização; tratando-se de cargo de confiança cuja natureza não seja aparente – p.ex.: secretário de direcção, consultor, intérprete, segurança com acesso a segredos ou especializado, elemento de ligação ou porta-voz qualificado, como exemplos – haverá que, com o mínimo de clareza, explicar o porquê da "confiança";
- o tipo de funções preparatórias ou complementares e as razões da sua execução fora do horário, quando se trate da alínea *b*); de novo a explicação que se dê será muito sintética quando seja evidente – p.ex.: conferidor de contas bancárias, auditor, inspector, tesoureiro ou encarregado de relações públicas; devendo ser mais explicativa nas outras hipóteses;

– a actividade a exercer fora do estabelecimento e – sendo necessário – a eventualidade da falta de controlo imediato da hierarquia – alínea *c*).

III. Tudo isto tem de ser entendido em termos de razoabilidade: não há qualquer presunção de ilicitude, contra o empregador ou os trabalhadores, que haja de ser ilidida: apenas ocorre uma formalidade sócio-laboral que deve ser cumprida com adequação.

42. **A simplificação ocorrida em 1999: a questão da periodicidade**

I. A Lei n.º 61/99, de 30 de Junho, na linha muito actual de vir desagravar as realidades do trabalho de peias burocráticas e de rigidez excessiva, veio aditar, ao artigo 13.º da LDT, um número 3, assim concebido:

> Aos requerimentos referidos no número anterior é aplicável o disposto nos n.os 5 a 7 do artigo 10.º.

Recordemos os preceitos para que opera a remissão, também eles introduzidos pela Lei n.º 61/99:

> 5. O pedido de redução ou dispensa de intervalo de descanso considera-se tacitamente deferido se a Inspecção-Geral do Trabalho não proferir decisão final, dentro do prazo de 15 dias a contar da apresentação do requerimento.
> 6. O prazo referido no número anterior suspende-se se a Inspecção-Geral do Trabalho solicitar a prestação de informações ou a apresentação de documentos e recomeça logo que as informações ou os documentos forem entregues.
> 7. O período de prazo posteriormente à entrega das informações ou dos documentos não pode ser inferior a cinco dias.

II. Parece claro que o legislador de 1999 decidiu desagravar o processo, permitindo que, através de deferimentos tácitos, as empresas possam mais facilmente adequar o seu elemento humano às actuais realidades sócio-laborais.

III. Pergunta-se, agora, se as autorizações devem ser periodicamente pedidas. Quanto sabemos, nenhum preceito obriga a tanto.

Verificados os pressupostos da isenção e requerida a autorização, sendo esta, expressa ou tacitamente, deferida, ela subsiste enquanto se mantiverem os pressupostos que levaram à concessão.

Caberá, pois, à empresa formular novos pedidos, caso existam modificações no circunstancialismo que presidiu à formulação dos anteriores. Fora isso a regra – na Administração como nos Tribunais – é, sempre, a de evitar actos inúteis. Bastará recordar, a tal propósito, o artigo 10.º do Código do Procedimento Administrativo princípio da desburocratização e da eficiência – e o artigo 137.º do Código de Processo Civil – ilicitude de actos inúteis.

IV. Não pode a Administração Pública, sem base legal, criar, *ad nutum* e por acto administrativo – para mais em área onde ele surge como mero expediente de verificação – novos deveres para os particulares. Trata-se duma óbvia exigência do moderno Estado de Direito.

43. **A ausência de discricionariedade**

I. Perante um requerimento de isenção de horário, a Administração laboral irá exercer os seus poderes, deferindo ou indeferindo.

Pergunta-se: exerce poderes discricionários?

II. A opção pela isenção de horário é, antes do mais:

- uma decisão empresarial do empregador;
- uma decisão pessoal do trabalhador.

Mal se entenderia que a Administração laboral se imiscuísse na gestão das empresas, impondo às administrações opções que relevam da pura gestão: não é esse o seu papel. Do mesmo modo, não faria qualquer sentido que a mesma Administração laboral se substituísse aos trabalhadores, escolhendo por eles o regime de trabalho que lhes pareça mais vantajoso. Tão-pouco, de resto, faria sentido cometer aos tribunais a fixação de horários para os trabalhadores [317].

---

[317] Como diz, lapidarmente, a Relação de Lisboa: RLx 18-Jan.-1995 (Dinis Roldão), CJ XX (1995) 1, 175-177 (177/I).

III. Poder-se-ia ainda perguntar se, perante o mercado de trabalho, a Administração laboral, aquando da apreciação de requerimentos de isenção, não poderia ponderar também a oportunidade macro-económica da decisão.

Nenhuma lei lhe atribui tal poder. Pelo contrário: a própria evolução legislativa verificada na passagem do Decreto-Lei n.º 24:402, de 24 de Agosto de 1934 para a actual LDT e que acima sublinhámos [318] mostra a supressão de qualquer margem de valoração que, antes, ainda fosse cometida à Administração laboral.

Os artigos 13.º a 15 da LDT são muito claros ao fixar requisitos que apenas respeitam às concretas relações de trabalho em jogo. O Estado tem muitos outros instrumentos para, no interesse público, intervir no mercado de trabalho. Usar, para o efeito, os poderes de fiscalização relativos à isenção de horário seria um óbvio desvio do poder.

IV. Nestas condições, parece-nos claro que a Administração laboral, perante requerimentos de isenção de horário, deve formular simples juízos de legalidade e não de oportunidade.

Caso se mostrem objectivamente reunidos os requisitos legais, a isenção será deferida: o Estado não pode nem deve ir mais longe.

---

[318] Assim: STJ 23-Abr.-1998 (António Manuel Pereira), AcD 443 (1998), 1465-1478 (1475), retomando STJ 3-Jul.-1996 (António Manuel Pereira), AcD 419 (1996), 1341-1348 (1345-1346), onde se cita ainda, no mesmo sentido, um anterior acórdão do STJ de 27-Mai.-1992, revista n.º 3447.

Diz aquele primeiro aresto, citando o segundo – AcD 443, 1475:

> Se a isenção de horário de trabalho não significa outra coisa senão que o trabalhador presta a sua actividade sem respeitar um horário (o que não quer dizer ilimitadamente, como é bem de ver), é óbvio que a realidade, no tempo, da sua prestação não é diversa só porque a entidade patronal não cuidou de requerer e obter do organismo oficial competente a autorização que lhe cabia solicitar.

Esta orientação jurisprudencial sobrepõe-se a uma outra, mais antiga, que fazia depender a isenção da autorização – p.ex., RCb 7-Mar.-1996 cit., CJ XXI, 2, 64/II – embora desde 27-Mai.-1992 – recorde-se BMJ 417, 561 – o Supremo tivesse encetado uma via menos formalista de solução.

Em bom rigor, não nos parece estar perante orientações contraditórias, das quais umas "certas" e outras "erradas". Apenas se verifica que, dada a evolução geral do Direito do trabalho e da sua Ciência, a um determinado regime seguiu-se, pelas novas realidades, um regime diverso. Trata-se duma sequência perfeitamente possível através duma evolução doutrinária e jurisprudencial.

Contra decisões ilícitas da Administração haverá que reagir de duas formas, isolada ou cumulativamente: ou recorrendo, em termos administrativos, por via hierárquica e/ou contenciosa ou impugnando judicialmente quaisquer sanções depois aplicadas em consequência de recusas indevidas de autorização.

44. A eventual falta de autorização

I. Finalmente e perante os elementos obtidos, cabe indagar as consequências da eventual falta de autorização.

II. A primeira constatação parece óbvia: uma vez que a isenção de horário depende da vontade comum das partes, desde que se mostrem realizados certos requisitos subjectivos e estando determinado o papel não discricionário da autorização administrativa, a falta desta não inquina, materialmente, a isenção. Esta manter-se-á operacional, sendo devido o suplemento convencional ou legalmente previsto [319].

A isenção de horário surge desde que, licitamente – portanto: respeitando os requisitos – as partes a acordem. Trata-se duma interpretação que resulta da lógica da lei e que vai ao encontro dos modernos valores laborais e de toda a evolução jurídica e jurisprudencial, acima sublinhada.

III. A autorização tem, assim, o mero sentido duma fiscalização prévia. A fiscalização poderá, todavia, operar posteriormente. Nessa altura se verá: ou estavam reunidas todas as condições para a isenção em causa: esta será então lícita e eficaz, havendo uma mera omissão burocrática por parte da empresa que, em tempo devido, não formulou o requerimento; ou tais condições não estavam reunidas e teremos, nessa altura, uma infracção contra-ordenacional, a tratar nos termos da lei.

IV. Na aplicação das coimas haverá que ter em conta o seguinte: após a reforma introduzida pela Lei n.º 118/99, de 11 de Agosto, a violação é tratada, no seu conjunto, como uma única infracção e não como tantas infracções quantos os trabalhadores envolvidos. Este último factor, em conjunto com outros elementos, joga apenas para, de acordo com a Lei n.º 118/99, no seu artigo 9.º, determinar a dimensão da empresa e, daí o montante das coimas.

---

[319] Recorde-se STJ 23-Abr.-1998 cit., AcD 443, 1475.

APÊNDICES

A) **Legislação revogada**

1. *Decreto de 14 de Abril de 1891*: regulariza o trabalho das mulheres em fábricas e oficinas;
2. *Decreto de 9 de Janeiro de 1911*: regula o descanso dominical;
3. *Decreto de 8 de Março de 1911*: substitui o de 9 de Janeiro sobre descanso semanal;
4. *Decreto n.º 5:516, de 7 de Maio de 1919*: insere o horário dos trabalhadores e empregados do comércio e indústria no continente da República e ilhas adjacentes;
5. *Decreto n.º 22:500, de 10 de Maio de 1933*: regula o regime do horário de trabalho para as indústrias de transportes;
6. *Decreto-Lei n.º 24:402, de 24 de Agosto de 1934*: promulga o horário de trabalho nos estabelecimentos comerciais e industriais, alterado pelo Decreto-Lei n.º 26:917, de 24 de Agosto de 1936 e pelo Decreto-Lei n.º 43 182, de 23 de Setembro de 1960;
7. *Decreto-Lei n.º 26:917, de 24 de Agosto de 1936*;
8. *Decreto-Lei n.º 43 182, de 23 de Setembro de 1960.*

1. Decreto de 14 de abril de 1891 [1]

Regularisa o trabalho das mulheres e dos menores em fábricas e officinas

RELATORIO

Senhor. – Hoje pedimos a Vossa Majestade o decretamento de medidas essenciaes a regularisar o trabalho das mulheres e dos menores em fabricas, officinas – estabelecimentos industriaes de qualquer especie, ou sob qualquer direcção. Neste trabalho attende-se ao que é urgente e justo, pois que a sociedade tem obrigação de proteger os fracos, mas attende-se tambem ao que é humanitario, patriotico, politico, visto que se tracta de preparar a sanidade, a força do futuro, em cuidados concedidos ao presente.

«Acceitar e proteger a invalidez, que a «pobreza, os annos, os casos fortuitos nos trazem, é obrigação dos governos; preparal-a para viveiro de exemplos e acrisolamento de santidades, fizeram-no e ainda hoje o fazem os fanatismos intransigentes de religiões indianas. Consentil-a entre nós sem combate equivaleria a decretal-a para as subsequentes gerações. Nenhum governo o pode fazer, nenhuma sociedade culta o pode consentir.»

Traduzimos nestas palavras o pensamento fundamental deste projecto de decreto.

A nossa mocidade, Senhor, carece de ser protegida efficazmente para se robustecer.

Tomando em consideração o trabalho das mulheres e o estabelecimento de créches perto das fabricas, o governo prepara o remedio na maternidade; mas, não podendo impôr leis à familia, vê que a origem da sociedade civil foge à acção de qualquer providencia, a transmitte, em deposito fielmente guardado, a macula, herdada já, de geração em geração. Os poderes do estado vão até

---

[1] *Diário do Governo* n.º 88, de 22 de abril de 1891, 881-884 = *Collecção de Legislação Portugueza de 1891*, 14 de abril, 152-161 = *Collecção Official de Legislação Portugueza*, 1891, 14 de abril, 135-141.

onde podem ir. Não devassam o seio da familia onde se exercem ou devem exercer os cuidados da hygiene, physica e moral, dos menores; mas quando elles sáem daquelle sanctuario, a auctoridade segue-os por toda a parte onde pode estar, sem offender direitos individuaes, antes para sua defesa lhes assiste.

Vossa Majestade conhece as mil causas que contribuem para exagerar os trabalhos confiados a menores na intensidade desses trabalhos e na sua duração ou diuturnidade.

Não somos contra a adopção do menor em quasi todas as especies de trabalhos; é uma aprendizagem de que nasce quasi sempre uma inclinação e uma adaptação; mas é preciso poupar aquellas forças incipientes graduando-lhes o trabalho de modo que, em vez de tarefa deprimente, sirva de gymnastica fortificante.

A cubiça natural das empresas deseja nos seus trabalhos o menor, por que elle é instrumento docil e barato; e, tanto mais barato quanto mais produzir. Não pode ao seu interesseiro alvedrio entregar-se a creança, desprotegida. Os pais, sem fazermos injuria á humanidade, os pais nem sempre medem as forças da creança que a natureza lhes manda proteger; nem sempre experimentam consciensamente o poder daquelles pequenos braços ou a resistencia daquelles hombros, ainda mimosos; e não é exagero asseverar que muita vez o menor é menos poupado no trabalho familiar ou na officina paterna do que na estranha. O pai é pobre e é usufructuario dos salarios do seu filho menor. Isto explica, infelizmente, muita iniquidade.

Assim o comprehendem todas as nações que estendem mão protectora ao trabalho dos menores e das mulheres: – das que receberam da natureza as angustias funcções da maternidade.

Isto, mais ou menos imperfeitamente, acha Vossa Majestade traduzido neste projecto de decreto.

Foi estudado por muitos competentes, no tempo já dos nossos illustres antecessores, medicos, jurisperitos, engenheiros, estadistas, industriaes, operarios, têm dado parecer sobre esta materia.

No fundo o seu voto é este. Algumas divergencias sobre horas de trabalho, em confronto com os annos do menor e com a qualidade do mester, têm apparecido nessas consultas; questão na forma, não na essencia. Em nossa opinião, Senhor, determinar, *á priori*, horas de trabalho, é sempre um, arbitrio mais ou menos empyrico. Só um machinista ou um sabedor de mechanica e um medico, examinando cada menor e os utensilios de que tem de servir-se, podem, e ainda assim temporariamente, aguardando e marcando novos e successivos exames, graduar scientifica e conscienciosamente as horas de cada trabalhador em cada trabalho. É por isso que esta protecção exige continuadas revisões nos artigos das respectivas leis, e essa necessidade vái neste decreto expressamente reconhecida e respeitada.

As officinas, os mezes do anno, as temperaturas atmosphericas, a qualidade ou estado das materias primas, a maior ou menor perfeição dos aparelhos, offerecem cada dia e cada hora modificações que vão reflectir-se nos operarios. Umas vezes estas alterações vêm de causas regulares, outras de transtornos eventuaes; é por isso que a condição invariavel destas leis reside na constancia e permanencia da vigilancia.

Está no coração paternal de Vossa Majestade este decretamento por tanta vez recomendado ao governo; ahi fica, se Vossa Majestade o acceita.

Uma das maiores difficuldades para a sua implantação no momento actual era a despeza que exige; pois por muitos annos, querendo ser modestos os governos deste paiz, não ha necessidade de augmentar com este serviço a despeza do estado.

Principalmente no que respeita a inspecções o pessoal das obras publicas pode fornecer, sem augmento de despeza, funccionarios que bem se desempenhem destas incumbencias, para que têm a devida competência.

Aqui vem attendida quanto possivel a equiparação dos trabalhos com as forças do menor, respeitada a escala annuaria dos dez aos dezeseis annos; aqui vem calculadas as necessidades do tempo para descanço absoluto, e para frequencia de estudo, aos menores; egualmente o tempo necessario para dispender com os seus cuidados maternaes, às mulheres.

Vem considerados, a exemplo do que se faz nos paizes mais adiantados, os trabalhos nocturnos e os mineiros ou subterraneos, o que tudo aliás tem de ser especialmente regulamentado.

Não ficaram esquecidas a créche, a escola, a hygiene, a vigilancia. E desta vigilancia, regulada como ha de ser, dimanarão todos os successivos aperfeiçoamentos de que é susceptivel este serviço, e uma garantia segura para futuros inqueritos e para a regularisação da estatistica industrial.

Attendeu-se neste assumpto, quanto foi possivel, ás conclusões da conferencia internacional reunida em Berlim em 1890.

Tambem a attenção de Vossa Majestade encontrará aqui o principio da responsabilidade effectiva nos desastres do trabalho. É um inicio, apenas, mas é desde já uma promessa de que os cuidados legislativos em favor do operariado continuam.

Secretaria de estado dos negocios das obras publicas, commercio e industria, em 14 de abril de 1891. – *Antonio Candido Ribeiro da Costa – Antonio Emilio Correia de Sá Brandão – Augusto José da Cunha – Thomás Antonio Ribeiro Ferreira.*

DECRETO

Usando da auctorisação concedida ao governo pelo artigo 3.º do decreto com força de lei de 10 de fevereiro de 1890, e visto o artigo 1.º da carta de lei 7 de agosto do mesmo anno: hei por bem decretar o seguinte:

CAPITULO I

Admissão, horas de trabalho e descansos

Art. 1.º Os menores e as mulheres, de qualquer nacionalidade, só poderão ser admittidos a trabalhar nos estabelecimentos industriaes particulares, do estado ou das corporações administrativas e nas escolas profissionaes ou casas de beneficencia onde se executem trabalhos industriaes, bem como nas construcções civis e nos misteres de que tracta o artigo 5.º, nos termos e segundo as condições expressas neste decreto.

§ 1.º Para os effeitos deste decreto consideram-se estabelecimentos industriaes as minas e pedreiras, os estaleiros e docas de construcção ou reparação de embarcações, as fabricas, officinas, e casas ou logares de trabalho industrial de qualquer genero. Exceptuam-se as pequenas officinas, que não tenham caldeiras ou recipientes de vapor e em que se não fizerem trabalhos insalubres ou perigosos, estabelecidas dentro da casa de habitação de qualquer mestre ou operario, quando o trabalho seja executado por este, só ou com auxilio do seu consorte, dos seus parentes em linha recta ou transversal até ao terceiro gráu, ou dos seus tutelados, e o numero total de individuos assim empregados não exceda cinco.

§ 2.º Para os effeitos deste decreto, a expressão *menor* comprehenderá sempre ambos os sexos, e abrangerá os individuos do sexo masculino até á edade de dezeseis annos e os do sexo feminino até á edade de vinte e um annos completos.

Art. 2.º A admissão dos menores nos estabelecimentos industriaes e nos trabalhos de construcções civis não poderá verificar-se antes de completos doze annos de edade, salvo o disposto no § unico deste artigo.

§ unico. Poderá verificar-se a admissão aos dez annos completos, nas industrias especialmente designadas nos regulamentos, para os menores que:

a) Souberem as disciplinas que constituem a instrucção primaria elementar ou por certificado authentico provarem assidua frequencia em uma escola publica ou particular;
b) Tiverem compleição physica robusta;
c) Forem empregados em mistéres que não exijam esforços physicos, mais que os ordinarios.

Art. 3.º Os menores até completarem doze annos não poderão trabalhar mais de seis horas em vinte e quatro, sendo o trabalho dividido por um descanso á mesma hora que o dos adultos, e egual ao destes, mas nunca inferior a uma hora, não devendo nenhum menor trabalhar mais de quatro horas seguidas.

§ unico. Os menores de mais de doze annos não poderão trabalhar em cada vinte e quatro horas mais e dez, divididas por um ou dois descansos, á mesma hora que os dos adultos e eguaes aos destes, mas nunca inferiores a uma hora, nem trabalhar consecutivamente mais de cinco horas.

Art. 4.º Os menores não poderão trabalhar aos domingos, nem mesmo na limpeza dos estabelecimentos industriaes.

§ unico. Exceptuam-se os menores empregados nas officinas de fogo continuo; neste caso a distribuição do trabalho deve ser feita por forma que permitta nesses dias um largo intervallo de descanso, nunca inferior a seis horas seguidas.

Art. 5.º Os menores, até doze annos completos, não poderão ser empregados como sotas ou conductores a cavallo de quaesquer vehiculos de serviço publico ou particular. Os menores até dezeseis annos completos não poderão ser empregados em exercicios gymnasticos ou acrobaticos, nos espectaculos publicos.

CAPITULO II

Trabalho nocturno

Art. 6.º Considera-se trabalho nocturno o que for feito das nove horas da noite ás cinco da manhã nos mezes de maio, junho, julho, agosto, setembro e outubro, e das oito da noite ás seis da manhã nos outros mezes do anno.

Art. 7.º Os menores do sexo masculino até doze annos completos e os menores do sexo feminino de qualquer edade, não poderão ser empregados, em caso algum, em trabalhos nocturnos.

Art. 8.º Os menores do sexo masculino de mais de doze annos só poderão ser admittidos nos trabalhos nocturnos: nas officinas de fogo continuo, nas condições que o regulamento marcar; nos estabelecimentos expressamente designados no regulamento; e em qualquer estabelecimento em que tiver havido interrupção de trabalho resultante de força maior, ou em que se tiver dado alguma circumstancia imprevista, mas só temporariamente e para obviar os inconvenientes nascidos da referida interrupção ou circumstancia.

§ unico. Intende-se por officinas de fogo continuo as que exigem o emprego de fornos ou fornalhas que têm de funccionar sem interrupção, por causa da economia do fabrico ou das propriedades do producto.

Art. 9.º Em qualquer das hypotheses previstas no artigo antecedente, a duração total do trabalho diurno e nocturno do menor não poderá exceder dez horas em vinte e quatro, divididas por dois descansos pelo modo estabelecido no § unico do artigo 3.º.

§ 1.º Se o menor tiver trabalho diurno e nocturno não poderá este ultimo exceder seis horas, divididas por um descanso, de uma hora, pelo menos.

§ 2.º Se o menor tiver só trabalho nocturno não poderá este exceder oito horas, divididas por um descanso de uma hora, pelo menos.

§ 3.º Nenhum menor será empregado mais de trez noites seguidas em trabalho nocturno, salvo o disposto no paragrapho seguinte.

§ 4.º Poderão trabalhar em cada quinzena doze noites os menores empregados nos estabelecimentos industriaes, em que o trabalho nocturno for dividido por dois turnos que se revezem, comtanto que este trabalho não exceda em cada noite:

a) trez horas, para os menores de que tracta o § 1.º;

b) trez e meia horas, para os menores de que tracta o § 2.º.

CAPITULO III

Trabalhos subterraneos

Art. 10.º Nenhum menor do sexo masculino poderá ser admittido aos trabalhos subterraneos antes de completar quatorze annos. É prohibida a admissão de menores do sexo feminino.

Art. 11.º No regulamento determinar-se-á quaes os trabalhos subterraneos em que os menores do sexo masculino de mais de quatorze annos podem ser empregados, assim como os instrumentos ou ferramentas que poderão manejar.

Art. 12.º Os menores do sexo masculino de quatorze a dezeseis annos não poderão ser empregados em trabalhos subterraneos mais de seis horas em cada vinte e quatro, com descanço de uma hora, pelo menos.

§ 1.º Os menores não poderão, em caso algum, ser empregados no trabalho de rotação dos ventiladores mais de duas horas em cada vinte e quatro, divididas por um descanço de meia hora, pelo menos.

§ 2.º Os trabalhos subterraneos poderão ser accumulados com outros á superficie, comtanto que na sua totalidade não excedam dez horas cada vinte e quatro, com os descansos marcados no § unico do artigo 3.º, contando-se cada hora de trabalho subterraneo como equivalente a duas.

Art 13.º Os menores do sexo masculino de quatorze a dezeseis annos não poderão ser empregados, em caso algum, em trabalhos nocturnos subterraneos.

CAPITULO IV

Hygiene e segurança

Art. 14.º Os estabelecimentos de que tracta esta lei devem estar sempre limpos, convenientemente ventilados e com as necessarias condições de salubridade e segurança.

Art. 15.º Nenhum menor não vaccinado será admittido nos estabelecimentos industriaes.

§ unico. Deverão ser revaccinados em periodos não excedentes a sete annos.

Art. 16.º Qualquer menor que se desconfie affectado de doença epidemica ou de molestia contagiosa, deverá immediatamente ser, pelo director, patrão ou seu representante, mandado observar, e caso o facultativo declare a molestia transmissivel por infecção ou contagio, será separado dos outros menores e dos demais operarios.

§ unico. Quando se verifique em qualquer menor que o trabalho que se lhe destina gasta as suas forças ou de qualquer modo obsta ao seu regular desenvolvimento, será retirado temporariamente e não será readmittido sem nova inspecção medida e mediante um certificado que ficará em poder do director ou patrão.

Art. 17.º É prohibida a admissão de menores nos trabalhos insalubres ou perigosos.

§ 1.º São considerados insalubres ou perigosos:

1.º A manipulação ou fabricação de materias explosivas ou de substancias inflammaveis;

2.º A preparação ou distillação de substancias corrosivas ou deleterias e as operações em que estas entrarem como elemento importante do fabrico;

3.º A manipulação de objectos ou substancias que produzam poeiras, as quaes, pela aspiração ou absorpção cutanea, possam introduzir no organismo elementos que o deteriorem;

4.º A lubrificação, limpeza ou reparação de quaesquer orgãos ou peças de machinas em movimento;

5.º Os trabalhos que exijam esforço physico que exceda:

a) Para os menores de doze a quatorze annos: 10 kilogrammas de carga á cabeça ou ás costas, e o correspondente, sobre terreno horisontal, a 80 kilogrammas de carga, comprehendendo o vehiculo;

b) Para os menores de mais de quatorze annos: 15 kilogrammas de carga á cabeça ou ás costas, e o correspondente, sobre o terreno horisontal, a 100 kilogrammas de carga, comprehendendo o vehiculo;

6.º Os trabalhos que exijam esforços violentos, constantes ou contrafeitos, que se fazem em condições perigosas para os menores.

§ 2.º O governo determinará em regulamento os estabelecimentos industriaes, operações e mistéres em que o trabalho dos menores deva ser absolutamente prohibido, e aquelles em que poderá ser consentido mediante certas condições e limitações.

Art. 18.º Nos estabelecimentos em que houver motores mechanicos, serão resguardadas as rodas, engrenagens e quaesquer outras peças perigosas, por modo que dellas não seja possivel a approximação descuidada ou voluntaria. Naquelles em que houver poços, alçapões, escadas ou vazios similhantes, deverão estes ser resguardados por anteparos.

Art. 19.º Em caso de accidente ou desastre que produza a incapacidade de trabalhar por mais de dois dias, deverá, no praso de vinte e quatro horas, o gerente ou proprietario do estabelecimento industrial em que elle se tiver dado, participar o occorrido ao administrador do concelho e ao inspector.

§ unico. O ministerio publico deverá tambem, no praso de vinte e quatro horas, a contar do conhecimento de qualquer accidente, prevenir do occorrido o inspector.

Art. 20.º Aos directores e chefes incumbe velar pela morigeração dos menores dentro dos estabelecimentos industriaes.

CAPITULO V

Creches

Art. 21.º Cada uma das fabricas, em que trabalharem mais de cincoenta mulheres por dia, terá uma *creche* com as accomodações e condições hygienicas que os regulamentos determinarem. A distancia da *creche* á fábrica não será superior a 300 metros.

§ unico. Diversas fabricas poderão estabelecer ou sustentar em commum uma *creche* para os filhos das respectivas operarias, com a condição que a *creche* tenha a necessaria capacidade e que não diste mais de 300 metros de qualquer das mesmas fabricas.

Art. 22.º A mulher não será admittida a trabalhar nos estabelecimentos industriaes nas primeiras quatro semanas depois do parto.

Art. 23.º A mãe poderá ir á *creche* amamentar o filho á hora e pela forma determinada nos regulamentos.

CAPITULO VI

Ensino primario

Art. 24.º Os menores sujeitos á obrigação legal do ensino primario, admittidos em qualquer estabelecimento industrial, continuarão, até para elles cessar essa obrigação, a frequentar alguma escola publica ou particular, pelo menos duas horas por dia.

§ unico. A frequencia dos menores será, tanto nas escolas publicas como particulares, durante o tempo livre do trabalho e fóra das horas de descanso. Para isso as horas de trabalho serão sempre compativeis com as da escola.

Art. 25.º A obrigação do ensino de que tracta o artigo antecedente pode ser cumprida em escola pertencente ao estabelecimento industrial. Diversos estabelecimentos industriaes poderão estabelecer ou sustentar em commum uma escola para os menores nelles empregados.

§ 1.º As escolas dos estabelecimentos industriaes podem ser mixtas.

§ 2.º As escolas dos estabelecimentos industriaes ficam para todos os effeitos sujeitas á inspecção das auctoridades escolares e ao mesmo regimen das escolas publicas.

Art. 26.º Os professores das escolas primarias publicas ou particulares são obrigados adar notas diarias ou semanaes e a certificar a data da matricula, a frequencia e o resultado dos exames dos menores, uma e outra cousa nos termos e pela forma que for indicada nos regulamentos. Estas notas serão lançadas pelo director ou chefe do estabelecimento no livro de registro de que tracta o § 5.º do artigo 27.º.

CAPITULO VII

Vigilancia

Art. 27.º O administrador do concelho ou do bairro do domicilio do menor dará gratuitamente, quando lhe for exigida, aos pais ou tutores deste, uma caderneta indicando o nome, domicilio, data e logar do nascimento do menor.

§ 1.º A caderneta só será fornecida ao menor que apresentar certidão de edade, do registo parochial ou civil, e mostrar haver sido vaccionado. Se o menor for estrangeiro, apresentará attestado legal do seu nascimento. A certidão de que se tracta será isenta do imposto de sêllo e será passada gratuitamente.

§ 2.º Nenhum menor poderá ser recebido em qualquer trabalho industrial sem apresentar a caderneta de que tracta este artigo.

§ 3.º A caderneta estará em poder do menor ou de seus pais ou tutores.

§ 4.º Os donos, chefes ou directores de officinas ou estabelecimentos industriaes notarão na caderneta de cada menor a data da admissão e da saida nos respectivos estabelecimentos, bem como a natureza industrial destes.

§ 5.º Os directores ou chefes dos estabelecimentos industriaes terão um livro de registro onde inscreverão as indicações da caderneta de cada menor, com clareza, sem rasuras, nem estrelinhas.

Art. 28.º Quando algum dos inspectores verificar, em qualquer officina ou estabelecimento industrial, a existencia de um foco de infecção ou origem de insalubridade, ou a pratica de factos ou omissões contrarias á saude publica e particular ou á moral, avisará immediatamente e por escripto a auctoridade competente, a fim de que esta faça desapparecer taes inconvenientes e abusos, se para isso a lei não lhe der faculdade expressa e propria.

§ unico. Para cumprimento dos preceitos deste artigo, o inspector em visita a qualquer officina ou estabelecimento industrial poderá fazer-se acompanhar pelo respectivo delegado ou sub-delegado de saude, por qualquer outro agente de saude publica ou medico.

Art. 29.º Quando algum dos inspectores julgar que algum mechanismo, apparelho, peça ou orgão da machina, cuba, cadinho ou bacia contendo liquido, metal em fusão, ou similhantes, por falta de defesa ou conveniente resguardo, pode ser origem de perigo para os operarios menores ou maiores, intimará por escripto o responsavel do estabelecimento industrial ou da officina, para que este faça realisar dentro de certo praso as indicações, que lhe deverão ser feitas na mesma intimação, a qual será lançada no livro de que tracta o artigo 30.º.

§ 1.º Desde o dia immediato o intimado responde por perdas e dannos, se não tomar as providencias necessarias para evitar o mal previsto.

§ 2.º No praso de dez dias, contados da data da intimação, poderá o intimado requerer ao inspector que o assumpto seja submettido a juizo arbitral, sendo neste caso nomeados dois peritos especialistas, um pelo intimado, outro pelo inspector, os quaes no praso de quinze dias da data da nomeação proferirão o seu julgamento arbitral, ou declararão o seu desaccôrdo. No mesmo requerimento em que for pedido o juizo arbitral, deverá o requerente indicar o nome, profissão e morada do perito escolhido por elle.

§ 3.º Se entre os peritos não houver accôrdo, será nomeado, nas mesmas condições, no praso de dez dias da communicação deste facto, um terceiro perito pelo juiz de direito da comarca em que for situado o estabelecimento industrial ou officina; os trez peritos proferirão o seu julgamento arbitral no praso de quinze dias da data da nomeação do ultimo. Os prasos das dilações não suspendem a responsabilidade do intimado se não lhe for favoravel o julgamento arbitral.

§ 4.º Sendo a decisão arbitral favoravel ao intimado, será considerada como nulla a intimação do inspector.

§ 5.º Se não requerer o juizo arbitral em tempo competente, não indicar no requerimento o perito escolhido, ou a decisão arbitral lhe for adversa, o intimado cumprirá a intimação do inspector, ou a sentença arbitral, se esta tiver modificado a intimação.

§ 6.º Para os effeitos deste artigo considerar-se-ão apparelhos os andaimes, baileus e similhantes.

Art. 30.º Nos estabelecimentos industriaes que empregarem, ou tenham empregado durante o anno, mais de dez operarios por dia, haverá um livro de registro, que será apresentado quando for exigido, nos termos deste decreto e dos regulamentos respectivos, e em que o inspector lançará as observações e preceitos que tiver por uteis e necessarios.

§ 1.º Para os effeitos deste artigo são contados os operarios sem distincção de sexo nem de edade.

§ 2.º Nos trabalhos nocturnos, subterraneos, insalubres e perigosos, será applicada a disposição deste artigo sem limitação de numero de operarios.

Art. 31.º Os directores ou chefes terão affixados nos estabelecimentos industriaes e por forma bem visivel:

a) Este decreto e respectivos regulamentos;

b) As tabellas do serviço e descanço dos menores;

c) As penalidades correspondentes ás contravenções.

§ unico. As tabellas serão rubricadas pelo inspector.

Art. 32.º A declaração feita pelos chefes ou responsaveis de quaesquer estabelecimentos industriaes, de não admittirem menores nestes, não obsta a que nos mesmos estabelecimentos sejam effeituadas as visitas e a inspecção de que tracta este decreto.

CAPITULO VIII

Inspecção

Art. 33.º Para os effeitos da inspecção nos estabelecimentos industriaes, escolas profissionaes ou casas de beneficencia, não pertencentes ao estado, onde se executem trabalhos industriaes, haverá no continente do reino e ilhas adjacentes cinco circumscripções industriaes, a saber:

1.ª – Constituida pelos districtos administrativos de Braga, Bragança, Porto, Vianna do Castello e Villa Real, tendo a séde no Porto;

2.ª – Constituida pelos districtos administrativos de Aveiro, Castello Branco, Coimbra, Guarda e Vizeu, tendo a séde em Coimbra;

3.ª – Constituida pelos districtos administrativos de Leiria, Lisboa, Portalegre e Santarem, tendo a séde em Lisboa;

4.ª – Constituida pelos districtos administrativos de Beja, Evora e Faro, tendo a séde em Beja;

5.ª – Constituida pelos districtos administrativos de Angra do Heroismo, Horta, Ponta Delgada e Funchal, tendo a séde em Ponta Delgada.

§ 1.º O governo poderá modificar as circumscripções ou mudar a respectiva séde, quando as necessidades do serviço o reclamarem.

§ 2.º A inspecção nos estabelecimentos industriaes, casas de beneficencia e escolas profissionaes do estado será exercida pelo pessoal do respectivo ministerio a quem similhante serviço estiver ou vier a ser incumbido.

Art. 34.º Em cada circumscripção haverá um inspector industrial nomeado pelo governo de entre os engenheiros de obras publicas. O inspector residirá na séde da respectiva circumscripção.

§ 1.º Esta commissão será considerada, para todos os effeitos, como commissão normal do corpo de engenheiros de obras publicas, em qualquer classe.

§ 2.º Os engenheiros do corpo de obras publicas que servirem de inspectores industriaes, receberão alem do seu vencimento de categoria, a gratificação maxima correspondente á sua classe.

§ 3.º A cada um dos inspectores, quando sair em serviço a mais de 10 kilometros da sua residencia official, será abonada, alem do subsidio de marcha, a ajuda de custo correspondente á sua classe; não podendo este abono exceder cento e oitenta dias em cada anno.

§ 4.º As viagens a Lisboa, por ordem superior e por motivo de serviço, não são comprehendidas no limite marcado no § 3.º.

§ 5.º Poderá ser abonada a cada um dos inspectores, para despezas de expediente, a verba que for indispensavel, nunca excedente a 72$000 réis annuaes.

Art. 35.º As funcções de inspector industrial são incompativeis com qualquer emprego no commercio ou na industria particular, e não podem ser accumuladas com qualquer outra commissão ou funcção publica.

§ unico. Os inspectores industriaes poderão ser transferidos pelo governo de umas para outras circumscripções sempre que as conveniencias do serviço o aconselharem.

Art. 36.º Compete aos inspectores industriaes:

1.º Fazer uma visita annual ordinaria e as visitas extraordinarias que as necessidades do serviço reclamarem ou que a direcção geral do commercio e industria ordenar, a todos os estabelecimentos industriaes, escolas profissionaes e casas de beneficencia onde se executem trabalhos industriaes – pertencentes a particulares ou ás corporações administrativas;

2.º Levantar em duplicado autos das contravenções ás disposições deste decreto, enviando immediatamente um exemplar ao ministerio publico e outro á direcção geral do commercio e industria;

3.º Exarar no livro a que se refere o artigo 30.º as observações que a sua visita lhes suggerir, indicando as providencias a adoptar nos estabelecimentos, para a melhor hygiene e segurança dos menores;

4.º Rubricar as tabellas de serviço e descanso dos menores;

5.º Verificar se houve ou não força maior sempre que tenha occorrido a interrupção de trabalho a que se refere o artigo 8.º;

6.º Syndicar das causas dos sinistros que se derem nos estabelecimentos industriaes, apurando a responsabilidade dos que dirigirem os trabalhos e participando o occorrido ao ministerio publico, se para isso houver motivo;

7.º Exercer a vigilancia sanitaria para a permanencia dos menores nos estabelecimentos industriaes;

8.º Elaborar relatorios annuaes ácerca do serviço de inspecção dos estabelecimentos industriaes e situação dos menores nelles empregados, que serão remettidos á direcção geral do commercio e industria até ao dia 1 de março de cada anno, indicando alem das outras informações:

a) Os estabelecimentos industriaes existentes na respectiva circumscripção, classificados pela forma que for determinada;
b) O numero de menores com exercicio nos mesmos estabelecimentos e sua distribuição por profissões, sexos e edades;
c) Os salarios correspondentes ás profissões, sexos e edades dos menores;
d) O numero de participações mandadas para juizo e de reclamações de patrões e menores ou pessoas que os representem;
e) Os sinistros occorridos, suas causas e medidas tomadas;

9.º Cooperar nos inqueritos industriaes e preparar elementos para a estatistica industrial, pela forma que a direcção geral do commercio e industria determinar;

10.º Desempenhar qualquer trabalho que lhe seja determinado pela direcção geral do commercio e industria, tendente a verificar o estado, condições e necessidades das industrias do paiz, e a situação dos respectivos operarios, ou a estudar o modo de promover o desenvolvimento dessas industrias ou de melhorar as condições sociaes das classes trabalhadoras.

§ 1.º Os inspectores industriaes estão, para todos os effeitos, immediatamente subordinados ao director geral do commercio e industria, com quem se correspondem e do qual recebem as ordens relativas ao seu serviço, nos termos do artigo 28.º da organização approvada por decreto de 28 de julho de 1886.

§ 2.º Ao inspector industrial, cujo relatorio for considerado mais graduado, poderá o governo conceder um premio de 100$000 réis.

Art. 37.º Em serviço de inspecção poderá o inspector, quando circumstancias excepcionalmente graves o reclamarem, tomar as providencias extraordinarias exigidas pelo bem do serviço, dando immediatamente conta á direcção geral do comercio e industria.

CAPITULO IX

Commissões districtaes

Art. 38.º Poderá ser creada pelo governo em cada districto administrativo uma *commissão industrial*, para auxiliar o serviço dos inspectores, communicando a estes e á direcção geral do commercio e industria as irregularidades que notar, e relatando annualmente o modo por que for executado este decreto.

§ 1.º As *commissões industriaes* serão compostas de trez membros, que poderão ser retribuidos pela junta geral do districto.

§ 2.º A nomeação destas commissões é da competencia do governo e terá logar de dois em dois annos sobre proposta em lista triplice da junta geral do respectivo districto; fará parte de cada commissão um medico, sempre que seja possivel.

§ 3.º As commissões industriaes poderão ser chamadas a cooperar nos inqueritos industriaes, pela forma que o governo determinar.

Art. 39.º A commissão poderá, de accôrdo com o inspector, visitar os estabelecimentos industriaes não pertencentes ao estado, fazendo-se acompanhar dos medicos e peritos que julgar convenientes.

§ unico. As despezas da commissão industrial serão abonadas pelo cofre da junta geral do districto.

CAPITULO X

Do conselho superior do commercio e industria

Art. 40.º Compete ao conselho superior do commercio e industria, alem do que preceituam os artigos 1.º e 2.º do decreto de 3 de fevereiro de 1887 e nos termos dos mesmos artigos:

1.º Vigiar pela uniforme applicação deste decreto, e tomar conhecimento dos aggravos feitos aos industriaes pelos inspectores;

2.º Propôr ao governo tudo o que julgar necessario para a execução deste decreto;

3.º Apreciar e graduar os relatorios dos inspectores;

4.º Apresentar annualmente ao governo, até 1 de julho de cada anno, um relatorio sobre o estado do serviço dos inspectores;

5.º Propôr as bases para a organização da estatistica industrial.

§ 1.º Quando circumstancias excepcionaes o reclamarem, poderá o ministro ordenar que o director geral do commercio e industria, ou algum dos vogaes do conselho superior do commercio e industria, seja encarregado de visitar extraordinariamente um ou mais estabelecimentos industriaes. Ao vogal escolhido será abonada neste caso, alem do transporte em caminho de ferro, por mar, ou em estrada ordinaria, a ajuda de custo de 3$000 réis diarios.

§ 2.º O relatorio annual do conselho será publicado com os documentos necessarios para a sua elucidação.

§ 3.º Para as despezas de expediente do conselho superior do commercio e industria, resultantes deste decreto, será inscripta annualmente no orçamento da despeza a quantia de 600$000 réis.

CAPITULO XI

Penalidades

Art. 41.º Os inspectores, dos vogaes a commissão districtal, e os membros do conselho superior do commercio e industria, não divulgarão os segredos industriaes que porventura venham a conhecer no exercicio do seu cargo, sob pena de demissão e de responderem criminalmente nos termos do Codigo penal, e civilmente por perdas e damnos.

Art. 42.º O director, patrão ou seu representante, que admittir na industria menores fóra das condições deste decreto, será punido com a multa de 10$000 a 30$000 réis por cada menor que tenha admittido.

§ 1.º O director, patrão ou seu representante, que infringir as outras disposições deste decreto ou dos seus regulamentos, será punido com a multa de 1$000 a 20$000 réis por cada contravenção, conforme a gravidade das circumstancias.

§ 2.º Será punido com a multa do paragrapho anterior, o director, patrão ou seu representante, que:

a) Não cumprir os preceitos do inspector exarados no livro do registro a que se refere o artigo 30.º, ou mandados ali exarar por officio, quando não tenha recorrido no praso competente para o juizo arbitral;

b) Não cumprir em tempo devido a sentença arbitral.

Se da falta de cumprimento dos preceitos do inspector, ou da sentença, resultar a impossibilidade de trabalhar para algum menor, este continuará a receber do estabelecimento industrial o salario pelo tempo que durar a impossibilidade.

Art. 43.º No caso de reincidencia, verificada nos termos do Codigo penal, as multas serão de valor duplo do determinado no artigo 42.º.

§ unico. O juiz poderá aggravar a pena, no caso de reincidencia, ordenando que seja publicada, á custa do reincidente, a sentença condemnatoria em alguns dos jornaes mais lidos, e que seja também affixada no estabelecimento e em logar bem publico.

Art. 44.º Os directores, patrões ou seu representantes, serão admittidos a provar judicialmente que a infracção resultou de erro nos attestados ou nas cadernetas, por conterem falsas indicações. Neste caso serão isentos de pena; mas os falsarios e os cumplices serão punidos nos termos do Codigo penal.

Art. 45.º Os directores, patrões ou seus representantes, que não franquearem os seus estabelecimentos ás visitas e á inspecção de que tracta este decreto, ou se oppozerem ao disposto nos artigos antecedentes, serão autoados e processados como desobedientes aos mandados da auctoridade publica.

Art. 46.º Os professores, que não cumprirem o disposto no artigo 26.º, serão punidos com a multa de 1$000 a 20$000 réis, ou com a deducção correspondente nos seus ordenados.

Art. 47.º Se o menor não apresentar com regularidade a sua caderneta, ou della constar que faltou muitas vezes á escola, sem motivo justificado, o patrão poderá ser obrigado a pagar por elle, descontando-lhe no ordenado ou na feria, as multas estabelecidas pela carta de lei de 2 de maio de 1878 ou pela legislação que no futuro a substituir. Nesse caso o patrão ou menor poderão dar prova em contrario.

Art. 48.º A forma do processo para as contravenções deste decreto será a seguida nas contravenções de posturas municipaes; as multas assim impostas, e as respectivas custas judiciaes, serão cobradas executivamente, servindo o estabelecimento de garantia.

Art. 49.º As contravenções prescrevem nos termos do Codigo penal.

CAPITULO XII

Disposições geraes e transitorias

Art. 50.º As disposições deste decreto comprehendem os menores admittidos como aprendizes, na parte que lhes for applicavel.

§ unico. Os menores encontrados nos estabelecimentos industriaes serão considerados como empregados nelles, salvo prova em contrario.

Art. 51.º O governo regulará em diploma especial o modo como deverá ser feito o serviço de inspecção e vigilancia para segurança dos operarios maiores e menores nos trabalhos de construcções civis.

Art. 52.º O producto das multas comminadas neste decreto será entregue á caixa de reformas, de que tracta o decreto n.º 2 de 17 de julho de 1886, e constituirá receita da mesma caixa.

Art. 53.º Deve considerar-se como um maximo o estabelecido no § 3.º do artigo 9.º e nas alineas *a* e *b* do n.º 5 § 1.º do artigo 17.º; ficando o governo auctorisado, conforme as circumstancias, a diminuir o numero de noites seguidas de trabalho nocturno, ou os pesos que os menores podem transportar.

Art. 54.º Os menores existentes nos estabelecimentos industriaes ao tempo, em que for posto em execução este decreto, nelles poderão continuar, qualquer que seja a sua edade, comtanto que se observem as outras disposições, na parte que lhes for applicavel.

Art. 55.º Pelo ministerio das obras publicas, commercio e industria e direcção geral do commercio e industria será publicado periodica e regularmente um *Boletim* em que serão transcriptos os dados estatisticos, relatorios, informações e quaesquer documentos, que convenha divulgar, relativos tanto aos assumptos a que se refere este decreto como a quaesquer outros da competencia da mesma direcção geral.

Art. 56.º Durante os trez primeiros annos da execução deste decreto poderá o governo – se as circumstancias especiaes de determinadas industrias o tornarem indispensavel, e ouvido previamente o conselho superior do commercio e industria – auctorisar, por tempo certo, não excedente áquelle praso, que os menores de mais de doze annos empregados nessas industrias trabalhem durante um numero de horas superior ao maximo estabelecido no § unico do artigo 3.º e no artigo 9.º, comtanto que o total das horas de trabalho de cada menor não exceda, em caso algum, sessenta horas em cada semana.

§ unico. A auctorisação de que se tracta será dada em decreto real publicado no *Diario do governo* e poderá ser revogada.

Art. 57.º O governo porá este decreto em vigor successivamente nos diversos districtos administrativos, pelo modo e na epoca que parecer mais conveniente, devendo porem o mesmo decreto estar em completa execução no continente do reino e nas ilhas adjacentes no praso de dois annos, contados da respectiva data.

Art. 58.º Passados quatro annos contados da data deste decreto o governo, ouvido o conselho superior do commercio e industria, poderá fazer a revisão das disposições contidas no mesmo decreto e modifical-as segundo a experiencia houver aconselhado.

Art. 59.º Do pessoal que ficou addido aos quadros de fiscalisação dos caminhos de ferro explorados por companhias, poderá o governo escolher os empregados que forem necessarios para servirem ás ordens dos inspectores durante o período de organização e installação do novo serviço.

Art. 60.º O governo, ouvido o conselho superior do commercio e industria, publicará os regulamentos necessários para execução deste decreto.

Art. 61.º Fica revogada toda a legislação em contrario.

Os ministros e secretarios de estado dos negocios do reino, da justiça, da fazenda, das obras publicas, commercio e industria, e da instrucção publica e bellas artes, assim o tenham intendido e façam executar. Paço, em 14 de abril de 1891. – REI. – *Antonio Candido Ribeiro da Costa – Antonio Emilio Correia de Sá Brandão – Augusto José da Cunha – Thomás Antonio Ribeiro Ferreira.*

2. Decreto de 9 de janeiro de 1911 [2]

Regula o descanso dominical

RELATORIO

Não podia o Governo da Republica, no seu empenho de zelar e proteger os legitimos interesses nacionaes, deixar de ligar a sua mais acurada attenção ao problema tão delicado e complexo do descanso semanal e da regulamentação das horas de trabalho.

Se é certo que todas as razões physiologicas, moraes e sociaes aconselham como providencia instante e inadiavel regularizar o descanso das diversas classes sociaes que se afadigam e extenuam num labor diario constante de muitas horas, é tambem certo que são muitos os interesses oppostos collidindo entre si, cumprindo ao Governo velar por todos elles e protegê-los a todos. D'esta antinomia tem resultado em Portugal, como em outros paises, graves difficuldades na regulamentação geral do descanso, das quaes teem derivado leis em parte inexequiveis e em parte causadoras de perturbações e conflictos improprios de uma sociedade bem organizada e disciplinada. Nem todos teem a placidez e serenidade de espirito indispensaveis para bem apreciar as difficuldades, por vezes insuperaveis, d'este importante objecto e para procurar harmonizar os seus com os alheios interesses. Tal colisão só tem servido para difficultar mais a regulamentação do descanso semanal, com manifesto prejuizo dos proprios interessados.

Procurou o Governo da Republica attender e acautelar os interesses das diversas classes, norteando o somente um espirito recto e imparcial, satisfazendo tanto quanto possivel, quer ás legitimas reclamaçoes d'aquelles para quem a concessão do descanso semanal, por lei, é um manifesto e indiscutivel direito, quer ás justas conveniencias d'aquelles que teem o dever moral e legal de a tal concessão não se oppor.

---

[2] *Diário do Governo* n.º 7, de 10 de janeiro de 1911, 97-98 = *Collecção de Legislação Portuguesa de 1911*, 7 e 9 de janeiro, 9-12 = *Collecção Official de Legislação Portugueza*, 1911, janeiro 9, 7-9.

A delicadeza do assunto por si só justifica o cuidado que o Governo teve na estructura do presente decreto, que não é publicado como providencia legal de definitivos effeitos, antes, sendo a politica e a administração sciencias experimentaes, como a biologia e a psycologia, de onde logicamente emanam e a que indestructivelmente estão ligadas, o presente decreto obedece a este mesmo criterio experimental. A sua execução determinará o seu aperfeiçoamento; as classes a quem vae ser applicado, bem como as corporações de que depende, num criterioso espirito de conciliação dos mais variados interesses, e reconhecendo a inteireza e rectidão do pensamento organico d'este diploma legal, estudarão as suas vantagens e inconvenientes, de modo que a Camara Constituinte aprecie todos os factores do complicado problema e transforme este decreto numa lei perfeita e justa.

Submettido, em questão aberta, ao seu estudo e saber, acompanhado já dos dados da experiencia o presente decreto, depois de ter satisfeito ás legitimas exigencias do momento, sairá então da Camara Constituinte na sua forma definitiva, certamente mais perfeita, mas não mais bem intencionada e honesta.

O presente decreto com força de lei comporta somente a regulamentação do descanso semanal. Juntamente com o respectivo projecto apresentou e explanou o Ministro do Interior em Conselho de Ministros, por mais de uma vez, o projecto completo e já devidamente especificado e detalhado da regulamentação das horas de trabalho. Succedendo, porem, que alguns dos membros do Conselho, embora concordando em principio, com a argumentação das horas de trabalho, desejassem estudar mais cuidadosamente as differentes modalidades que essa regulamentação comprehende, resolveu-se sobreestar provisoriamente na votação desse projecto, não demorando no entretanto a publicação do descanso semanal, por vir acudir a urgentes reclamações das classes que o pediram, sem perturbação, antes com vantagem dos que o concedem.

O Governo Provisorio da Republica Portuguesa faz saber que em nome da Republica se decretou, para valer como lei, o seguinte:

DECRETO

CAPITULO I
Do descanso semanal

Artigo 1.º É reconhecido a todo o assalariado o direito a um descanso semanal de vinte e quatro horas seguidas.

§ 1.º Pela indole especial do seu mester ficam exceptuados os que trabalham nos theatros, cinematographos, circos, exposições e quaesquer casas de espectaculos publicos.

§ 2.º No dia destinado ao descanso semanal poderá ser permittido nas fabricas o trabalho de limpeza ou reparação de machinas, mas somente até o meio dia e mediante combinação entre patrões e assalariados.

§ 3.º Em casos urgentes de reparações ou quando seja preciso evitar accidentes e prejuizos, poder-se-ha trabalhar no dia escolhido para descanso semanal, dando-se do facto conhecimento á Camara Municipal dentro do prazo de quarenta e oito horas, e concedendo-se aos operarios igual numero de horas de descanso em qualquer dia da semana que, de accordo entre as duas partes, seja escolhido.

§ 4.º Nos estabelecimentos industriaes em que qualquer interrupcão de trabalho cause a destruição dos materiaes empregados ou dos productos do fabrico, ou por qualquer outro meio possa originar a paralysação da respectiva industria, permittir-se-ha o trabalho continuo, concedendo-se por turnos um dia de descanso por semana, a cada individuo nesses estabelecimentos empregado, considerando-se assim o domingo como dia ordinario.

Art. 2.º O descanso semanal será, em regra, ao domingo, sempre de vinte e quatro horas seguidas.

§ 1.º Exceptuam-se das disposições d'este artigo:

1.º Os dispensarios, hospitaes, pharmacias, casas de saude, balnearios, hoteis, restaurantes, casas de pasto e de hospedes, cafés, confeitarias, pastellarias, talhos, salchicharias, vaccarias, fabricas de productos alimenticios destinados a consumo immediato, estabelecimentos de peixe fresco, de hortaliças, de fructas e de outros quaesquer generos de facil e rapida deterioração, lojas de flores naturaes, leilões, photografias, agencias funerarias, empresas destinadas ao fornecimento de luz, agua, força motriz, carga e descarga, telephones e empresas de jornaes, no indispensavel para as suas tiragens, em que o descanso terá logar por turnos, mas sempre vinte e quatro horas seguidas.

2.º Os estabelecimentos e casas de artigos do carnaval, fogos de artificio, objectos para festejos, que podem estar abertos no domingo de carnaval e em domingos a que possam corresponder os dias 12, 13, 23, 24, 28 e 29 de junho, 4 e 5 de outubro, 25 de dezembro, 1 de janeiro e qualquer outro que seja decretado como de festa nacional.

§ 2.º Aos empregados dos estabelecimentos e casas a que se refere o n.º 2.º do paragrapho anterior será dado o correspondente dia do descanso de vinte e quatro horas seguidas, num dos tres primeiros dias normaes, depois do domingo em que trabalharem.

§ 3.º As padarias terminarão o fabrico do pão ás seis horas da manhã do dia de descanso, e recomeçarão á mesma hora da manhã do dia seguinte. A venda cessará ás onze horas da manhã para recomeçar a egual hora do dia seguinte.

§ 4.º Para os estabelecimentos commerciaes e industriaes ou ainda de outro genero, e naquellas localidades em que haja importante e manifesto prejuizo com o descanso ao domingo, poderão as camaras municipaes, depois de ouvidos os respectivos presidentes das juntas de parochia, fixar o dia de descanso, tendo-se em conta que, a não ser em casos excepcionaes, elle será no dia immediato áquelle em que o trabalho for mais intenso, como é nas feiras e mercados.

Art. 3.º O descanso do pessoal do movimento das empresas de viação e navegação, attendendo ao seu genero especial do seu trabalho, será estabelecido nos termos dos regulamentos privativos que lhes forem applicaveis.

CAPITULO II

Disposições geraes

Art. 4.º Aos interessados, ás associações de classe e ás juntas de parochia compete fiscalizar a observancia do presente decreto e communicar as contravenções ao juizo competente, podendo constituir-se partes accusadoras.

§ unico. Às autoridades administrativas e policiaes compete igualmente a fiscalização e communicação a que se refere este artigo.

Art. 5.º Ao Ministerio Publico compete accusar as contravenções do presente decreto, as quaes serão julgadas em processo de policia correccional.

Art. 6.º Os contraventores incorrem na multa de 2$000 a 50$000 réis e prisão correccional até tres meses.

§ 1.º Nas duas primeiras condemnações somente se applicará a pena de multa.

§ 2.º O producto das multas impostas reverterá a favor do cofre da assistencia publica, na parte confiada ás juntas de parochia.

Art. 7.º A regulamentação do presente decreto pertence ás camaras municipaes, de accordo com as associações respectivas e ouvidos os presidentes das juntas de parochia, devendo os respectivos regulamentos ser elaborados e postos em vigor no prazo de quinze dias, a contar da publicação a que se refere o § 6.º d'este artigo.

§ 1.º A regulamentação a que se refere este artigo será baseada, tanto quanto possivel, no regulamento que para o concelho de Lisboa for elaborado por uma commissão composta de tres vereadores da respectica Camara Municipal, tres representantes das juntas de parochia, dois delegados da Associação Industrial Portuguesa, um delegado da Associação Commercial de Lisboa, um delegado da Associação Commercial dos Lojistas, dois operarios, dois representantes dos empregados do commercio de Lisboa e um membro da Associação dos Medicos, sendo todos estes representantes designados pelas respectivas collectividades.

§ 2.º Os representantes das juntas de parochia serão escolhidos, em reunião d'estas corporações, convocada pelo governador civil do districto de Lisboa.

§ 3.º Os dois operarios serão escolhidos pelos delegados determinadamente eleitos pelas assembleias gerais das associações de classe.

§ 4.º Se alguma das collectividades mencionadas não eleger os seus delegados quando for convidada a fazer essa eleição pelo governador civil do districto de Lisboa, será a sua eleição substituida por nomeação da mesma autoridade.

§ 5.º O governador civil do districto de Lisboa convocará e installará a commissão a que se refere este artigo, no prazo de cinco dias a contar da publicação d'este decreto.

§ 6.º O regulamento de que trata o § 1.º d'este artigo será elaborado no prazo de quinze dias, a contar da installação da respectiva commissão, sendo desde logo publicado e posto em vigor.

Art. 8.º O presente decreto entra immediatamente em vigor e fica sujeito á apreciação da proxima Assembleia Nacional Constituinte.

Art. 9.º Fica revogada toda a legislação em contrario.

Determina-se portanto que todas as autoridades, a quem o conhecimento e execução do presente decreto com força de lei pertencer o cumpram e façam cumprir e guardar tão inteiramente como nelle se contém.

Os Ministros de todas as Repartições o façam imprimir, publicar e correr. Dado nos Paços do Governo da Republica, 9 de janeiro de 1911. *Joaquim Theophilo Braga – Antonio José de Almeida – Affonso Costa – José Relvas – António Xavier Correia Barreto – Amaro de Azevedo Gomes – Bernardino Machado – Manuel de Brito Camacho.*

3. Decreto de 8 de março de 1911[3]

Substitue o de 9 de janeiro sobre descanso semanal

Sendo necessario attender a reclamações apresentadas á commissão encarregada de elaborar o regulamento do descanso semanal no concelho de Lisboa:

Tendo essa commissão formulado ligeiras modificações ao decreto com força de lei de 9 de janeiro de 1911, com as quaes o Governo Provisorio concordou; e

Tornando-se, por isso, indispensavel alterar algumas das disposições do citado decreto;

O Governo Provisorio da Republica Portuguesa faz saber que, em nome da Republica, se decretou para valer como lei o seguinte:

Artigo 1.º É reconhecido a todo o assalariado o direito a um descanso semanal de vinte e quatro horas, em regra, seguidas.

§ 1.º Pela indole especial do seu mester ficam exceptuados os que trabalham nos theatros, cinematographos, circos, exposições e quaesquer casas de espectaculos publicos.

§ 2.º No dia destinado ao descanso semanal poderá ser permittido nas fabricas o trabalho de limpeza ou reparação de machinas, mas somente até o meio dia e mediante combinação entre patrões e assalariados.

§ 3.º Em casos urgentes de reparações ou quando seja preciso evitar accidentes e prejuizos, poder-se-ha trabalhar no dia escolhido para descanso semanal, dando-se do facto conhecimento á junta de parochia da respectiva freguesia no dia immediato, e concedendo-se aos operarios igual numero de horas de descanso em qualquer dia da semana que, de acordo entre as duas partes, seja escolhido.

§ 4.º Nos estabelecimentos industriaes em que qualquer interrupção de trabalho cause a destruição dos materiaes empregados ou dos productos do

---

[3] *Diário do Governo* n.º 55, de 9 de março de 1911, 997-998 = *Collecção de Legislação Portuguesa* de 1911, 8 de março, p. 232-233 = *Collecção Official de Legislação Portugueza*, 1911, março 8, 438-439.

fabrico, ou por qualquer outro meio possa originar a paralização da respectiva industria, permittir-se-ha o trabalho continuo, concedendo-se por turnos um dia de descanso por semana, a cada individuo nesses estabelecimentos empregado, considerando-se assim o domingo como dia ordinario.

Art. 2.º O descanso semanal será, em regra, ao domingo, sempre de vinte e quatro horas seguidas.

§ 1.º Exceptuam-se das disposições d'este artigo:

1.º Os dispensarios, hospitaes e estabelecimentos similares, pharmacias, casas de saude, balnearios, hoteis, restaurantes, casas de pasto e de hospedes, hospedarias, casas de vinho com comida, cafés, botequins com bilhares, cervejarias (estabelecimentos de venda), talhos, salchicharias, lojas de miudezas de vaca, vacarias, fabricas de productos alimenticios destinados a consumo immediato, estabelecimentos de peixe fresco, de aves, de hortaliças, de legumes frescos, de fructas e de outros quaesquer generos de facil e rapida deterioração, lojas de flores naturaes e de aguas, agencias funerarias, empresas destinadas ao fornecimento de luz, agua, força motriz, carga e descarga, telephones e empresas de jornaes, no indispensavel para as suas tiragens, em que o descanso terá logar por turnos, mas sempre vinte e quatro horas seguidas.

2.º Os estabelecimentos e casas de artigos de carnaval, fogos de artificio, objectos para festejos, que podem estar abertos no domingo de carnaval e em domingos a que possam corresponder os dias 12, 13, 23, 24, 28 e 29 de junho, 4 e 5 de outubro, 25 de dezembro, 1 de janeiro e qualquer outro dia que seja decretado como de festa nacional ou que venha a ser considerado feriado municipal.

§ 2.º Aos empregados dos estabelecimentos e casas a que se refere o n.º 2.º do paragrapho anterior será dado o correspondente dia de descanso de vinte e quatro horas em regra, seguidas, num dos tres primeiros dias normaes, depois do domingo em que trabalharam.

§ 3.º As padarias encerrar-se-hão ás onze horas da manhã de domingo e reabrirão á mesma hora de segunda feira. Nas localidades, porem, em que os usos e costumes o aconselhem, poderão as camaras municipaes escolher outra hora para esta industria ou somente para as padarias que se dediquem especialmente ao fabrico de pão de milho, comtanto que se garanta o descanso de vinte e quatro horas.

§ 4.º Para os estabelecimentos commerciaes e industriaes ou ainda de outro genero, e naquellas localidades em que haja importante e manifesto prejuizo com o descanso ao domingo, poderão as camaras municipaes, depois de ouvidos os respectivos presidentes das juntas de parochia, fixar o dia de descanso, tendo-se em conta que, a não ser em casos excepcionaes, elle será no dia immediato áquelle em que o trabalho for mais intenso, como é nas feiras e mercados.

Art. 3.º O descanso do pessoal do movimento das empresas de viação e navegação, attendendo ao genero especial do seu trabalho, será estabelecido nos termos dos regulamentos privativos que lhes forem applicaveis, devendo as mesmas empresas elaborar e submetter á approvação das camaras municipaes os respectivos regulamentos.

Art. 4.º Aos interessados, ás associações de classe e ás juntas de parochia compete fiscalizar a observancia do presente decreto e dos respectivos regulamentos e communicar as contravenções ao juizo competente, podendo constituir-se partes accusadoras.

§ unico. Ás autoridades administrativas e policiaes compete igualmente a fiscalização e communicação a que se refere este artigo.

Art. 5.º Ao Ministerio Publico compete accusar as contravenções do presente decreto e dos respectivos regulamentos, as quaes serão julgadas em processo de policia correccional.

Art. 6.º Os contraventores do presente decreto e dos respectivos regulamentos incorrem na multa de 5$000 a 100$000 réis.

§ 1.º A contravenção será punida com multa não inferior a *50$000* réis quando o assalariado tiver sido privado do descanso.

§ 2.º O producto das multas impostas revertera a favor do cofre da assistencia publica, na parte confiada ás juntas de parochia.

Art. 7.º A regulamentação do presente decreto pertence ás camaras municipaes, de acordo com as associações respectivas e ouvidos os presidentes das juntas de parochia, devendo os respectivos regulamentos ser elaborados e postos em vigor no prazo de trinta dias, a contar da publicação d'este decreto.

§ 1.º A regulamentação a que se refere este artigo será baseada, tanto quanto possivel, no regulamento do concelho de Lisboa.

§ 2.º Os regulamentos serão publicados pelas camaras municipaes depois de approvados pelo Ministro do Interior.

Art. 8.º Todas as empresas industriaes e commerciaes, singulares ou collectivas, são obrigadas a conceder o descanso aos seus assalariados na conformidade do presente decreto e dos respectivos regulamentos.

§ unico. O disposto neste artigo comprehende todas as industrias constantes da tabella da contribuição industrial e bem assim os estabelecimentos industriaes e commerciaes que explorem qualquer industria não comprehendida na mencionada tabella.

Art. 9.º A responsabilidade civil e criiminal pelas contravenções do presente decreto e respectivos regulamentos pertence aos proprietarios quando exerçam a gerencia, e no caso negativo aos directores, administradores ou gerentes; neste caso os donos da respectiva empresa respondem solidariamente com aquelles pelas multas que lhes forem impostas e pelas custas e sellos do processo.

§ unico. Para os effeitos d'este artigo a renuncia do assalariado ao descanso semanal não produz effeito em juizo.

Art. 10.º O presente decreto não altera, quanto ás remunerações dos assalariados, os contratos de trabalho existentes á data da sua publicação.

Art. 11.º O presente decreto entra immediatamente em vigor e fica sujeito á apreciação da proxima Assembleia Nacional Constituinte.

Art. 12.º Fica revogada por este decreto, que substitue o de 9 de janeiro de 1911, toda a legislação em contrario.

Determina-se portanto que todas as autoridades, a quem o conhecimento e execução do presente decreto com força de lei pertencer, o cumpram e façam cumprir e guardar tão inteiramente como nelle se contém.

Os Ministros de todas as Repartições, o façam imprimir, publicar e correr. Dado nos Paços do Governo da Republica, em 8 de março de 1911. – *Joaquim Theophilo Braga – Antonio José de Almeida – Afonso Costa – José Relvas – Antonio Xavier Correia Barreto – Amaro de Azevedo Gomes – Bernardino Machado – Manuel de Brito Camacho.*

4. Decreto n.º 5:516, de 7 de maio de 1919 [4]

Insere o horário de trabalho dos trabalhadores e empregados de comércio e indústria no continente da República e ilhas adjacentes

Em nome da Nação, o Govêrno da República Portuguesa decreta, e eu promulgo, para valer como lei, o seguinte:

Artigo 1.º O periodo máximo de trabalho diário, quer seja diurno, nocturno ou mixto, dos trabalhadores e empregados do Estado, das corporações administrativas e do comércio e indústria, com excepção dos rurais e domésticos, do continente da República e ilhas adjacentes, não poderá ultrapassar oito horas por dia, nem quarenta e oito horas por semana.

§ único. Os criados e quaisquer empregados de hotéis e restaurantes são considerados domésticos para os efeitos dêste diploma.

Art. 2.º O período da duração do trabalho poderá ser reduzido, por decreto devidamente fundamentado, nos trabalhos insalubres ou tóxicos.

Art. 3.º Para os empregados de estabelecimentos de crédito, de câmbio e de escritórios é fixado o máximo de sete horas para dia normal de trabalho.

Art. 4.º Os contratos ou usos, convenções e regulamentos equivalentes a contratos, existentes ou convencionados à data da promulgação dêste diploma, estabelecendo menor número de horas de trabalho diário, não poderão, por efeitos e em virtude dêle, ser alterados, salvo acôrdo entre as duas partes.

Art. 5.º O trabalho deverá ser interrompido por um ou mais descansos, quando a natureza do trabalho o exigir, sendo, assim como a sua duração, estabelecidos em regulamentos ou instruções especiais ou superiormente autorizados.

Art. 6.º É permitida a elevação do tempo de trabalho nos casos de urgente necessidade do Estado, de mobilização, incêndio, cheia, derrocada,

---

[4] *Diário do Governo* 1.ª Série, n.º 95, de 7 de maio de 1919, 750-751 = *Collecção de Legislação Portuguesa de 1919*, 7 de maio, 70-71 = *Collecção Official de Legislação Portugueza de 1919*, 600-601.

explosão, desastre grave, outros de fôrça maior e nos expressamente consignados neste decreto e ainda em casos especiais segundo os preceitos dos regulamentos e instruções oficiais.

Art. 7.º Nas indústrias de laboração contínua ou quando, nos casos de fôrça maior, a indústria não possa parar, serão organizados turnos.

Art. 8.º Nas indústrias dos transportes poderão ser organizados turnos, se isso fôr necessário e segundo o que fôr estabelecido nos regulamentos e instruções convenientes.

§ único. Quando seja impossível organizar turnos, será permitida a elevação do tempo de trabalho.

Art. 9.º Nos estabelecimentos comerciais e nos de barbeiro e cabeleireiro é permitida a elevação do tempo de trabalho aos sábados, não indo alêm de quatro horas essa elevação e não devendo o encerramento fazer se depois das vinte e três horas.

Art. 10.º Quando sejam organizados turnos, nenhum deles poderá trabalhar mais horas do que as estabelecidas por êste diploma.

Art. 11.º O trabalho extraordinário será pago pelo dôbro do trabalho normal.

§ único. Exceptua-se do disposto neste artigo o trabalho extraordinário executado pelos trabalhadores e empregados do Estado e corporações administrativas, que será pago em conformidade com as disposições regulamentares do respectivo estabelecimento ou serviço.

Art. 12.º Os salários, jornais e remunerações actualmente em vigor e correspondentes ao trabalho normal actual não poderão, em virtude das disposições dêste diploma, ser diminuídos, não devendo considerar-se, para tal fim, as subvenções, as quais serão consideradas separadamente.

Art. 13.º O Governo poderá, quando reconhecer ser necessário ou conveniente, fixar as horas a que deve começar e terminar o trabalho nos diferentes ramos do comércio e da indústria, bem como as do respectivo descanso, de harmonia com os princípios consignados neste diploma.

Art. 14.º Todo o patrão, isto é, a entidade por conta de quem o trabalho é feito, que infringir as disposições dêste diploma, obrigando a um trabalho superior ao aqui estipulado, ou nele consentindo, será punido com multa na importância dos salários ou remunerações, correspondentes a um mês, dos trabalhadores e empregados que executaram o trabalho ilegal.

Art. 15.º Todo o patrão que despedir qualquer trabalhador ou empregado por êle exigir o cumprimento das disposições dêste diploma será punido com a multa correspondente à importância do salário anual, ou remuneração respectiva, do trabalhador ou empregado despedido.

Art. 16.º Qualquer outra transgressão às disposições dêste diploma será punida com a multa de 1$ a 100$ e com o dôbro nas reincidências, tendo em atenção a importância do estabelecimento e o número de trabalhadores e empregados a quem essa transgressão prejudicou.

Art. 17.º Os inspectores do trabalho vigiarão o cumprimento dêste diploma, que farão executar, levantando autos das transgressões, impondo multas aos infractores e enviando os autos aos tribunais competentes, sempre que o caso o reclame, e terão direito a uma percentagem nas multas que impuserem ou que, por sua intervenção, forem aplicadas.

Art. 18.º Das multas aplicadas em virtude do disposto no artigo 16.º pertencem 10 por cento ao inspector do trabalho e o restante ao trabalhador ou empregado despedido, cabendo, de todas as outras multas, 20 por cento ao inspector do trabalho e o restante ao Estado.

Art. 19.º São competentes para pedir a intervenção dos fiscais as autoridades judiciais, administrativas, policiais e sanitárias, as associações de classe, os operários do mesmo estabelecimento e os patrões da mesma indústria ou da mesma localidade.

Art. 20.º Da imposição das multas por parte dos inspectores de trabalho haverá recurso para o tribunal das transgressões respectivo.

Art. 21.º Os patrões são obrigados a enviar aos inspectores de trabalho dentro do prazo de um mês, a contar da data da publicação dêste diploma, os horários de trabalho dos seus estabelecimentos, e no prazo de oito dias todos os horários que adoptarem seguidamente ou estabelecerem pela primeira vez.

Art. 22.º Continuam em vigor as disposições vigentes sôbre o trabalho das mulheres e dos menores na parte não alterada por êste diploma.

Art. 23.º O Govêrno fará os regulamentos e instruções que julgar convenientes à boa execução dêste diploma, que entrará em vigor dez dias depois da sua publicação no *Diário do Govêrno*.

Art. 24.º Fica revogada a legislação em contrário.

Determina-se portanto que todas as autoridades, a quem o conhecimento e execução do presente decreto com fôrça de lei pertencer, o cumpram e façam cumprir e guardar tam inteiramente como nêle se contêm.

Paços do Govêrno da República, 7 de Maio de 1919. – *(Seguem as assinaturas do Presidente da República e dos Secretários de Estado).*

5. Decreto n.º 22:500, de 10 de Maio de 1933 [5]

Regula o regime do horário de trabalho para as indústrias de transportes

Considerando que a Convenção de 1919 sôbre o horário de trabalho nos estabelecimentos industriais foi confirmada e rectificada pelo Govêrno da República Portuguesa pela Carta de 15 de Junho de 1928, publicada no *Diário do Govêrno* n.º 207 do referido ano;

Tendo em vista as condições especiais da indústria de transportes de pessoas ou de mercadorias por estrada, via férrea e o regime do horário de trabalho prescrito nos artigos 3.º, 4.º e 6.º da Convenção, tendentes a salvaguardar os interêsses superiores do Estado, e bem assim da economia nacional, tão estreitamente ligados a essa indústria;

Ponderando as condições da exploração ferroviária e dos outros meios de transporte de pessoas ou mercadorias em face do regime do horário de trabalho compreendido no artigo 4.º da Convenção de Washington, que fixa em cinquenta e seis horas por semana o limite médio em que os turnos sucessivos se podem realizar, com a salvaguarda do descanso semanal ao pessoal respectivo;

Usando da faculdade conferida pelo n.º 3.º do artigo 108.º da Constituição, o Govêrno decreta e eu promulgo o seguinte:

Artigo 1.º O regime do horário de trabalho para as indústrias de transportes de pessoas ou de mercadorias por estrada, via férrea ou via de água, marítima ou interior, incluíndo a conservação de mercadorias em docas, cais, embarcadouros e entrepostos, com excepção do transporte manual, compreendido na alínea *d*) do artigo 1.º da Convenção de Washington de 1919, confirmada e ratificada pelo Govêrno da República Portuguesa pela carta de 15 de Junho de 1928, publicada no *Diário do Govêrno* n.º 207 de 1928, passa a ser regulado nos termos da mesma Convenção e de harmonia com o presente diploma.

§ único. As prescrições relativas às indústrias de navegação fluvial e para quaisquer outras equivalentes continuam a ser reguladas nos termos da legislação vigente até que uma convenção especial sôbre trabalho de marítimos e marinheiros estabeleça o regime a fixar.

---

[5] *Diário do Govêrno* n.º 102, de 10 de Maio de 1933, 717-719 = *Collecção Official de Legislação Portugueza*, 1933, 1.º Semestre, 559-561.

Art. 2.º As indústrias de transportes de pessoas ou de mercadorias por estrada ou via férrea devem organizar as suas condições de trabalho normal efectivo dentro do regime de oito horas por dia ou noite, não excedendo quarenta e oito por semana.

Art. 3.º O limite de horas de trabalho previsto no artigo anterior poderá ser ultrapassado naqueles serviços cujo funcionamento contínuo, em virtude da sua própria natureza, deva assegurar-se por turnos sucessivos na indústria de transportes, ao abrigo do artigo 4.º da Convenção de Washington, sob condição no entanto de que as horas de trabalho não excedam neste caso, em média, o número de cinquenta e seis por semana.

§ único. Este regime não afectará o direito do pessoal aos cinquenta e dois dias de descanso por ano, nos termos da legislação em vigor.

Art. 4.º Nos casos muito especiais e urgentes, como sejam o de derrocada, explosão, desastre grave, imperiosa necessidade pública ou do Estado, de mobilização e outros de fôrça maior, que possam prejudicar o movimento dos passageiros e do tráfego, na indústria de transportes terrestres, serão as condições de trabalho organizadas, conforme as circunstâncias, pelas emprêsas respectivas ou seus representantes, onde as providências são reclamadas, sendo porém obrigatória a sua participação ao Instituto de Seguros Sociais Obrigatórios e de Previdência Geral, indicando o pessoal que tomou parte nesses trabalhos, sendo-lhe assegurada a compensação na escala. de serviço pela redução das horas respectivas e devidamente pagas nos termos do § 2.º do artigo 10.º dêste diploma.

Art. 5.º As emprêsas ferroviárias e todas as que explorem serviços de transportes terrestres, marítimos e fluviais são obrigadas a enviar ao Instituto de Seguros Sociais Obrigatórios e de Previdência Geral as escalas dos serviços do respectivo pessoal por categorias, indicando as diferentes, condições do trabalho normal e extraordinário dentro do regime de oito horas, mencionando os repousos, as horas de entrada e saída, nos termos dos artigos 1.º, 2.º, e 3.º dêste decreto.

§ único. Incorrem na multa de 1.000$00 as emprêsas ou entidades que deixem de dar cumprimento à disposição a que êste artigo se refere.

Art. 6.º No serviço de trens ferroviários e auto-carros, incluíndo o de revisão de bilhetes e o de locomotivas, o tempo efectivo de trabalho diário será calculado pela média de trabalho efectuado no período de uma semana, ou noutro qualquer que não seja superior a um mês.

§ 1.º Considera-se como tempo de trabalho efectivo do pessoal de trens, revisão de bilhetes e de locomotivas o tempo necessário para as operações que tenham de executar antes da partida e depois da chegada dos combóios e auto-carros e tempo de percurso, o tempo que o pessoal esteja de guarda ao combóio e o tempo que medeia entre a chegada de um combóio e a partida de outro em que o mesmo pessoal tenha de seguir, quando inferior a trinta minutos para os trânvias e uma hora e trinta minutos para os outros combóios.

§ 2.º Considera-se ainda como tempo de trabalho efectivo do mesmo pessoal a quarta parte daquele que os agentes ferroviários sejam obrigados a permanecer de reserva, excepto para o pessoal das locomotivas, em que êste tempo se conta por metade quando tenham máquina acesa a seu cargo.

Art. 7.º Nas escalas de serviço do pessoal de trens, locomotivas e revisão de bilhetes os repousos na residência não devem ser inferiores a catorze horas, excepto no caso de haver dois ou mais repousos consecutivos na referida residência e descansos intercalados que tornem o trabalho pouco fatigante.

§ único. Fora da residência o repouso não deve ser inferior a nove horas, excepto quando seja para facilitar o regresso do agente a essa residência, nos casos em que a observância do número de nove horas tiver como consequência ocasionar uma ausência dela muito prolongada.

Art. 8.º Na organização das escalas deve-se contar com os cinqüenta e dois dias de descanso a que cada agente tem direito durante o ano, os quais poderão ser fixados à razão de um por semana ou uma parte periòdicamente e os restantes para se perfazer os cinqüenta e dois dias, gosados por grupos ou isoladamente, conforme as conveniências das emprêsas e dos agentes.

§ único. No caso de o descanso não ser semanal, o intervalo entre as duas folgas periódicas consecutivas não poderá exceder catorze dias.

Art. 9.º As disposições do presente diploma não se aplicam às pessoas que tenham um pôsto de fiscalização ou de direcção nem qualquer cargo de confiança, na conformidade da alinea *a*) do artigo 2.º da Convenção de Washington de 1919, incluíndo nesta disposição os guardas de passagem de nível.

§ único. As emprêsas ferroviárias e doutros meios de transportes submeterão à aprovação do Instituto de Seguros Sociais Obrigatórios e de Previdência Geral as categorias do pessoal que se acha abrangido pelas disposições dêste artigo.

Art. 10.º Nos serviços de movimento e tracção dos caminhos de ferro e de auto-carros, quando seja conveniente facilitar a boa execução do serviço ou de interêsse comum das emprêsas e dos seus agentes e do público, poderão ser organizadas escalas em que o pessoal figure transitòriamente por periodos de tempo de serviço superiores aos estabelecidos neste diploma, devendo essas escalas ser submetidas à apreciação do Instituto de Seguros Sociais Obrigatórios e de Previdência Geral.

§ 1.º As emprêsas, ao dar cumprimento ao disposto no artigo 4.º, deverão justificar o horário estabelecido para o pessoal cujo serviço é especialmente intermitente.

§ 2.º A taxa do salário pelas horas de trabalho efectivo que excede os limites estabelecidos por este regulamento ou outros limites autorizados em conformidade com as suas disposições será acrescida de 25 por cento, pelo menos, em relação ao trabalho normal, na conformidade da alínea *b*) do artigo 6.º da Convenção de Washington.

Art. 11.º As derrogações compreendidas nas alíneas *a*) e *b*) do artigo 6.º da Convenção de Washington de 1919 serão pelas emprêsas devidamente justificadas e submetidas à apreciação do Instituto de Seguros Sociais Obrigatórios e de Previdência Geral.

Art. 12.º Nas emprêsas de transportes que prestem servico público nenhum dos seus agentes ou operários poderá, invocando as disposicões dêste diploma, abandonar ou recusar qualquer serviço inerente às suas funcões, ficando-lhes garantidos todos os direitos de reclamacão junto das entidades competentes.

Art. 13.º A indústria de transportes urbanos de passageiros e de mercadorias é considerada de laboração contínua e o limite das horas de trabalho do pessoal do movimento dos carros eléctricos, automóveis, taxis, camiões e camionetas empregados nessa exploração industrial não deve exceder, em média, o número de cinqüenta e seis horas por semana, observando-se assim o disposto no artigo 4.º da Convenção de Washington, devendo nessa conformidade as respectivas emprêsas e entidades elaborar as escalas de serviço, que serão submetidas à aprovação do Instituto de Seguros Sociais Obrigatórios e de Previdência Geral após sessenta dias da publicação no *Diário do Govêrno* do presente diploma.

§ único. Incorre na multa de 1.000$00 o que não der cumprimento ao disposto neste artigo.

Art. 14.º De harmonia com o artigo 6.º da Convenção de Washington, podem ser previstas nas escalas do horário de trabalho do pessoal compreendido nos serviços a que se refere o artigo anterior as derrogações de carácter permanente e de natureza transitória do limite das horas de trabalho fixado durante a semana, para o pessoal respectivo e cujo trabalho é especialmente intermitente, uma vez que essas escalas sejam aprovadas pelo Instituto de Seguros Sociais Obrigatórios e de Previdência Geral, devendo ter-se em vista:

a) Que as derrogações com carácter de permanência que venham a ser admitidas sejam fundamentadas em requerimentos dirigidos ao Presidente do Conselho, tendo em vista os superiores interêsses do público e da indústria;

b) Que as derrogações com carácter temporário que venham a ser requeridas sejam justificadas pelas emprêsas respectivas perante o Instituto de Seguros Sociais Obrigatórios e de Previdência Geral.

§ 1.º Para as derrogações de natureza permanente deve o requerimento da emprêsa ou entidade patronal ser acompanhado da declaração confirmativa do respectivo pessoal.

§ 2.º As horas suplementares, além do limite médio de cinqüenta e seis horas por semana, por efeito das derrogações de natureza permanente ou temporária, serão acrescidas de 25 por cento, pelo menos, ao respectivo pessoal, em relação ao salário normal.

Art. 15.º Aos infractores do disposto nos artigos 14.º e 17.º dêste diploma são aplicadas as penalidades previstas no artigo 5.º do decreto-lei n.º 20:207, de 13 de Agôsto de 1931.

Art. 16.º As escalas de serviço do pessoal do movimento dos serviços de transportes urbanos serão organizadas em quadruplicado, sendo três exemplares em papel selado e o outro em papel comum, submetidas à aprovação do Instituto de Seguros Sociais Obrigatórios e de Previdência Geral e visadas pelos govêrnos civis ou nos respectivos concelhos.

Art. 17.º As escalas de serviço compreendidas nos artigos 14.º e 16.º devem ser afixadas na sede da emprêsa designando sempre o número de registo dos automóveis, sendo também um exemplar colocado em lugar bem visível nos próprios carros.

Art. 18.º Nenhuma licença para a exploração da indústria de automóveis para transporte de passageiros ou de carga poderá ser legalizada perante as Câmaras Municipais ou qualquer outra entidade oficial sem que a respectiva emprêsa ou dono junte o horário de trabalho, aprovado pelo Instituto de Seguros Sociais Obrigatórios e de Previdência Geral.

Publique-se e cumpra-se como nêle se contém.

Paços do Govêrno da República, 10 de Maio de 1933. – ANTÓNIO ÓSCAR DE FRAGOSO CARMONA – *António de Oliveira Salazar.*

6. Decreto-lei n.º 24:402, de 24 de Agosto de 1934 [6]

Promulga o horário de trabalho nos estabelecimentos comerciais e industriais

As disposições tendentes a introduzir regras sôbre horários de trabalho nas actividades nacionais não podem ser encaradas apenas sob o prisma das chamadas «reivindicações». Reduzir o problema a êsse único aspecto é deminuí-lo e correr o risco de chegar a soluções bastante afastadas da realidade das cousas.

Ninguém ignora que nesta matéria se legislou entre nós quási sem outra preocupação que não fôsse a de dar satisfação a compromissos assumidos em horas de vida perturbada. Mas tal processo, acrescido da defeituosa orientação de generalizar e uniformizar em excesso, e ainda de sobrepor sem reservas o social ao económico, trouxe como conseqüência uma aplicação por via de regra muito irregular, e não raro dos efeitos desta orientação resultaram inconvenientes pesados para o interêsse geral. Convém por isso marcar com nitidez o critério que preside ao conjunto de disposições agora publicadas.

O artigo 24.º do Estatuto do Trabalho Nacional define-nos qual o conceito que devemos ter sôbre o horário de trabalho. Êste não está (nem pode estar), sujeito a regras absolutas e unilaterais, quer arbitràriamente impostas pelo Estado, quer derivadas de conflitos de natureza social; mas pode ser-lhe fixado limite máximo, por preceito legal ou por via de resolução corporativa, em determinados ramos de actividade económica, segundo plano apropriado aos interêsses da Nação, das emprêsas e dos trabalhadores.

Como processo corrente – e em conseqüência da própria definição – o horário de trabalho deve ser estabelecido por meio de contratos colectivos ou acordos entre Grémios e Sindicatos Nacionais ou entre os segundos e simples grupos de entidades patronais, em conformidade com as necessidades normais da produção, das emprêsas e dos trabalhadores e também do rendimento do próprío trabalho.

Assim, o Estado não terá, de futuro, senão que fixar em certos casos limites máximos, ou definir regras suficientemente elásticas para que dentro da

[6] *Diário do Govêrno*, I Série, n.º 199, de 24 de Agosto de 1934, 1617-1621.

sua generalidade possam caber as soluções de cada caso em especial. O que porém não pode deixar de resultar da intervenção do Estado, neste domínio, é a definição firme e consciente da sua posição em face de certos aspectos do problema económico-social e o respeito que a todos os interessados devem merecer as medidas que venham a ser adoptadas.

Considera-se efectivamente o horário de trabalbo como problema sério, e é tempo de que êste ponto de vista se generalize.

*

Não se compreende que se procure impor uma certa disciplina à vida económica nacional, refrear concorrências dementadas, condicionar o desenvolvimento das indústrias ou limitar por qualquer forma a produção, sem que se façam observar umas tantas regras sôbre o horário de trabalho. Desde que cada qual adopte o horário que lhe convenha todas as restantes providências podem fàcilmente ser iludidas e perdem a sua eficiência e oportunidade. Não se pode por isso esquecer que êste assunto reveste para as próprias entidades patronais uma função económica de capital importância e que a concorrência desleal usa e abusa de todos os subterfúgios tendentes a desrespeitar o horário de trabalho e as medidas de protecção que o rodeiam.

Por outro lado, o menosprêzo sistemático pelas regras estabelecidas, o abuso de horas extraordinárias não remuneradas, a privação do descanso semanal, o envilecimento dos salários derivado da concorrência desregrada criam no espírito dos trabalhadores um sentimento de amargura que não concorre para consolidar a paz social.

*

O presente decreto não pretende abranger universalmente, como se lê no artigo 1.º do decreto n.º 5:516, de 7 de Maio de 1919, ainda em vigor, todos «os trabalhadores e empregados do Estado, das corporações administrativas e do comércio e indústria, com excepção dos rurais e domésticos». Pôsto de parte o sistema de actuar mais em superfície do que em profundidade, não se destinam as disposições agora publicadas senão a regular o trabalho nos estabelecimentos comerciais e industriais. Os serviços públicos, e outras e importantes actividades particulares não submetidas à acção deste decreto, terão os seus regimes de trabalho regulados por diplomas especiais.

Na classificação que se adoptou para os estabelecimentos comerciais e industriais teve-se em vista agrupar as actividades exercidas regularmente nos aglomerados urbanos de maior categoria e ainda aqueles serviços que, embora isolados, revistam o carácter de exploração económica organizada.

Decretado já de longa data o regime diário de oito horas de trabalho para o comércio e para a indústria, e ratificada por Portugal em 1928 a Convenção de Washington relativa à aplicação do mesmo regime aos estabelecimentos industriais, pode afirmar-se que as disposições que se publicam agora não comportam na sua essência grandes modificações relativamente às que se encontravam já em vigor.

Destas, muitas teriam necessàriamente que subsistir, por já estarem nos costumes e nas leis ou por nos prenderem a elas obrigações de carácter internacional. Restava fazer a sua revisão à luz dos princípios estabelecidos pelo Estatuto do Trabalho Nacional e preparar a sua integração no moderno direito corporativo.

Teve-se em vista, simultâneamente, reduzir as presentes disposições a fórmulas simples e práticas, susceptíveis de adaptar-se sem esfôrço à vida corrente e conseguir, portanto que elas venham a ser cumpridas sem artifícios nem hesitações e com o mínimo de formalidades de ordem burocrática.

As disposições agora decretadas, mantendo o dia normal de oito horas, deixam todavia prever as condições, em que êsse limite pode ser elevado ou reduzido. Regulam-se por forma prática a concessão de horas extraordinárias e a autorização para o estabelecimento de turnos com pessoal diferente. Quanto à remuneração do trabalho extraordinário, fixou-se o aumento em 50 por cento por se considerar que era excessiva a sobrecarga de 100 por cento prevista no decreto n.º 5:516 e insuficiente a de 25 por cento proposta pela Convenção de Washington para as indústrias.

*

Mas dois aspectos graves havia a considerar ainda no conjunto do problema: o descanso semanal e o trabalho de mulheres e menores.

Nada justifica a inobservância do primeiro, nem razões de ordem económica, nem razões de ordem social. Antes se deve concluir que é um triste espectáculo o que ultimamente se tem oferecido, sobretudo no âmbito das grandes cidades, deixando trabalhar ao domingo a construção civil e outros serviços de importância. Não abunda o trabalho em termos de se aconselhar tam febril actividade. Por isso se tende a dificultar o trabalho realizado no domingo ou no dia do descanso semanal, e se determina que seja em regra pago pelo dôbro.

Quanto ao trabalho de mulheres e menores, tornava-se na verdade muito urgente adoptar algumas providências nesta matéria. Havendo homens desempregados, não é de permitir em muitas indústrias o recurso abusivo à mão de obra mais barata fornecida pelas mulheres e pelos menores.

Além disso, as consequências de ordem higiénica e moral que daqui resultam são verdadeiramente deploráveis. Inútil pretender dignificar a família operária e elevar o seu nível moral, se as mulheres casadas tiverem que abandonar os lares para fazer turnos nocturnos nas fábricas e se os menores de ambos os sexos se sujeitarem desde verdes anos à vida áspera das oficinas e aos perigos que daí resultam, sem algumas medidas que os protejam.

*

É provável que da aplicação das disposições dêste decreto resultem algumas dificuldades momentâneas para certas indústrias que pretendam assegurar-se condições especiais de laboração. Têm porém o campo aberto para se organizarem e para concluírem com os sindicatos nacionais contratos colectivos ou acordos de trabalho. O que é em todos os casos necessário, é pôr têrmo aos largos abusos verificados e assegurar ao horário de trabalho o papel económico e social que lhe compete.

Fixam-se também as sanções a aplicar por transgressão das disposições dêste decreto. Estabelece-se que as multas daí resultantes constituam receita exclusiva do Estado, e em decreto desta mesma data se habilita o Instituto Nacional do Trabalho e Previdência a fiscalizar o cumprimento das disposições agora publicadas. Os encargos desta fiscalização serão suportados pelo Fundo de Desemprêgo porque se tem como certo que o cumprimento das regras sôbre o horário de trabalho provocará a deminuïção do número de desempregados.

Finalmente, é concedido o prazo de trinta dias para os estabelecimentos abrangidos por êste decreto conformarem as respectivas condições de trabalho com as presentes disposições, e dos grémios e sindicatos nacionais se espera cooperação inteligente e eficaz que facilite em breve tempo a sua adopção, por parte das actividades interessadas.

Usando da faculdade conferida pela 2.ª parte do n.º 2.º do artigo 108.º da Constituição, o Govêrno decreta e eu promulgo, para valer como lei, o seguinte:

Horário de trabalho nos estabelecimentos comerciais e industriais

Artigo 1.º[7] O período de trabalho diário do pessoal dos estabelecimentos comerciais e industriais não pode ser superior a oito horas, salvo nos casos expressamente designados na lei.

---

[7] Redacção dada pelo artigo único do Decreto-lei n.º 26:917, de 24 de Agosto de 1936. A redacção original era a seguinte:

Artigo 1.º O período de trabalho diário do pessoal dos estabelecimentos comerciais ou industriais não pode em princípio ser superior a oito horas.

§ 1.º ...

§ 2.º ...

§ 3.º Os profissionais da indústria. hoteleira e serviços correlativos, até agora considerados domésticos, terão horário de trabalho nos termos do § 1.º do artigo 9.º.

§ 4.º ...

§ 5.º ...

§ 6.º ...

§ 1.º Para o efeito dêste decreto consideram-se estabelecimentos comerciais ou industriais todos os escritórios, lojas, armazéns, oficinas, fábricas, obras, serviços urbanos de transportes em comum e mais locais onde se pratiquem actos de natureza comercial ou industrial.

§ 2.º O período de trabalho diário dos empregados de escritório não pode exceder sete horas, mas tal disposição não prejudica os horários de trabalho de menor duração em harmonia com os usos e costumes para certas actividades económicas.

§ 3.º Os profissionais da indústria hoteleira e serviços correlativos, até agora considerados domésticos, terão horário de trabalho nos termos do § 1.º do artigo 9.º. Ao pessoal que serve directamente o público nos estabelecimentos correntemente designados por cafés são porém aplicáveis desde já todas as disposições dêste decreto.

§ 4.º Nos estabelecimentos comerciais dos pequenos centros e nos estabelecimentos industriais que revistam carácter marcadamente rural poderão os respectivos empregados ser isentos do horário de trabalho mediante autorização do Instituto Nacional do Trabalho e Previdência (I.N.T.P.) dada pelo delegado ou pela Repartição do Trabalho e Corporações (R.T.C.) caso se trate de localidade sita no distrito de Lisboa.

§ 5.º São dispensadas do horário de trabalho as obras de construção civil de carácter doméstico ou agrícola que não estejam localizadas em povoações de categoria igual ou superior a sedes de concelho nem próximo dos centros urbanos e industriais de maior importância.

§ 6.º A construção e reparação de vias de comunicação pode ser dispensada da observância das disposições dêste decreto mediante autorização concedida, nos termos do § 4.º, em face de razões que o justifiquem, mas sempre com salvaguarda das condições de trabalho e do justo salário do pessoal a empregar.

Art. 2.º Haverá tolerância de quinze minutos para as transacções, operações e serviços começados e não acabados na hora estabelecida para o encerramento, não sendo porém de admitir que tal tolerância se transforme em sistema.

Art. 3.º Poderá ser requerida a não aplicação de qualquer das disposições do horário de trabalho aos indivíduos que exercem cargos de confiança, de direcção ou de fiscalização. O mesmo pode ser requerido quanto aos indivíduos empregados em estabelecimentos de pequena categoria que estejam ligados aos respectivos patrões por laços de parentesco muito próximo.

§ único. As emprêsas que desejarem beneficiar da faculdade prevista neste artigo devem requerer nos mesmos termos do § 4.º do artigo 1.º ao I.N.T.P., que poderá deferir ou não a pretensão, conforme o fundamento das razões alegadas.

Art. 4.º[8] O período de trabalho diário ou semanal pode ser reduzido por preceito legal, por via de resolução corporativa ou do Govêrno, quando as circunstâncias o imponham, quer por motivos de salubridade ou higiene social, quer por objectivos de condicionamento económico. Pode também ser aumentado por expressa resolução do Govêrno em face de circunstâncias excepcionais e quando assim o impuser o interêsse público.

Art. 5.º[9] Em casos de força maior, derivados de acidentes graves, ou ainda naqueles em que a iminência de prejuízos importantes e excepcionais imponha o aumento de horas de trabalho, podem as entidades patronais prolongá-lo além da hora habitual de encerramento, mas deverão fazer antecipadamente a respectiva anotação no registo de horas de trabalho extraordinário, indicando o motivo da realização do trabalho suplementar, sob pena de o não poderem invocar mais tarde.

§ único. A falta de cumprimento do disposto no corpo deste artigo ou a utilização abusiva da faculdade nele prevista serão punidas nos termos do artigo 28.º.

Art. 6.º A idade mínima de admissão ao trabalho nos estabelecimentos comerciais ou industriais é fixada, para qualquer dos sexos, nos doze anos completos.

---

[8] *Idem*:

Art. 4.º O período de trabalho diário pode ser reduzido por preceito legal ou por via de resolução corporativa, quando as circunstâncias o imponham, quer por motivos de salubridade ou higiene social, quer por objectivos de condicionamento económico. Pode também ser aumentado por expressa resolução do Govêrno em face de circunstâncias excepcionais e quando assim o impuser o interêsse público.

[9] Redacção dada pelo artigo 14.º do Decreto-Lei n.º 43 182, de 23 de Setembro de 1960. A redacção anterior, dada pelo Artigo único do Decreto-lei n.º 26:917, de 24 de Agosto de 1936, era a seguinte:

Art. 5.º Em casos de fôrça maior derivados de acidentes graves, ou ainda naqueles em que a iminência de prejuízos importantes e excepcionais imponha o aumento de horas de trabalho, podem as entidades patronais prolongá-lo além da hora habitual do encerramento, mas deverão comunicar o facto, dentro de quarenta e oito horas e em carta registada, ao delegado ou à R.T.C. do I.N.T.P., nos mesmos termos do § 4.º do artigo 1.º.

§ único. Sendo levantado auto de notícia, deve o responsável pelos serviços declarar imediatamente o motivo do prolongamento do trabalho, sob pena de não o poder invocar posteriormente.

A redacção original era a seguinte:

Art. 5.º Em casos de fôrça maior derivados de acidentes graves ou ainda naqueles em que a iminência de prejuízos importantes e excepcionais imponham o aumento de horas de trabalho, podem as entidades patronais prolongá-lo além da hora habitual do encerramento, mas deverão comunicar o facto, dentro de quarenta e oito horas e em carta registada, ao delegado ou à R.T.C. do I.N.T.P., nos mesmos termos do § 4.º do artigo 1.º.

Artigo 7.º [10] As mulheres e os menores de dezóito anos não podem trabalhar normalmente nos estabelecimentos industriais além dos limites horários previstos no artigo 9.º.

§ 1.º Só pode ser permitido o trabalho de mulheres e menores para além dos referidos limites mediante expressa autorização dada pelo I..N.T.P., em casos excepcionais devidamente fundamentados, ou por via de contratos de trabalho aprovados pelo Sub-Secretário de Estado das Corporações e Previdência Social.

§ 2.º O Sub-Secretário de Estado das Corporações e Previdência Social poderá determinar, por despacho publicado no *Diário do Govêrno*, quais os serviços consentidos ou vedados a mulheres e menores nos estabelecimentos abrangidos por êste decreto.

Art. 8.º Os grémios e sindicatos nacionais poderão ajustar, através de contratos colectivos, horários privativos do ramo de actividade que representam, de harmonia com as suas condições económicas. Estes horários só terão validade depois de aprovados pelo Sub-Secretário de Estado das Corporações e Previdência Social.

Artigo 9.º [11] Em regra, o trabalho nos estabelecimentos industriais não pode começar antes das sete nem terminar depois das vinte horas; os trabalhos de escritório não podem começar antes das nove nem encerrar-se depois das dezóito horas; o período da abertura dos estabelecimentos de venda ao público deve ser determinado pelas câmaras municipais, observando-se para com o respectivo pessoal as disposições dêste decreto. Para tanto, devem aquelas consultar sempre os organismos corporativos interessados e submeter as suas resoluções à aprovação do I.N.T.P. pelo seu delegado ou pela R.T.C. Em relação a estabelecimentos de natureza diversa, o período de abertura será determinado

[10] Redacção dada pelo artigo único do Decreto-lei n.º 26:917, de 24 de Agosto de 1936. A redacção original era a seguinte:

Art. 7.º As mulheres e os menores de dezasseis anos não podem trabalhar normalmente nos estabelecimentos industriais além dos limites horários previstos no artigo 9.º.

§ 1.º ...

§ 2.º ...

[11] *Idem*:

Art. 9.º Em regra, o trabalho nos estabelecimentos industriais não pode começar antes das sete nem terminar depois das vinte horas; o trabalho nos escritórios não pode começar antes das nove nem encerrar-se depois das dezóito horas; o período da abertura dos estabelecimentos de venda ao público deve ser determinado pelas câmaras municipais, observando-se para com o respectivo pessoal as disposições dêste decreto. Para tanto devem aquelas consultar sempre os organismos corporativos interessados e submeter as suas resoluções à aprovação do I.N.T.P. pelo seu delegado ou pela R.T.C.

§ 1.º ....

§ 2.º O pessoal dos serviços de transportes terrestres, privativos dos estabelecimentos comerciais ou industriais, está sujeito às disposições dêste decreto.

pelo Sub-Secretário de Estado das Corporações e Previdência Social em despacho publicado no *Boletim* do I.N.T.P.

§ 1.º O disposto neste artigo não prejudica o que em regulamentos especiais fôr estabelecido quanto ao período de funcionamento de determinados serviços comerciais ou industriais ligados com o interêsse público. Tais regulamentos, uma vez aprovados pelo Sub-Secretário de Estado das Corporações e Previdência Social e publicados no *Boletim* do I.N.T.P., terão fôrça legal.

§ 2.º Quando o trabalho não se possa adaptar às disposições dêste decreto por depender habitualmente de circunstâncias peculiares, poderá o Sub-Secretário de Estado das Corporações e Previdência Social autorizar horário especial em harmonia com essas circunstâncias.

§ 3.º O pessoal dos serviços de transportes terrestres, privativos dos estabelecimentos comerciais ou industriais, está sujeito às disposições dêste decreto.

Art. 10.º O período de trabalho diário deve ser interrompido, pelo menos, por um descanso que não poderá ser inferior a uma hora nem superior a duas, depois de quatro ou cinco horas de trabalho consecutivo.

§ único. O Govêrno poderá, por despacho do Sub-Secretário de Estado das Corporações, estabelecer a obrigatoriedade de maiores ou mais freqüentes interrupções de trabalho nas profissões particularmente violentas ou perigosas, bem como autorizar alterações nos tempos de descanso fixados neste artigo.

Art. 11.º Nas indústrias de laboração contínua ou naquelas que por circunstâncias especiais careçam de maior período de laboração diária, serão organizados turnos de pessoal diferente.

§ único. Cada turno não pode trabalhar mais do que o período máximo de trabalho diário estabelecido para a respectiva indústria.

Art.12.º A determinação das indústrias consideradas de laboração contínua será feita pelo I.N.T.P., depois de ouvidas as entidades oficiais competentes.

Art. 13.º Em qualquer indústria das previstas na 2.ª parte do artigo 11.º pode ser permitido o estabelecimento de turnos de pessoal diferente, quando se verifique a sua necessidade ou quando disso não resulte inconveniente para os interêsses gerais e locais.

Art. 14.º Em casos devidamente fundamentados, quando as condições sociais e económicas o permitam, poderão ser autorizadas horas suplementares de trabalho, além do horário normal.

§ único. Não é considerado trabalho extraordinário o trabalho prestado pelo pessoal dos estabelecimentos comerciais ou industriais autorizados usualmente a conservarem-se abertos até mais tarde na véspera do descanso semanal.

Art. 15.º O trabalho nocturno, desde, que não seja prestado por piquetes regulares e periódicos, e o trabalho das horas suplementares deverão ser pagos com uma percentagem de 50 por cento além da remuneração normal.

Art. 16..º O pessoal dos estabelecimentos comerciais e industriais têm direito a um dia de descanso por semana, que só excepcionalmente, e por motivos fundamentados, pode deixar de ser o domingo.

Art. 17.º Em casos especiais, e mediante requerimento devidamente fundamentado, poderá pela R.T.C. ou pelo delegado no distrito, ser autorizado o trabalho no domingo ou no dia excepcionalmente destinado para descanso semanal.

§ 1.º O pessoal que, ao domingo ou no dia fixado para o seu descanso semanal, haja sido compelido a trabalhar, embora com autorização legal, tem direito ao descanso num dos três dias seguintes.

§ 2.º O trabalho prestado ao domingo ou no dia excepcionalmente destinado para descanso semanal, com excepção do dos indivíduos empregados em serviços de laboração contínua, deverá ser sempre pago pelo dôbro.

§ 3.º O disposto no § 2.º só pode deixar de ter aplicação mediante autorização condicionada do Sub-Secretário de Estado das Corporações e Previdência Social.

Art. 18.º As indústrias de laboração contínua ou outras que tenham o regime de turnos deverão organizá-los de forma a poder conceder um dia de descanso semanal ao respectivo pessoal. Em caso contrário, deverão proporcionar, como compensação dos dias de descanso não usufruídos, um período de férias remuneradas em cada ano, independentemente do princípio estabelecido no artigo 28.º do Estatuto do Trabalho Nacional. Tal compensação só pode ter lugar quando expressamente aprovada pelo. I.N.T.P. ou quando constitua cláusula de um contrato colectivo.

Artigo 19.º[12] Todos os estabelecimentos comerciais e industriais deverão encerrar-se durante um dia completo em cada semana. A determinação do dia de encerramento, que só excepcionalmente pode deixar de ser ao domingo, é da competência das câmaras municipais, depois de ouvidos os organismos corporativos interessados, e sujeita a aprovação do I.N.T.P.

---

[12] *Idem*:

Art. 19.º ...

§ 1.º Exceptuam-se destas disposições, além dos estabelecimentos industriais de laboração contínua, dos serviços urbanos de transportes em comum e daqueles que hajam recebido autorização expressa do I.N.T.P., as farmácias, hospitais, casas de saúde, balneários, hotéis, hospedarias, restaurantes, casas de pasto, cafés, pastelarias, leitarias, tabernas, estabelecimentos de venda de peixe fresco, aves, hortaliças, frutas e flores, tabacarias, agências funerárias, agências de navegação e serviços de jornalismo de tiragem diária.

§ 2.º Para efeito do disposto no parágrafo anterior só poderão abrir no dia de descanso semanal as farmácias indispensáveis para o serviço público, devendo estabelecer-se uma escala de abertura, aprovada pela autoridade administrativa em todas as localidades onde o número de farmácias o permita.

§ 1.º É o Sub-Secretário de Estado das Corporações e Previdência Social autorizado a ordenar o encerramento dos estabelecimentos comerciais e industriais de venda ao público, incluindo as padarias, nos dias de feriado nacional em que se celebrem feitos notáveis da história e no domingo de Páscoa. Nestes casos os referidos dias serão, para os efeitos dêste decreto, equiparados ao domingo ou ao dia excepcionalmente destinado para descanso semanal.

§ 2.º Exceptuam-se destas disposições, além dos estabelecimentos industriais de laboração contínua, dos serviços urbanos de transportes em comum e daqueles que hajam recebido autorização expressa do I.N.T.P., as farmácias, hospitais, casas de saúde, balneários, hotéis, hospedarias, restaurantes, casas de pasto, cafés, pastelarias, leitarias, tabernas, estabelecimentos de venda de peixe fresco, aves, hortaliças, frutas e flores, tabacarias, agências funerárias, agências de navegação e serviços de jornalismo de tiragem diária.

§ 3.º Para efeito do disposto no parágrafo anterior só poderão abrir no dia de descanso semanal as farmácias indispensáveis para o serviço público, devendo estabelecer-se uma escala de abertura, aprovada pela autoridade administrativa, em todas as localidades onde o número de farmácias o permita.

Art. 20.º [13] Em todos os estabelecimentos sujeitos ao disposto no presente diploma deve ser afixado em lugar bem visível o mapa do horário de trabalho do pessoal, elaborado de harmonia com as disposições legais e regulamentares em vigor e com as convenções colectivas aplicáveis e devidamente aprovado pelo Instituto Nacional do Trabalho e Previdência.

---

[13] Redacção dada pelo artigo 14.º do Decreto-Lei n.º 43 182, de 23 de Setembro de 1960. A redacção anterior, dada pelo artigo único do Decreto-lei n.º 26:917, de 24 de Agosto de 1936, era a seguinte:

Art. 20.º Todos os estabelecimentos comerciais ou industriais devem elaborar um horário de trabalho do seu pessoal de harmonia com as disposições dêste decreto ou dos contratos colectivos aprovados superiormente e afixá-lo em lugar visível.

§ 1.º Do horário deve constar a hora de abertura e encerramento, entrada e saída do pessoal, com indicação das horas de descanso, e bem assim do dia em que tem o seu descanso semanal. Quando estas indicações não sejam comuns a todo o pessoal, deverão constar do horário os nomes daqueles cujo regime se afaste do estabelecido para os restantes e ainda os nomes dos indivíduos não sujeitos ao cumprimento de qualquer das disposições do horário de trabalho.

§ 2.º Havendo alteração ou substituição do horário, são as entidades patronais obrigadas a comunicá-la imediatamente ao delegado ou à fiscalização do horário de trabalho, caso se trate de localidade sita no distrito de Lisboa.

A redacção original era a seguinte:

Art. 20.º ...

§ único. Do horário deve constar a hora de abertura e encerramento, entrada e saída do pessoal com indicação das horas de descanso, e bem assim do dia em que tem o seu descanso semanal. Quando estas indicações não sejam comuns a todo o pessoal, deverão constar do horário os nomes daqueles cujo regime se afaste do estabelecido para os restantes e ainda os nomes dos indivíduos não sujeitos ao cumprimento de qualquer das disposições do horário de trabalho.

§ 1.º Nos estabelecimentos que não tenham empregados nem assalariados ao seu serviço será afixado apenas mapa indicativo das horas de abertura e encerramento e do dia de encerramento semanal, o qual não carecerá de aprovação.

§ 2.º Os mapas de horário de trabalho do pessoal de veículos automóveis, propriedade de empresas de transporte ou privativos de outras entidades sujeitas a horário de trabalho, devem ser afixados na sede da empresa, com indicação do número de registo das viaturas, e nos próprios carros, em lugar bem visível.

§ 3.º As condições e formalidades a observar na elaboração e aprovação dos mapas de horário de trabalho e nas suas eventuais alterações serão estabelecidas por despacho do Ministro das Corporações e Previdência Social.

Art. 21.º[14] Os estabelecimentos cujas horas de abertura e encerramento coincidam com as de entrada e saída de todo o pessoal poderão ser dispensados da aprovação do mapa do horário de trabalho, mediante despacho do Instituto Nacional do Trabalho e Previdência aplicável às empresas que, num ou vários concelhos, exerçam actividade idêntica e em relação às quais se verifique aquela condição.

§ único. Quando os respectivos organismos corporativos o solicitem, poderá ser imposta, por despacho do Instituto Nacional do Trabalho e Previdência, a uniformidade das horas de abertura e encerramento para os estabelecimentos de um ou vários concelhos que exerçam actividade idêntica.

Art. 22.º[15] As condições e formalidades a observar na apresentação e despacho dos requerimentos relativos à organização de turnos de pessoal diferente e à realização de trabalho em horas suplementares além do horário normal serão regulamentadas nos termos do § 3.º do artigo 20.º.

---

[14] Redacção dada pelo artigo 14.º do Decreto-Lei n.º 43 182, de 23 de Setembro de 1960. A redacção original era a seguinte:

Art. 21.º Sempre que se trate de serviços complexos com diversas categorias de pessoal, que exijam mais de um horário de trabalho, devem estes horários ou escalas receber a aprovação prévia do I.N.T.P. dada pelo seu delegado, ou pela R.T.C. se se tratar de estabelecimento sito no distrito de Lisboa.

§ único. Os horários submetidos à aprovação serão apresentados em triplicado acompanhados do competente requerimento; dois dos exemplares devem ser em papel selado, destinando-se um ao arquivo da secretaria e o outro a ser entregue ao requerente depois de visado e autenticado com o sêlo branco do delegado ou da R.T.C.; o exemplar em papel comum servirá para a fiscalização.

[15] Redacção dada pelo artigo 14.º do Decreto-Lei n.º 43 182, de 23 de Setembro de 1960. A redacção anterior, dada pelo artigo único do Decreto-lei n.º 26:917, de 24 de Agosto de 1936, era a seguinte:

Art. 22.º Os estabelecimentos comerciais ou industriais que pretendam autorização para organizar turnos de pessoal diferente ou para trabalhar horas suplementares deverão apresentar

§ 1.º O trabalho de menores de 18 anos e de mulheres em horas suplementares só poderá ser autorizado em casos devidamente justificados.

§ 2.º A autorização para a realização de trabalho em horas suplementares envolve a obrigatoriedade do pagamento, aos trabalhadores por ela abrangidos, de todas as horas autorizadas, a menos que a sua não utilização seja comunicada ao Instituto Nacional do Trabalho e Previdência, por escrito e no mesmo dia ou no seguinte, exceptuados os casos que vierem a ser expressamente previstos no despacho a que se refere o § 3.º do artigo 20.º.

Art. 23.º [16] A fiscalização directa do cumprimento das disposições dêste decreto compete ao I.N.T.P.

Art. 24.º [17] As autoridades administrativas e policiais prestarão ao I.N.T.P. o concurso necessário para o bom cumprimento das disposições dêste decreto, só intervindo directamente na fiscalização quando pelo Instituto essa intervenção fôr solictada.

---

requerimento fundamentado e o projecto de horário do serviço a que disser respeito, em triplicado, nas condições do artigo anterior, à R.T.C. ou ao delegado no distrito.

§ 1.º Os delegados têm competência para despachar os requerimentos pedindo autorização para turnos com pessoal diferente desde que digam respeito a indústrias de laboração contínua reconhecidas nos termos do artigo 12.º, e os requerimentos para horas suplementares, desde que estas não excedam mais de três por dia nem se prolonguem por mais de cinco dias ou só por um dia sem limitação de horas, quando o impuser motivo de fôrça maior.

§ 2.º Os requerimentos para autorização de turnos com pessoal diferente que não digam respeito a indústrias de laboração contínua, bem como os requerimentos para horas extraordinárias em condições diferentes das referidas no parágrafo anterior, só podem ser despachados por intermédio da R.T.C. depois de devidamente informados pelo delegado do respectivo distrito, ou por êste em casos de reconhecida urgência.

§ 3.º O trabalho nocturno e o das horas suplementares devem ser pagos nos termos do artigo 15.º.

A redacção original era a seguinte

Art. 22.º ...

§ 1.º ....

§ 2.º Os requerimentos para autorização de turnos com pessoal diferente que não digam respeito a indústrias de laboração contínua, bem como os requerimentos para horas extraordinárias em condições diferentes das referidas no parágrafo anterior, só podem ser despachados por intermédio da R.T.C. depois de devidamente informados pelo delegado do respectivo distrito.

§ 3.º ....

[16] Redacção dada pelo artigo único do Decreto-lei n.º 26:917, de 24 de Agosto de 1936. A redacção original era a seguinte:

Art. 23.º A fiscalização do cumprimento das disposições dêste decreto compete às autoridades administrativas e ao I.N.T.P.

[17] *Idem*:

Art. 24.º As autoridades administrativas e policiais prestarão ao I.N.T.P. o concurso necessário para o bom cumprimento das disposições dêste decreto.

Art. 25.º Os Grémios e os Sindicatos Nacionais devem participar à R.T.C. ou aos delegados do I.N.T.P. os casos do não cumprimento das disposições dêste decreto e fazê-las respeitar por parte dos seus associados.

Art. 26.º[18] Os funcionários encarregados da fiscalização levantarão os autos de cada infracção verificada e dar-lhes-ão o destino legal.

Art. 27.º[19] A falta de afixação dos mapas de horário de trabalho e a da sua sujeição à aprovação do Instituto Nacional do Trabalho e Previdência serão punidas nos termos do artigo 28.º.

Art. 28.º[20] A falta de cumprimento do horário de trabalho ou das disposições legais aplicáveis às horas de abertura e encerramento dos estabelecimentos e de entrada e saída do pessoal e aos tempos diários de descanso será punida com multa nos termos seguintes:

a) 200$, se o estabelecimento não tiver pessoal ao seu serviço;

---

[18] *Idem*:

Art. 26.º Os funcionários encarregados da fiscalização levantarão os autos de cada infracção verificada e enviá-los-ão ao tribunal competente.

[19] Redacção dada pelo artigo 14.º do Decreto-Lei n.º 43 182, de 23 de Setembro de 1960. A redacção anterior, dada pelo Artigo único do Decreto-lei n.º 26:917, de 24 de Agosto de 1936, era a seguinte:

Art. 27.º Os estabelecimentos comerciais ou industriais que não tiverem os seus horários devidamente elaborados ou afixados nos termos do artigo 20.º, ou que não os hajam submetido à aprovação nos termos do artigo 21.º, serão punidos respectivamente com a multa de 100$ a 200$ e de 500$.

A redacção original era a seguinte:

Art. 27.º Os estabelecimentos comerciais ou industriais que não tiverem os seus horários devidamente afixados nos termos do artigo 20.º ou que não os hajam submetido à aprovação nos termos do artigo 21.º, serão punidos, respectivamente, com a multa de 200$ e de 500$.

[20] *Idem*:

Art. 28.º Os estabelecimentos comerciais ou industriais que não cumprirem os respectivos horários de trabalho ou as disposições legais aplicáveis relativamente às horas de abertura e de encerramento dos serviços, entrada e saída do pessoal, tempos diários de descanso e descanso semanal serão punidos com as multas nos termos seguintes:

a) 100$ a 200$ se as pessoas normalmente ao serviço forem 5 ou menos de 5;

b) 250$ a 500$ se forem de 6 a 10;

c) 600$ a 1.000$ se forem de 11 a 20;

d) 1.200$ a 2.000$ se forem de 21 a 50;

e) 2.500$ a 5.000$ se forem mais de 50.

§ 1.º Incorrem na mesma multa os estabelecimentos comerciais ou industriais que se tiverem utilizado da faculdade estabelecida no artigo 5.º e que o não tenham participado superiormente nos termos preceituados, ou dela tenham usado abusivamente.

§ 2.º Para o efeito da graduação da multa o juiz atenderá à natureza e gravidade da infracção e situação económica do infractor.

b) 200$ a 400$, se as pessoas normalmente ao serviço forem 5 ou menos de 5;
c) 500$ a 1000$, se forem de 6 a 10;
d) 1200$ a 2000$, se forem de 11 a 20;
e) 2400$ a 4000$, se forem de 21 a 50;
f) 5000$ a 10000$, se forem mais de 50.

§ 1.º As infracções aos preceitos legais que impõem a obrigatoriedade do descanso e do encerramento semanal e da cessação em dias feriados das actividades não permitidas por lei ao domingo serão punidas com multas do dobro das previstas no corpo deste artigo.

§ 2.º Quando as infracções a que se refere o parágrafo anterior se verificarem em serviço do Estado e das autarquias locais, ou dos organismos corporativos e de coordenação económica, a multa será aplicada tanto ao funcionário ou dirigente que tenha ordenado o trabalho como à entidade patronal a quem tenha sido entregue a sua execução, sem prejuízo da responsabilidade disciplinar quanto àqueles.

§ 3.º Para o efeito da graduação da multa, atender-se-á à natureza e gravidade da infracção e situação económica do infractor.

Art. 29.º Os estabelecimentos comerciais ou industriais que deixem de pagar ao seu pessoal o trabalho nocturno, das horas suplementares ou do dia de descanso semanal nos termos dêste decreto serão punidos com multa igual à prevista no artigo anterior sem prejuízo do pagamento das importâncias devidas ao pessoal prejudicado.

Art. 30.º[21] O não cumprimento do disposto neste decreto-lei quanto ao trabalho de mulheres e menores implica para os infractores a multa de 200$ por menor ou mulher ilegalmente empregado.

---

§ 3.º No caso de pagamento voluntário será devido o mínimo da multa aplicável.

A redacção original era a seguinte:

Art. 28.º Os estabelecimentos comerciais ou industriais que não cumprirem os respectivos horários de trabalho ou as disposições legais aplicáveis relativamente às horas de abertura e de encerramento dos serviços, entrada e saída do pessoal, tempos diários de descanso e descanso semanal, serão punidos com multas nos termos seguintes:

a) 200$ se as pessoas ao serviço forem 5 ou menos de 5;
b) 500$ se forem de 6 a 10;
c) 1.000$ se forem de 11 a 20;
d) 2.000$ se forem de 21 a 50;
e) 5.000$ se forem mais de 50.

§ único. Incorrem na mesma multa os estabelecimentos comerciais ou industriais que se tiverem utilizado da faculdade estabelecida no artigo 5.º e que o não tenham participado superiormente nos termos preceituados ou dela tenham usado abusivamente.

[21] Redacção dada pelo artigo 14.º do Decreto-lei n.º 43 182, de 23 de Setembro de 1960. A redacção original era a seguinte:

Art. 31.º[22] A contagem do pessoal para efeito da aplicação das multas previstas no presente diploma deverá ser feita pela totalidade dos trabalhadores normalmente ao serviço da empresa, mesmo quando se ocupem em estabelecimentos, secções, agências ou filiais separadas.

§ 1.º O infractor deve, logo que solicitado, dar à Inspecção do Trabalho a indicação do número em referência, sob pena de lhe ser aplicado o máximo da multa.

§ 2.º O disposto no parágrafo anterior não impede a Inspecção do Trabalho de corrigir a informação obtida pelos meios ao seu alcance.

Art. 32.º A reincidência será punida com o dôbro da multa aplicável.

Art. 33.º[23] No caso de transgressão de disposições dêste decreto que impliquem aplicação de duas ou mais multas, nos termos dos artigos 27.º a 31.º, será exigido o pagamento do máximo da multa mais elevada.

Art. 34.º As multas previstas nos artigos anteriores deixarão de ser devidas quando forem substituídas por indemnizações fixadas nos contratos colectivos de trabalho.

Art. 30.º O não cumprimento do disposto neste decreto, quanto ao trabalho de mulheres e de menores, implica para os infractores a multa de 100$ por cada mulher ou menor ilegalmente empregados.

[22] Redacção dada pelo artigo 14.º do Decreto-Lei n.º 43 182, de 23 de Setembro de 1960. A redacção anterior, dada pelo artigo único do Decreto-lei n.º 26:917, de 24 de Agosto de 1936, era a seguinte:

Art. 31.º A contagem do pessoal para efeito da aplicação das multas acima previstas deverá ser feita segundo as indicações colhidas pela fiscalização nas fôlhas de férias ou livros de pagamento do infractor e, quando no mesmo estabelecimento haja horários diferentes, pelo número de pessoas sujeitas ao horário transgredido. Se o infractor se recusar a facultar estes elementos na ocasião do levantamento do auto ou a abrir prontamente a porta do estabelecimento, ser-lhe-á aplicado o máximo da multa.

A redacção original era a seguinte:

Art. 31.º A contagem do pessoal para efeito da aplicação das multas acima previstas deverá ser feita, segundo as indicações colhidas pela fiscalização nas fôlhas de férias ou livros de pagamento do infractor. Se êste se recusar a facultar estes elementos na ocasião do levantamento do auto, poderá ser-lhe aplicado o máximo da multa.

[23] Redacção dada pelo artigo único do Decreto-lei n.º 26:917, de 24 de Agosto de 1936. A redacção original era a seguinte:

Art. 33.º No caso de transgressão de disposições dêste decreto, que impliquem aplicação de duas ou mais multas, nos termos dos artigos 27.º a 31.º, só será exigido o pagamento da multa mais elevada.

§ único. No caso de reincidência as multas devem acumular-se.

Art. 35.º [24] Nenhum empregado ou assalariado pode ser despedido por motivo directo ou indirecto do cumprimento do horário de trabalho. Se o fôr, terá direito a ser readmitido ou a uma indemnização de sessenta dias de ordenado ou salário, se outra maior não fôr devida nos termos da lei.

Art. 36.º Os salários, jornais e remunerações correspondentes às condições de trabalho existentes à data da publicação dêste decreto, considerados em média semanal, não podem ser deminuídos em virtude da aplicação das disposições contidas neste diploma.

§ único [25]. As transgressões do disposto neste artigo serão punidas nos termos do artigo 28.º.

Art. 37.º As multas aplicadas em consequência dêste decreto constituem receita do Estado.

Art. 38.º Se decorridos sessenta dias após a publicação dêste decreto no *Diário do Govêrno* as câmaras municipais nada houverem determinado quanto a abertura e encerramento dos estabelecimentos comerciais, os delegados ou a R.T.C. do I.N.T.P. poderão tomar a iniciativa da sua regulamentação. Entretanto continuam em vigor as disposições que até esta data regulavam o período de abertura dos estabelecimentos referidos.

Art. 39.º É concedido aos estabelecimentos comerciais e industriais o prazo de trinta dias para conformarem as respectivas condições de trabalho com as disposições do presente decreto.

Art. 40.º Ficam revogados os decretos n.os 5:516, 10:782, 13:788, 14:498, 14:535, 20:207, 20:570 e 22:500 na parte aplicável aos estabelecimentos comerciais e industriais definidos no § 1.º do artigo 1.º.

Publique-se e cumpra-se como nêle se contém.

Paços do Govêrno da República, 24 de Agosto de 1934. – ANTÓNIO ÓSCAR DE FRAGOSO CARMONA – *António de Oliveira Salazar – Antonino Raúl da Mata Gomes Pereira – Manuel Rodrigues Júnior – Luiz Alberto de Oliveira – Aníbal de Mesquita Guimarãis – José Caeiro da Mata – Duarte Pacheco – Armindo Rodrigues Monteiro – Sebastião Garcia Ramires – Leovigildo Queimado Franco de Sousa.*

---

[24] *Idem*:

Art. 35.º Os empregados ou assalariados que exijam o cumprimento do horário de trabalho ou que por tal motivo hajam obtido decisão favorável do tribunal de trabalho, não podem ser despedidos por êsse facto. Sendo imposta a readmissão por sentença do tribunal, pode aquela deixar de ser cumprida mediante a indemnização de sessenta dias de salário ou ordenado.

[25] Aditado pelo artigo único do Decreto-lei n.º 26:917, de 24 de Agosto de 1936.

7. Decreto-lei n.º 26:917, de 24 de Agosto de 1936 [26]

O decreto-lei n.º 24:402, de 24 de Agosto de 1934, ao estabelecer as sanções a aplicar por infracções aos preceitos legais sôbre horário do trabalho, adoptou o sistema de multas fixas com base no número de empregados ou assalariados ao serviço do infractor. A rigidez dêste princípio e a severidade das penas estabelecidas explicavam-se pela urgência de suprimir largos abusos que de longe vinham sendo consentidos e se tinham mesmo transformado em costume, fazendo cair no esquecimento a existência de uma legislação especial reguladora da matéria. Havia até que contar com resistências tenazes dos que se tinham habituado a adoptar o horário que mais lhes conviesse ou a não adoptar sequer horário algum, e tais resistências só podiam vencer-se impondo castigos sérios aos que delinqüissem. A situação é hoje totalmente diversa; a prudência com que se legislou no diploma acima citado, a actuação dos tribunais do trabalho e do serviço especial de fiscalização criado pelo decreto n.º 24:403 tem tornado possível restituir à lei o seu prestígio e fazer compreender os seus objectivos económicos e sociais, podendo afirmar-se que presentemente a maioria procura cumprir, não havendo já risco de regresso à anarquia anterior.

Substitue-se por isso no presente decreto aquele sistema da multa fixa pelo da multa indeterminada, dando-se ao juiz a faculdade de a graduar de harmonia com a natureza e gravidade da infracção e a situação económica do infractor, dentro de limites cujo máximo corresponde à importância fixa na lei anterior.

No que respeita ao regime de sanções havia também de definir se a contagem das pessoas ao serviço é feita pela totalidade das normalmente empregadas pelo transgressor ou apenas por aquelas que fôssem encontradas em transgressão, como por vezes se tem julgado. A intenção do legislador foi evidentemente a de seguir o primeiro critério, que se mantém agora; mas, para que da sua inflexível aplicação não resultem absurdos e iniqüidades, esclarece-se que a contagem se faz pelo número de trabalhadores sujeitos ao horário transgredido, excluindo-se portanto aqueles que no momento da verificação da infracção trabalhavam legalmente, como acontece freqüentemente em estabelecimentos

[26] *Diário do Governo*, I Série, n.º 198, de 24 de Agosto de 1936, 1013-1016.

com pessoal abrangendo categorias profissionais diferentes ou trabalhando com secções separadas e autónomas.

Quanto ao trabalho de menores, eleva-se dos dezasseis para os dezóito anos o limite mínimo de idade para admissão ao trabalho nocturno, dando-se assim novo impulso ao combate ao desemprêgo de trabalhadores adultos e ao aviltamento do nivel moral da família operária.

Finalmente, no intuito de preencher algumas deficiências notadas na prática, adoptam-se providências que, sem alterar os princípios informadores da lei anterior, a aperfeiçoam e completam.

Usando da faculdade conferida pela 2.ª parte do n.º 2.º do artigo 109.º da Constituição, o Govêrno decreta e eu promulgo, para valer como lei, o seguinte:

Artigo único. Os artigos 1.º, 4.º, 5.º, 7.º, 9.º, 19.º, 20.º, 22.º, 23.º, 24.º, 26.º, 27.º, 28.º, 31.º, 32.º, 33.º, 35.º e 36.º do decreto-lei n.º 24:402, de 24 de Agosto de 1934, passam a ter a seguinte redacção:

(As alterações estão inseridas no texto do Decreto-lei n.º 24:402, de 24 de Agosto de 1934, acima publicado).

Publique-se e cumpra-se como nêle se contém.

Paços do Govêrno da República, 24 de Agosto de 1936. ANTÓNIO ÓSCAR DE FRAGOSO CARMONA – *António de Oliveira Salazar – Mário Pais de Sousa – Manuel Rodrigues Júnior – Manuel Ortins de Bettencourt – Armindo Rodrigues Monteiro – Joaquim José de Andrade e Silva Abranches – Francisco José Vieira Machado – António Faria Carneiro Pacheco – Pedro Teotónio Pereira – Rafael da Silva Neves Duque.*

8. Decreto-Lei n.º 43 182, de 23 de Setembro de 1960 [27]

1. Visa este diploma a revisão de vários preceitos da legislação do trabalho em ordem a acautelar legítimos interesses de patrões e trabalhadores e a impedir abusos que possam afectar o equilíbrio das relações entre uns e outros ou a justiça que lhes é devida. Procura-se, de modo especial, assegurar a fiscalização das normas reguladoras do trabalho ou da previdência e eliminar algumas formalidades e encargos para as empresas, ao mesmo tempo que se estabelecem normas de disciplina destinadas a colocar todas em igualdade de circunstâncias perante o cumprimento da lei.

Vários aspectos relacionados com a protecção do trabalho feminino e dos menores e ainda com a prevenção de acidentes e doenças profissionais são também objecto de medidas de sentido prático, de cuja execução muito se espera neste campo tão importante do direito do trabalho.

2. Neste espírito, começa por prescrever-se que as acções destinadas a exigir o pagamento de serviços prestados em horas extraordinárias de trabalho ou em dias de descanso semanal só podem ser propostas no prazo de um ano, a contar do dia seguinte àquele em que o trabalhador tiver recebido da entidade patronal o ordenado ou salário correspondente ao período de tempo em que aqueles serviços tenham sido prestados. Pretende-se, com este preceito, que os interessados se disponham a reclamar em tempo oportuno os seus direitos, de modo a facilitar a apreciação contenciosa das questões, a afastar incertezas nas relações de trabalho e ainda a contrariar abusos e represálias, neste domínio ainda frequentes, de patrões ou trabalhadores menos compenetrados dos seus deveres. No entanto, e para proteger os trabalhadores que usem das faculdades que a lei lhes confere para a defesa dos seus direitos, adoptam-se as providências previstas, para casos semelhantes, no Decreto-Lei n.º 31 280, de 22 de Maio de 1940.

3. Por outro lado, actualizam-se, de acordo com as lições da experiência, diversos preceitos da legislação social e, em particular, da relativa a horários

---

[27] *Diário do Governo*, I Série, n.º 222, de 23 de Setembro de 1960, 1994-1998.

de trabalho e dos regulamentos do Instituto Nacional do Trabalho e Previdência. Põe-se ainda termo a algumas dúvidas que têm surgido na jurisprudência dos tribunais e prevê-se a adopção dos novos sistemas de notificação dos autos de notícia susceptíveis de libertar as câmara municipais de algumas obrigações que, na matéria, presentemente lhes cabem.

Tomam-se especialmente medidas destinadas a colocar as entidades patronais em igualdade de circunstâncias no que respeita ao cumprimento de várias disposições de interesse para a normal actuação dos serviços da Inspecção do Trabalho, cujos quadros, também por força deste diploma, poderão ser acrescidos de modo a tornar-se possível mais vasta acção repressiva das infracções aos preceitos sobre previdência social. Assim, do mesmo passo que se garante maior eficiência à actividade fiscalizadora, dá-se satisfação às solicitações de diversos organismos corporativos e empresas no sentido de se impedirem fraudes e abusos da parte de entidades menos escrupulosas, defendendo-se os direitos dos trabalhadores e obstando-se à concorrência desleal derivada do desequilíbrio de encargos de carácter social, que a não observância da legislação do trabalho e da previdência necessàriamente provoca.

Em ordem à protecção do trabalho feminino e de menores, determina-se que só em casos devidamente fundamentados poderá ser concedida autorização para a utilização de menores de 18 anos e de mulheres em trabalho extraordinário.

4. Encaram-se também providências de interesse para a defesa dos trabalhadores na prevenção dos riscos de acidentes de trabalho e doenças profissionais. Neste pensamento, atribui-se ao Ministro das Corporações e Previdência Social competência para fixar a remuneração devida aos empregados e assalariados das empresas cuja laboração haja sido total ou parcialmente suspensa pela Inspecção do Trabalho, em consequência de se não garantirem as condições essenciais de higiene e segurança. Assim se torna possível a efectiva aplicação dos artigos 19.º e 20.º do Decreto-Lei n.º 37 245, de 27 de Dezembro de 1948, o que dará mais eficiência e projecção à política de prevenção de acidentes de trabalho e doenças profissionais. Na verdade, com esta nova orientação melhor poderão ser acauteladas a saúde e a vida dos trabalhadores mais sujeitos à sinistralidade do trabalho e aos riscos de graves doenças profissionais, como a silicose, que tantas vítimas está a causar.

Tal medida conjuga-se, aliás, com a necessidade de imprimir feição prática à Campanha Nacional de Prevenção de Acidentes de Trabalho e Doenças profissionais, que, em execução do Plano de Formação Social e Corporativa, a Junta da Acção Social está a promover, de harmonia com as bases aprovadas pela Portaria n.º 17 668, de 11 de Abril do corrente ano.

5. Prevê-se que em numerosos casos possa vir a ser dispensada a aprovação dos mapas do horário de trabalho. Passa a permitir-se que o número de alterações a introduzir no mesmo horário suba até seis. A comunicação ao Instituto Nacional do Trabalho e Previdência da utilização do trabalho suplementar, nos termos do artigo 5.º do Decreto-Lei n.º 24 402, deixa de ser exigida uma vez que se faz oportunamente o registo de trabalho para além do horário normal. Não se põem limites aos casos em que as autorizações para a organização de turnos de pessoal diferente e realização de trabalho em horas suplementares podem ser dadas directamente pelas delegações do Instituto Nacional do Trabalho e Previdência, o que virá abreviar os seus trâmites. Facilita-se ainda a compensação dos salários pagos por dias feriados.

Procura-se, ainda, através do presente decreto-lei, fazer corresponder à gravidade das transgressões as penalidades a aplicar aos infractores de várias normas reguladoras do trabalho. Neste propósito, actualizam-se as multas por falta do pagamento de quotas aos sindicatos nacionais e uniformizam-se as penalidades por infracções aos preceitos sobre ordenados ou salários mínimos, as quais são graduadas mais convenientemente, bem como reduzidas no seu limite máximo actual, que se considera excessivo.

6. Resta dizer que houve a preocupação de tornar mais fácil a consulta das normas legais, incorporando, tanto quanto possível, as novas alterações nos textos respectivos. No mesmo intuito, e em face da natureza das matérias, abandonou-se o critério de dar a este decreto-lei uma orientação sistemática, preferindo-se deixar para final todos os casos em que se substituem disposições de diplomas vigentes. Em ordem a evitar a multiplicação da legislação, com todos os seus inconvenientes, enquadrou-se nas alterações feitas toda a matéria do Decreto-Lei n.º 39 993, que, assim, fica revogado.

Nestes termos:

Usando da faculdade conferida pela 1.ª parte do n.º 2.º do artigo 109.º da Constituição, o Governo decreta e eu promulgo, para valer como lei, o seguinte:

(...)

Art. 14.º São alterados, pela forma abaixo indicada, os seguintes artigos dos Decretos-Leis n.ºs 24 402, 29 931, 32 749, 36 173, 37 245 e 38 596, respectivamente de 24 de Agosto de 1934, 15 de Setembro de 1939, 15 de Abril de 1943, 6 de Março de 1947, 27 de Dezembro de 1948 e 4 de Janeiro de 1952:

Decreto-Lei n.º 24 402:

(As alterações estão inseridas no texto do Decreto-lei n.º 24:402, de 24 de Agosto de 1934, acima publicado).

(...)

Publique-se e cumpra-se com nele se contém.

Paços do Governo da República, 23 de Setembro de 1960.– AMÉRICO DEUS RODRIGUES THOMAZ – *António de Oliveira Salazar – Pedro Theotónio Pereira – Júlio Carlos Alves Dias Botelho Moniz – Arnaldo Schulz – João de Matos Antunes Varela – António Manuel Pinto Barbosa – Afonso Magalhães de Almeida Fernandes – Fernando Quintanilha Mendonça Dias – Marcello Gonçalves Nunes Duarte Mathias – Eduardo de Arantes e Oliveira – Vasco Lopes Alves – Francisco de Paula Leite Pinto – José do Nascimento Ferreira Dias Júnior – Carlos Gomes da Silva Ribeiro – Henrique Veiga de Macedo – Henrique de Miranda Vasconcelos Martins de Carvalho.*

B) **Lei da Duração do Trabalho**

1. *Decreto-Lei n.º 409/71, de 27 de Setembro*;
2. *Decreto-Lei n.º 421/83, de 2 de Dezembro*;
3. *Decreto-Lei n.º 65/87, de 6 de Fevereiro*;
4. *Decreto-Lei n.º 398/91, de 16 de Outubro*;
5. *Lei n.º 21/96, de 23 de Julho*;
6. *Decreto-Lei n.º 96/99, de 23 de Março*;
7. *Lei n.º 58/99, de 30 de Junho*;
8. *Lei n.º 61/99, de 30 de Junho*;
9. *Lei n.º 118/99, de 11 de Agosto*;
10. *Texto actualizado do Decreto-Lei n.º 409/71, de 27 de Setembro.*

1. Decreto-Lei n.º 409/71, de 27 de Setembro [28]

1. A regulamentação legal da duração do trabalho começou entre nós com a Lei de 23 de Março de 1891, que fixou o período de trabalho de oito horas para os manipuladores de tabacos. O Decreto de 14 de Abril de 1891 estabeleceu os limites do período normal de trabalho dos menores nos estabelecimentos industriais. O Decreto de 3 de Agosto de 1907 impôs a concessão de descanso semanal para todas as classes trabalhadoras.

Depois da proclamação da República avolumaram-se as reivindicações operárias no sentido da adopção obrigatória do horário de trabalho, que vieram a ser satisfeitas, embora só parcialmente, pelas Leis n.ºs 295 e 296, de 22 de Janeiro de 1915. O passo seguinte foi dado pelo Decreto n.º 5516, de 7 de Maio de 1919, que fixou os limites máximos do período do trabalho para a generalidade do comércio e indústria. Esses limites máximos eram de oito horas por dia e quarenta e oito horas por semana, com excepção dos relativos aos empregados de estabelecimentos de crédito de câmbios e de escritórios, que já tinham, desde a publicação da Lei n.º 295, um período normal de trabalho de sete horas por dia. O Decreto n.º 5516 foi regulamentado pelo Decreto n.º 10 782, de 20 de Maio de 1925, e os dois diplomas conservaram-se em vigor até à publicação do Decreto-Lei n.º 24 402, de 24 de Agosto de 1934.

O Decreto n.º 15 361, de 3 de Abril de 1928, aprovou, para ratificação, a Convenção tendente a limitar a oito horas por dia e a quarenta e oito horas por semana o número de horas de trabalho nos estabelecimentos industriais, adoptada pela Conferência Geral da Organização Internacional do Trabalho (O.I.T.) em 1919.

O Decreto n.º 22 500, de 10 de Maio de 1933, estabeleceu o regime do horário de trabalho para as indústrias de transportes de pessoas ou de mercadorias por estrada, via férrea, via de água, marítima ou interior.

Foi só, no entanto, a partir da publicação do Decreto-Lei n.º 24 402 que se mostrou possível assegurar o cumprimento efectivo das disposições legais relativas à duração do trabalho. A criação do Instituto Nacional do Trabalho e Previdência (I.N.T.P.), em 23 de Setembro de 1933, tinha vindo possibilitar a

[28] *Diário do Governo*, I Série, n.º 228, de 27-Set.-1971, 1393-1402.

execução e a fiscalização das leis sociais. Mercê da actuação do I.N.T.P., o regime legal da duração do trabalho tornou-se, portanto, uma realidade.

2. Embora o Decreto-Lei n.º 24 402 tenha sofrido algumas alterações em 1936 e em 1960, o certo é que estas alterações não afectaram os aspectos fundamentais do regime nele estabelecido.

O Decreto-Lei n.º 24 402 encontra-se assim em vigor desde 1934, e esta longa vigência, num domínio que tem conhecido sérias exigências de inovação, leva manifestamente a reconhecer a necessidade de proceder à sua revisão.

O regime jurídico do contrato individual de trabalho, aprovado pelo Decreto-Lei n.º 49 408, de 24 de Novembro de 1969, pressupõe também a formulação de uma nova disciplina do regime jurídico da duração do trabalho.

3. Com vista à elaboração desta disciplina, o Governo submeteu, em Outubro do ano findo, à aprovação da Câmara Corporativa, nos termos do artigo 105.º da Constituição, o projecto de decreto-lei n.º 5/X sobre a duração do trabalho prestado por força de contrato de trabalho.

A Câmara Corporativa emitiu sobre o referido projecto de decreto-lei o seu parecer n.º 26/X, que constitui um estudo a todos os títulos notável sobre o problema da regulamentação legal da duração do trabalho e que vem enriquecer apreciàvelmente a nossa escassa bibliografia sobre o assunto.

4. O presente diploma procura tomar em consideração os aperfeiçoamentos introduzidos pela Câmara Corporativa no articulado do projecto, ainda que nalguns pontos se tenha julgado conveniente manter contra o parecer da Câmara o articulado contido no projecto ou, inclusivamente, se tenham adoptado novas soluções.

O facto de a Câmara Corporativa, reconhecendo a oportunidade da publicação de um novo diploma que definisse o regime jurídico da duração do trabalho, ter aceite não só os princípios orientadores e a economia geral do projecto, mas também a maior parte do seu texto, torna obviamente secundárias as divergências entre a redacção sugerida pela Câmara Corporativa e a redacção adoptada no presente diploma.

5. Além do parecer da Câmara Corporativa, tomou-se também em consideração as observações feitas ao projecto pelo Bureau International du Travail, que levaram a modificar a redacção dos artigos 11.º e 12.º do mesmo projecto, correspondentes aos artigos 13.º e 14.º do presente diploma.

6. O novo regime jurídico da duração do trabalho pretende promover uma transformação sensível das linhas gerais que enformavam o regime estabelecido no Decreto-Lei n.º 24 402. Em vez, porém, de se impor, directa e imediatamente, essa transformação, espera-se que ela resulte gradual e progressivamente dos instrumentos de regulamentação colectiva de trabalho, de maneira a não trazer perturbações à economia nacional e a oferecer todas as garantias de uma realística adaptação de cada sector ou de cada ramo de actividade.

É esta solução, na medida em que depende muito especialmente das convenções colectivas de trabalho, a que se mostra mais conforme com o espírito do Estatuto do Trabalho Nacional.

Tem-se, no entanto, consciência de que não basta estabelecer bases legais suficientemente amplas que assegurem às entidades patronais e aos trabalhadores a possibilidade de adoptarem as inovações que em cada caso considerem convenientes. O regime da duração do trabalho não pode nem deve depender inteiramente dos resultados das negociações entre as partes interessadas, pois que ele importa, e de maneira decisiva, para o desenvolvimento económico e social do País. Daí que no presente diploma se tenham estabelecido preceitos de carácter imperativo, ainda que estes preceitos não estejam, na sua maioria, formulados em termos demasiado rígidos.

7. A primeira das alterações introduzidas no sistema anterior diz respeito ao campo de aplicação do próprio regime da duração do trabalho.

Pelo Decreto-Lei n.º 24 402 só estavam sujeitos a horário de trabalho os estabelecimentos comerciais e industriais, embora o Decreto-Lei n.º 43 182,de 23 de Setembro de 1960, tivesse autorizado a extensão das disposições sobre horários de trabalho a outras entidades.

Julga-se que se deve aproveitar esta oportunidade para fazer coincidir totalmente o campo de aplicação da disciplina legal do contrato individual de trabalho com o campo de aplicação do regime legal da duração do trabalho, até porque tal coincidência é pressuposta pelo próprio regime jurídico do contrato individual de trabalho.

De acordo com a sugestão apresentada pela Câmara Corporativa, excluem-se no entanto do regime definido no presente diploma as empresas públicas cujo pessoal, nos termos do respectivo estatuto legal, esteja sujeito a regime jurídico especialmente regulado de acordo com as funções da empresa.

Como inovações em relação ao projecto, estabelece-se que o regime de duração do trabalho dos empregados das instituições de previdência e dos organismos corporativos deve constar de estatuto especial aprovado pelo Ministro das Corporações e Previdência Social e exclui-se do regime jurídico contido no presente diploma o trabalho prestado por efeito de contrato de serviço doméstico.

8. Estabelecem-se como limites máximos dos períodos normais de trabalho oito horas por dia e quarenta e oito horas por semana e mantêm-se os limites dos períodos de trabalho dos empregados de escritório em sete horas por dia e quarenta e duas horas por semana.

Os limites máximos dos períodos diários podem ser ultrapassados quando se adopte o regime das chamadas «semana inglesa» e «semana americana», que passa a ser expressamente reconhecido pela lei.

Admite-se, como excepção, que os limites máximos fixados na lei sejam excedidos nas actividades sem fins lucrativos ou estreitamente ligados ao interesse público, mas apenas na medida em que se mostre absolutamente incomportável a sujeição do seu pessoal aos limites legais de duração do trabalho.

Impõe-se, no entanto, no caso de actividades estreitamente ligadas ao interesse público que possam classificar-se como industriais, que não seja ultrapassada a média de quarenta e oito horas por semana ao fim de um determinado número de semanas, conforme se estabelece no artigo 5.º da Convenção n.º 1 da Organização Internacional do Trabalho.

Previnem-se também os casos especiais das pessoas cujo trabalho seja acentuadamente intermitente ou de simples presença.

9. A exigência da redução da duração do trabalho tem sido uma das preocupações sociais mais salientes dos últimos anos.

Em 1962, a Conferência Internacional do Trabalho adoptou a Recomendação n.º 116, em que se preconizou a redução progressiva da duração normal do trabalho, de modo a fixar essa redução em quarenta horas por semana, sem diminuição do salário.

Considera-se desejável iniciar entre nós uma política de redução dos limites máximos dos períodos normais de trabalho, como uma forma de garantir aos trabalhadores oportunidades de realização pessoal e familiar e o meio de os fazer beneficiar dos progressos da técnica.

Não se afigura, no entanto, conveniente impor, em termos genéricos, essa redução. Pensa-se que será preferível que ela seja estabelecida por decreto regulamentar e por via de regulamentação colectiva de trabalho, ficando naturalmente dependente da produtividade das actividades.

Os princípios adoptados a este respeito pelo diploma estão de harmonia com as orientações internacionais mais recentes, embora deliberadamente se não tenham estabelecido com rigidez os objectivos a atingir em matéria de redução do período normal de trabalho.

10. Reafirma-se o princípio da interrupção do período de trabalho diário, nos termos consagrados pelo artigo 10.º do Decreto-Lei n.º 24 402.

Reconhece-se, porém, aos instrumentos de regulamentação colectiva de trabalho a faculdade de aumentarem a duração do intervalo de descanso imposto pela lei e de estabelecerem a frequência e a duração de quaisquer outros intervalos. Em contrapartida, o I..N.T.P. pode autorizar a redução ou a própria dispensa dos intervalos de descanso, quando tal se mostre favorável aos interesses dos trabalhadores ou se justifique pelas condições particulares de trabalho de certas actividades.

11. No projecto submetido à consulta da Câmara Corporativa admitiu-se que a isenção do horário de trabalho tivesse como fundamento o exercício de funções ou cargos incompatíveis com a subordinação do período de trabalho a um regime de duração normal. Como a Câmara Corporativa reconheceu, esta atitude tinha a vantagem de ir ao fundo do problema e de pôr o acento tónico na circunstância única que justificaria a isenção.

As dificuldades de ordem prática que se podem levantar à adopção de uma solução teòricamente perfeita aconselham o regresso à fórmula utilizada no Decreto-Lei n.º 24 402 («cargos de confiança, de direcção ou de fiscalização») e que tem, aliás, o seu fundamento na terminologia da Convenção n.º 1 da Organização Internacional do Trabalho.

No regime de isenção de horário de trabalho procurou-se dar execução ao que nesta matéria se prescreveu no regime jurídico do contrato individual de trabalho.

12. O presente diploma obedece à intenção de facilitar a prestação do trabalho extraordinário, pelo que se dispensa, em princípio e a título experimental, a sua sujeição a autorização prévia. Procura-se, no entanto, obviar aos inconvenientes que resultam da prestação do trabalho extraordinário, fixando-se, pela primeira vez, o número máximo de horas que cada trabalhador pode prestar. Aceitou-se o máximo anual sugerido pela Câmara Corporativa.

O trabalho extraordinário passa a ser retribuído com um aumento correspondente a 25 por cento da retribuição normal para a primeira hora e a 50 por cento para as horas subsequentes.

13. O nosso regime de duração do trabalho está nitidamente enquadrado, desde a publicação do Decreto n.º 5516, pelo regime de horário de funcionamento das actividades exercidas pelas entidades patronais.

De acordo com o Decreto-Lei n.º 24 402, têm estado legalmente sujeitos a limites os horários de funcionamento dos estabelecimentos industriais, os escritórios e os estabelecimentos de venda ao público. O horário de funcionamento dos estabelecimentos de venda ao público, a que a lei chama «período de abertura», é determinado pelas câmaras municipais e sujeito à aprovação do I.N.T.P.

No presente diploma procura-se autonomizar conceituadamente o período de funcionamento, fazendo-se, de harmonia com a linguagem já adoptada pela lei, a distinção entre «período de abertura» e «período de laboração», para designar, respectivamente, o período de funcionamento dos estabelecimentos de venda ao público e o período de funcionamento dos estabelecimentos industriais. Reafirma-se a competência das câmaras municipais para a fixação dos períodos de abertura, definindo-se os critérios a que essa fixação deve obedecer. Delimita-se o período normal de laboração dos estabelecimentos industriais, mas admitem-se, com largueza, as excepções que se mostrarem necessárias ou convenientes. Em contrapartida, deixa-se de fixar as horas normais de começo e de encerramento dos trabalhos de escritório.

Admite-se que, por despacho do Ministro das Corporações e Previdência Social, se determine o ajustamento do período de abertura ao horário de trabalho que conste de instrumento de regulamentação colectiva, sempre que a fixação do horário de trabalho tenha reflexos directos no período de funcionamento em vigor e a capacidade económica do sector não possibilite a sua manutenção através da organização de turnos do pessoal ou outra fórmula equivalente.

14. Outras inovações relevantes dizem respeito à organização de turno e ao trabalho nocturno. Estabelece-se que os turnos devem, na medida do possível, ser organizados de acordo com os interesses e as preferências manifestadas pelos trabalhadores e que a duração do trabalho de cada turno não pode ultrapassar os limites máximos dos períodos normais fixados de harmonia com o disposto no presente diploma. Este último princípio estava já contido no Decreto-Lei n.º 24 402, mas a sua formulação não era porventura totalmente inequívoca.

Julga-se indispensável adoptar um conceito legal de trabalho nocturno, mas aceita-se que, dentro de certos limites, os instrumentos de regulamentação colectiva de trabalho definam os períodos que devem ser considerados como de trabalho nocturno.

Pressupõe-se que o trabalho prestado durante a noite seja mais penoso do que o trabalho diurno, embora o grau dessa penosidade seja variável, estabelecendo-se, consequentemente e nos termos sugeridos pela Câmara Corporativa, o princípio da sua retribuição especial.

Além disso, preceitua-se a obrigatoriedade de sujeição a exame médico prévio dos trabalhadores a incluir em turnos que prestem trabalho contínua ou alternadamente durante a noite nos estabelecimentos industriais e impõe-se a repetição anual dos exames médicos dos trabalhadores incluídos em turnos de trabalho nocturno.

Deixa-se, no entanto, de fazer qualquer referência à regularidade e à periodicidade dos turnos, atribuindo-se, portanto, às empresas liberdade para organizar os turnos pela forma que lhes parecer mais conveniente, sem prejuízo dos interesses e das preferências manifestadas pelos trabalhadores.

Em matéria de trabalho nocturno das mulheres e dos menores na indústria tiveram-se em conta as convenções da O.I.T. ratificadas por Portugal.

15. No que respeita aos prolongamentos dos descansos semanais – semana inglesa ou semana americana –, entende-se que eles podem ser concedidos pelos instrumentos de regulamentação colectiva de trabalho, sempre que o aumento da produtividade o consinta e não haja inconvenientes de ordem económica ou social. Estabelece-se um condicionamento especial para a concessão de descansos complementares em relação às actividades que sejam consideradas prioritárias para o consumo.

Afigura-se conveniente impor o encerramento de todos os estabelecimentos de uma actividade de venda ao públco, ainda que não tenham pessoal ao seu serviço, quando se concedam descansos semanais complementares nos meses de Julho, Agosto e Setembro que sejam comuns a todo o pessoal dessa actividade – prevendo-se nestes casos a imposição de uma escala de abertura em alternativa com a possibilidade de prolongamento do período de funcionamento num dos restantes dias da semana, por forma a assegurar a satisfação das necessidades do consumo público.

16. Procura-se dar começo de execução ao disposto no n.º 1 do artigo 120.º do regime jurídico do contrato individual de trabalho, prescrevendo-se que os instrumentos de regulamentação colectiva de trabalho devam conter normas sobre o regime de trabalho a tempo parcial das mulheres com responsabilidades familiares, alargando-se ainda tal regime aos trabalhadores com capacidade reduzida e aos que frequentem estabelecimentos de ensino médio ou superior.

17. Adopta-se um novo sistema de sanções em que, tomando-se em consideração o parecer da Câmara Corporativa, se procura satisfazer as exigências de justiça e garantir o cumprimento do regime definido no presente diploma.

Nestes termos, ouvida a Câmara Corporativa:

Usando da faculdade conferida pela 1.ª parte do n.º 2.º do artigo 109.º da Constituição, o Governo decreta e eu promulgo, para valer como lei, o seguinte:

(O texto actualizado do Decreto-Lei n.º 409/71, de 27 de Setembro, é abaixo publicado).

Visto e aprovado em Conselho de Ministros. – *Marcello Caetano – Baltasar Leite Rebelo de Sousa.*

Promulgado em 22 de Setembro de 1971.

Publique-se.

O Presidente da República, AMÉRICO DEUS RODRIGUES THOMAZ.

2. Decreto-Lei n.º 421/83, de 2 de Dezembro [29]

A necessidade de distribuir o trabalho existente pelo maior número possível de trabalhadores impõe que a prestação de trabalho fora do horário normal só seja permitida nos casos em que se mostre necessário para fazer face a acréscimos de trabalho que, pela sua natureza, não justificam a admissão de novos trabalhadores ou, além disso, quando for indispensável para prevenir ou reparar prejuízos graves para a empresa ou para assegurar a sua viabilidade.

O Decreto-Lei n.º 409/71, de 27 de Setembro, ao regulamentar a disciplina jurídica do trabalho extraordinário, do trabalho prestado em dia de descanso e em dia feriado, não se orientou na prossecução daqueles objectivos. Ao invés, no seu preâmbulo expressamente se reconhecia que o diploma obedecia à intenção de facilitar a prestação de trabalho extraordinário, preocupação compreensível se atendermos à escassez de mão-de-obra que caracterizava o mercado de trabalho na data da sua aprovação.

Tendo em conta a situação actual do mercado de emprego, impõe-se que o trabalho suplementar seja reconduzido à sua função natural, reduzindo-se simultaneamente o número de horas em que pode ser prestado e estabelecendo-se mecanismos desincentivadores destinados a pôr termo ao recurso abusivo a esse tipo de trabalho. Importa também incutir ao instituto uma caracterização mais consentânea com a realidade dos nossos dias e potenciar condições tendentes a assegurar a absorção de mão-de-obra disponível através de uma equilibrada repartição do trabalho a executar.

Orientado por estes princípios, o diploma traduz, no entanto, a preocupação de não dificultar o recurso ao trabalho suplementar nos casos em que efectivamente se justifique. Com este mesmo objectivo foi mantida a regra da obrigatoriedade da prestação de trabalho suplementar, de que apenas são excepcionados, por razões que bem se compreendem, os menores, os deficientes e as mulheres grávidas ou com filhos com idade inferior a 10 meses, por se presumir, neste caso, que existe amamentação.

Presentemente não vigoram em diversos sectores de actividade, por força do disposto nos n.ºs 2 e 3 do artigo 1.º do Decreto- Lei n.º 409/71, de 27 de Setembro, as limitações estabelecidas neste diploma para a prestação de trabalho extraordinário, em dia de descanso semanal e em dia feriado, facto que, como

---

[29] *Diário da República*, I Série, n.º 277, de 2-Dez.-1983, 3949-3952.

a experiência tem demonstrado, conduziu ao recurso indevido e excessivo a este tipo de trabalho. É, pois, necessário que sejam dados passos urgentes no sentido da normalização da situação existente, embora se compreenda que a plena prossecução deste objectivo passa pela revisão do regime jurídico da organização temporal do trabalho em vigor naqueles sectores de actividade.

Por tal facto, e com a preocupação de não se criarem dificuldades insuperáveis em áreas relevantes da nossa economia, optou-se pela adaptação da nova disciplina às características de tais sectores, o que será feito por portarias, que, no entanto, vigorarão apenas pelo tempo indispensável para que se criem as condições que permitam a plena aplicação do regime agora instituído.

Na sequência da publicação para apreciação pública do projecto que esteve na base do presente diploma, foi recebida no Ministério do Trabalho e Segurança Social cerca de uma centena de contributos, parte significativa dos quais se traduzem em críticas à rigidez da nova disciplina e aos prejuízos que daí podem decorrer para as empresas e para a economia nacional. Outros há em que se lamenta o facto de o Governo não se ter prevalecido da oportunidade para rever todo o regime jurídico da organização temporal do trabalho.

Todas as críticas e sugestões concretamente dirigidas ao projecto foram devidamente ponderadas, tendo em diversos casos sido total ou parcialmente acolhidas.

Assim, fixou-se em 160 horas o limite anual para a prestação de trabalho suplementar e dispensou-se o pedido de autorização prévia para o trabalho a prestar em dia de descanso, cuja comunicação deve ser feita no prazo de 48 horas após a sua realização. Esta inovação teve em vista a simplificação e desburocratização de procedimentos que, frequentemente, se têm mostrado desajustados às exigências próprias da vida empresarial e que, nem por isso, têm constituído meios de fiscalização ou controle mais eficazes.

Desagravou-se a contribuição das entidades empregadoras para o Fundo de Desemprego, mantendo-se em nível idêntico ao que incide sobre os trabalhadores, a qual preenche apenas uma função desincentivadora do regime e já não uma função claramente penalizadora.

Reduziu-se o descanso compensatório para o trabalho suplementar prestado em dia útil, em dia feriado e em dia de descanso complementar, excepcionando-se ainda nesta matéria as empresas com menos de 10 trabalhadores, cuja dimensão e estrutura desaconselham a aplicação do mecanismo.

A manutenção dos acréscimos salariais constantes do projecto teve em vista acompanhar os aumentos nos últimos anos estabelecidos por via convencional, esperando-se desta forma subtrair esta matéria às contingências próprias da contratação colectiva. Refira-se ainda que, com a maximização salarial consagrada, se pretende evitar que os custos reais do recurso ao trabalho suplementar sejam inferiores aos do recrutamento de pessoal no mercado de emprego.

Nos termos constitucionais, foram ouvidas as Regiões Autónomas dos Açores e da Madeira.

Assim:

No uso da autorização concedida pela Lei n.º 13/83, de 25 de Agosto, o Governo decreta, nos termos da alínea *b*) do n.º 1 do artigo 201.º da Constituição, o seguinte:

Artigo 1.º

(Âmbito de aplicação)

O presente diploma aplica-se às relações de trabalho prestado por efeito de contrato de trabalho, com excepção das relações de trabalho rural, a bordo e de serviço doméstico.

Artigo 2.º

(Noção)

1 – Considera-se trabalho suplementar todo aquele que é prestado fora do horário de trabalho.

2 – Não se compreende na noção de trabalho suplementar:

a) O trabalho prestado por trabalhadores isentos de horário de trabalho em dia normal de trabalho;

b) O trabalho prestado para compensar suspensões de actividade de duração não superior a 48 horas seguidas ou interpoladas por 1 dia de descanso ou feriado, quando haja acordo entre a entidade empregadora e os trabalhadores.

Artigo 3.º

(Obrigatoriedade)

1 – Os trabalhadores estão obrigados à prestação de trabalho suplementar, salvo quando, havendo motivos atendíveis, expressamente solicitem a sua dispensa.

2 – Não estão sujeitas à obrigação estabelecida no número anterior as seguintes categorias de trabalhadores:

a) Deficientes;

b) Mulheres grávidas ou com filhos de idade inferior a 10 meses;

c) Menores.

Artigo 4.º

(Condições)

1 – O trabalho suplementar pode ser prestado quando as empresas tenham de fazer face a acréscimos eventuais de trabalho que não justifiquem a admissão de trabalhador com carácter permanente ou em regime de contrato a prazo.

2 – O trabalho suplementar pode ainda ser prestado em casos de força maior ou quando se torne indispensável para prevenir ou reparar prejuízos graves para a empresa ou para assegurar a sua viabilidade.

Artigo 5.º

(Limites)

1 – O trabalho suplementar previsto no n.º 1 do artigo 4.º fica sujeito, por trabalhador, aos seguintes limites:

a) 200 horas de trabalho por ano [30];
b) 2 horas por dia normal de trabalho;
c) Um número de horas igual ao período normal de trabalho nos dias de descanso semanal, obrigatório ou complementar, e nos feriados;
d) Um número de horas igual a meio período normal de trabalho em meio dia de descanso complementar.

2 – O trabalho suplementar previsto no n.º 2 do artigo 4.º não fica sujeito a quaisquer limites.

3 – Caso a Inspecção-Geral do Trabalho não reconheça, em despacho fundamentado, a existência das condições constantes do n.º 2 do artigo 4.º, o trabalho suplementar prestado fica sujeito ao regime do n.º 1 do mesmo artigo.

Artigo 6.º [31]

(Formalidades)

1 – A prestação de trabalho suplementar tem de ser prévia e expressamente determinada pela entidade empregadora, sob pena de não ser exigível o respectivo pagamento.

2 – A prestação de trabalho suplementar em dia de descanso, obrigatório ou complementar, em dia feriado e nos casos previstos no n.º 2 do artigo 4.º deverá ser comunicada à Inspecção-Geral do Trabalho no prazo de 48 horas.

3 – No primeiro mês de cada trimestre deve a entidade empregadora enviar à Inspecção-Geral do Trabalho a relação nominal dos trabalhadores que efectuaram trabalho suplementar durante o trimestre anterior, com discriminação do número de horas prestadas ao abrigo do n.º 1 e do n.º 2 do artigo 4.º, visada pela comissão de trabalhadores.

---

[30] Redacção dada pelo artigo 2.º do Decreto-Lei n.º 398/91, de 16 de Fevereiro. A redacção original era a seguinte:

a) 160 horas de trabalho por ano;

[31] Revogado pelo artigo 4.º do Decreto-Lei n.º 398/91, de 16 de Outubro. Mantém-se a sua inserção, mas em itálico.

Artigo 7.º [32]

(Remuneração)

1 – O trabalho suplementar prestado em dia normal de trabalho será remunerado com os seguintes acréscimos mínimos:

a) 50% da retribuição normal na primeira hora;
b) 75% da retribuição normal nas horas ou fracções subsequentes.

2 – O trabalho suplementar prestado em dia de descanso semanal, obrigatório ou complementar, e em dia feriado será remunerado com o acréscimo mínimo de 100% da retribuição normal.

3 – A remuneração horária que serve de base ao cálculo do trabalho suplementar é apurada segundo a fórmula prevista no artigo 29.º do Decreto-Lei n.º 874/76, de 28 de Dezembro, considerando-se, nas situações de determinação do período normal de trabalho semanal em termos médios, que *n* significa o número médio de horas do período normal de trabalho semanal efectivamente praticado na empresa.

4 – Não é exigível o pagamento de trabalho suplementar cuja prestação não tenha sido prévia e expressamente determinada pela entidade empregadora.

Artigo 8.º [33]

(Contribuição para o Fundo de Desemprego)

1 – A entidade empregadora e o trabalhador ficam obrigados, uma e outro, a contribuir para o Fundo de Desemprego com 25% dos acréscimos de remunerações resultantes da prestação de trabalho suplementar.

2 – A liquidação da contribuição referida no número anterior será efectuada mensalmente, devendo o seu pagamento ser feito mediante guia modelo único exclusivo da Imprensa Nacional-Casa da Moeda, a aprovar por despacho do Ministro do Trabalho e Segurança Social, nos prazos seguintes:

a) Durante o mês de Janeiro, as importâncias correspondentes ao mês de Dezembro do ano anterior;
b) Durante os meses de Abril, Julho e Outubro, as importâncias correspondentes aos trimestres imediatamente anteriores;
c) Durante o mês de Dezembro, as importâncias correspondentes aos meses de Outubro e Novembro anteriores.

---

[32] Pelo artigo 2.º do Decreto-Lei n.º 398/91, de 16 de Outubro, foram aditados os novos números 3 e 4.

[33] Revogado pelo artigo 4.º do Decreto-Lei n.º 398/91, de 16 de Outubro. Mantém-se a sua inserção, mas em itálico.

Artigo 9.º [34]

(Descanso compensatório)

1 – Nas empresas com mais de 10 trabalhadores, a prestação de trabalho suplementar em dia útil, em dia de descanso semanal complementar e em dia feriado confere aos trabalhadores o direito a um descanso compensatório remunerado, correspondente a 25% das horas de trabalho suplementar realizado.

2 – O descanso compensatório vence-se quando perfizer um número de horas igual ao período normal de trabalho diário e deve ser gozado nos 90 dias seguintes.

3 – Nos casos de prestação de trabalho em dia de descanso semanal obrigatório, o trabalhador terá direito a um dia de descanso compensatório remunerado, a gozar num dos 3 dias úteis seguintes.

4 – Na falta de acordo, o dia do descanso compensatório será fixado pela entidade empregadora.

5 – Nos casos de prestação de trabalho suplementar em dia de descanso semanal obrigatório motivado pela falta imprevista do trabalhador que deveria ocupar o posto de trabalho no turno seguinte, quando a sua duração não ultrapassar duas horas, o trabalhador terá direito a um descanso compensatório de duração igual ao período de trabalho prestado naquele dia, ficando o seu gozo sujeito ao regime do n.º 2.

6 – Quando o descanso compensatório for devido por trabalho suplementar não prestado em dias de descanso semanal, obrigatório ou complementar, pode o mesmo, por acordo entre o empregador e o trabalhador, ser substituído por prestação de trabalho remunerado com um acréscimo não inferior a 100%.

Artigo 10.º [35]

(Registo)

1 – As entidades empregadoras devem possuir um registo de trabalho suplementar onde, antes do início da prestação e logo após o seu termo, serão

---

[34] Redacção dada pelo artigo 2.º do Decreto-Lei n.º 398/91, de 16 de Fevereiro. A redacção original era a seguinte:

1 – ...

2 – O descanso compensatório vence-se quando perfizer um número de horas igual ao período normal de trabalho diário e deve ser gozado num dos 30 dias seguintes.

3 – ...

4 – ...

[35] Redacção dada pelo artigo 14.º da Lei n.º 118/99, de 11 de Agosto. A redacção anterior, dada pelo artigo 2.º do Decreto-Lei n.º 398/91, de 16 de Outubro, era a seguinte:

1 – ...

2 – ...

3 – ...

4 – É dispensado o visto do trabalhador referido no n.º 1 quando o registo do início e termo da prestação de trabalho seja feito por meios computorizados.

anotadas as horas de início e termo do trabalho suplementar, visado por cada trabalhador imediatamente a seguir à sua prestação.

2 – Do registo previsto no número anterior constará sempre indicação expressa do fundamento da prestação de trabalho suplementar, além de outros elementos fixados em despacho do Ministro do Trabalho e Segurança Social.

3 – No mesmo registo deverão ser anotados os períodos de descanso compensatório gozados pelo trabalhador.

4 – O registo referido nos números anteriores deve ser preenchido sem rasuras, ou com ressalva adequada das que forem feitas.

5 – É dispensado o visto do trabalhador referido no n.º 1 quando o registo do início e termo da prestação de trabalho seja feito por meios computorizados.

6 – Nos meses de Janeiro e Julho de cada ano a entidade empregadora deve enviar à Inspecção-Geral do Trabalho relação nominal dos trabalhadores que efectuaram trabalho suplementar durante o semestre anterior, com discriminação do número de horas prestadas ao abrigo dos n.os 1 e 2 do artigo 4.º, visada pela comissão de trabalhadores.

Artigo 11.º [36]

(Contra-ordenações)

1 – Constitui contra-ordenação muito grave a conduta do empregador que exerça coacção no sentido de forçar à prestação de trabalho suplementar o

---

5 – Nos meses de Janeiro e Julho de cada ano a entidade empregadora deve enviar à Inspecção--Geral do Trabalho relação nominal dos trabalhadores que efectuaram trabalho suplementar durante o semestre anterior, com discriminação do número de horas prestadas ao abrigo dos n.ºs 1 e 2 do artigo 4.º, visada pela comissão de trabalhadores.

A redacção original era a seguinte:

1 – As entidades empregadoras devem possuir um livro onde, com o visto de cada trabalhador, serão registadas as horas de trabalho suplementar, imediatamente após a sua prestação.

2 – ...

3 – ...

[36] Redacção dada pelo artigo 14.º da Lei n.º 118/99, de 11 de Agosto. A redacção original era a seguinte:

Artigo 11.º

(Sanções)

1 – O recurso a trabalho suplementar em contravenção ao disposto no n.º 1 do artigo 4.º sujeita a entidade empregadora a multa de 3000$ a 30 000$, por cada dia em que seja prestado e por trabalhador.

2 – A violação dos limites definidos no n.º 1 do artigo 5.º e do estabelecido no artigo 9.º sujeita a entidade empregadora a multa de 5000$ a 50 000$, por cada dia em que seja indevidamente prestado trabalho suplementar e por trabalhador e por cada dia de descanso compensatório não atribuído.

3 – O não cumprimento do disposto nos n.ºs 2 e 3 do artigo 6.º e no artigo 10.º sujeita a entidade empregadora a multa de 10 000$ a 100 000$.

4 – O produto das multas reverte para o Fundo de Desemprego.

trabalhador dispensado de o efectuar, nos termos do n.º 2 do artigo 3.º, bem como a violação do artigo 4.º, do n.º 1 do artigo 5.º, dos n.ºs 1 e 2 do artigo 7.º e dos artigos 9.º e 10.º.

2 – No caso de violação dos n.ºs 1 e 2 do artigo 7.º, a decisão que aplicar a coima deve conter a ordem de pagamento do quantitativo da remuneração em dívida a efectuar no prazo estabelecido para pagamento da coima.

3 – A violação do artigo 10.º confere ao trabalhador o direito à remuneração correspondente ao valor de duas horas de trabalho suplementar, aplicando-se o disposto no número anterior quanto à ordem de pagamento.

4 – Em caso do não pagamento da remuneração em dívida, a decisão referida no n.º 2 pode servir de base à execução efectuada nos termos do artigo 89.º do Decreto-Lei n.º 433/82, de 27 de Outubro, na redacção do Decreto-Lei n.º 244/95, de 14 de Setembro, aplicando-se as normas do processo comum de execução para pagamento de quantia certa.

Artigo 12.º

(Regimes especiais)

1 – A aplicação do disposto no presente diploma aos sectores de actividade em que vigoram os regimes especiais de prestação de trabalho previstos nos n.ºs 2 e 3 do artigo 1.º do Decreto-Lei n.º 409/71, de 27 de Setembro, bem como ao trabalho prestado para assegurar o funcionamento dos turnos de serviço das farmácias de venda ao público, fica dependente de portaria que estabelecerá as necessárias adaptações e cuja publicação deve ter lugar até 31 de Março de 1984.

2 – O prazo de vigência da portaria a que se refere o número anterior não pode ser superior a 1 ano.

Artigo 13.º

(Regiões autónomas)

Decreto legislativo regional aprovará as normas necessárias para que, na aplicação deste diploma, sejam salvaguardadas as especificidades das regiões autónomas, tendo em conta, nomeadamente, a transferência de competências do Governo da República para os governos regionais .

Artigo 14.º

(Legislação revogada)

São revogados o capítulo IV e os artigos 41.º e 42.º do Decreto-Lei n.º 409/71, de 27 de Setembro.

(Os preceitos revogados figuram em itálico no texto do Decreto-Lei n.º 409/71, de 27 de Setembro, abaixo publicado).

Artigo 15.º

(Entrada em vigor)

O presente diploma entra em vigor no dia 1 de Janeiro de 1984.

Visto e aprovado em Conselho de Ministros de 10 de Novembro de 1983. – *Mário Soares – Carlos Alberto da Mota Pinto – Amândio Anes de Azevedo.*

Promulgado em 22 de Novembro de 1983.

Publique-se.

O Presidente da República, ANTÓNIO RAMALHO EANES.

Referendado em 23 de Novembro de 1983.

O Primeiro-Ministro, *Mário Soares.*

3. Decreto-Lei n.º 65/87, de 6 de Fevereiro [37]

A disciplina legal a que se encontra sujeita a elaboração dos horários de trabalho, fixada no capítulo IX do Decreto-Lei n.º 409/71, de 27 de Setembro, e no despacho ministerial que o complementou, publicado no *Boletim do Instituto Nacional do Trabalho e Previdência*, n.º 1, 1972, ano XXXIX, p. 71, faz depender a validade dos mapas de horário de trabalho do preenchimento de certos requisitos quanto à sua composição e publicidade e, nalguns casos, da sua aprovação pelo INTP (hoje pela Inspecção-Geral do Trabalho).

De facto, o artigo 47.º do decreto-lei citado estabelece a necessidade de tal aprovação prévia sempre que a entrada e a saída dos trabalhadores não coincidam com o início e o termo do período de funcionamento do estabelecimento ou quando não seja comum a todos o intervalo de descanso.

Esta exigência revela-se hoje injustificada e desajustada em relação ao papel que o Estado deve assumir, estabelecendo o quadro legal que abstracta e genericamente delimite o poder de organização dos agentes económicos e fiscalizando o acatamento das regras e dos limites impostos.

Para que esse objectivo se atinja é desnecessária a aprovação dos mapas de horário de trabalho, sendo suficiente a remessa de uma cópia, para conhecimento, à Administração. Naturalmente que esta não fica impedida de, no exercício da sua função orientadora, fazer as observações e recomendações que a análise dos mapas eventualmente suscite, bem como de prestar as informações e o apoio técnico convenientes na elaboração dos mesmos.

Simplesmente, a correcção material e formal dos mapas passa a ser da exclusiva responsabilidade das entidades patronais que os elaboram. Será, por isso, sancionada a afixação dos mapas de horário elaborados em desconformidade com a lei ou com instrumentos de regulamentação colectiva de trabalho aplicáveis e não mais a falta da sua aprovação.

Assim:

O Governo decreta, nos termos da alínea *a*) do n.º 1 do artigo 201.º da Constituição, o seguinte:

---

[37] *Diário da República*, I Série, n.º 31, de 6-Fev.-1987, 488.

Artigo 1.º O n.º 1 do artigo 46.º e o artigo 47.º do Decreto-Lei n.º 409/71, de 27 de Setembro, passam a ter a seguinte redacção:

(As alterações são inseridas no texto do Decreto-Lei n.º 409/71, de 27 de Setembro, abaixo publicado).

Art. 2.º São revogadas todas as disposições legais que consagrem a necessidade da aprovação dos mapas de horário de trabalho ou sancionem a falta de cumprimento de tal exigência.

Art. 3.º O disposto no presente diploma aplica-se aos mapas de horário de trabalho elaborados anteriormente à sua entrada em vigor, desde que ainda não tenha sido comunicada a sua aprovação.

Art. 4.º O presente decreto-lei entra em vigor 30 dias após a data da sua publicação.

Visto e aprovado em Conselho de Ministros de 30 de Dezembro de 1986. – *Aníbal António Cavaco Silva* – *Luís Fernando Mira Amaral.*

Promulgado em 15 de Janeiro de 1987.

Publique-se

O Presidente da República, MÁRIO SOARES.

Referendado em 21 de Janeiro de 1987.

O Primeiro-Ministro, *Aníbal António Cavaco Silva.*

4. Decreto-Lei n.º 398/91, de 16 de Outubro [38]

A redução do tempo de trabalho e a adaptação da sua prestação às realidades económicas e sociais têm constituído objectivo de progresso generalizado a nível internacional. Este objectivo vem sendo desenvolvido num vasto conjunto de convenções e recomendações da Organização Internacional do Trabalho e, por sua vez, tem constituído também preocupação relevante ao nível das Comunidades.

A redução do tempo de trabalho não pode porém, ser dissociada da organização do tempo de trabalho, pois só nesta perspectiva se assume como um instrumento potenciador de valores inestimáveis de ordem económica e social, como a qualidade de vida dos trabalhadores e suas famílias, mas também da produtividade e competitividade das empresas, valores que, num e noutro caso, só se alcançam através de formas de organização do trabalho que qualifiquem a gestão empresarial e promovam a saúde e o bem-estar dos que trabalham.

No nosso país a questão reveste-se igualmente de actualidade e insere-se, obviamente, nas preocupações do Governo e parceiros sociais, pelo que no Acordo Económico e Social celebrado no âmbito do Conselho Permanente de Concertação Social, foram acolhidas matérias importantes em tal domínio.

Algumas dessas matérias encontram tradução no presente diploma. Outras, porém, constituem, fundamentalmente, compromissos a desenvolver por via de outros instrumentos, nomeadamente por negociação colectiva.

Em relação às medidas a implementar por via legislativa, encontra justificação a recente redução para 44 horas da duração máxima semanal do trabalho, a revogação do Decreto-Lei n.º 505/74, de 1 de Outubro, bem como as alterações que, por via do presente diploma, se introduzem ao Decreto-Lei n.º 409/71, de 27 de Setembro, e ao Decreto-Lei n.º 421/83, de 2 de Dezembro, diplomas que constituem, entre nós, os parâmetros normativos fundamentais da duração e organização do tempo de trabalho.

Assim, paralelamente à sobredita redução e afirmação do primado do princípio da negociação como instrumento mais adequado à adaptabilidade da duração e da prestação do trabalho aos interesses dos empregadores e traba-

---

[38] *Diário da República*, I Série-A, n.º 238, de 16-Out.-1991, 5373-5376.

lhadores, neste diploma se introduzem outras alterações complementares, igualmente abrangidas pelo referido Acordo, de que se destaca:

O estabelecimento de limites máximos diários e semanais dos períodos normais de trabalho nos casos em que a duração normal seja definida em termos médios, bem como os critérios de fixação do período de referência a considerar para o efeito;

O estabelecimento de limite máximo diário no caso de trabalho prestado por equipas de fim-de-semana;

O alargamento da possibilidade de isenção de horário de trabalho a trabalhadores que exerçam com regularidade a sua actividade fora do estabelecimento ou que assegurem trabalhos preparatórios, complementares ou outros que só possam ser executados fora do horário normal;

Maior facilidade na adopção de regimes de laboração contínua e de turnos rotativos significada nas alterações introduzidas pelo regime especial de gozo dos dias de descanso nos turnos de laboração contínua e de trabalhadores que assegurem serviços que não possam ser interrompidos; pela possibilidade de isenção da suspensão da laboração de um dia completo por semana em relação a estabelecimentos industriais quando ocorram circunstâncias excepcionais e mediante autorização administrativa;

A eliminação dos acréscimos de contribuições incidentes sobre as remunerações devidas pela prestação de trabalho suplementar;

A elevação do limite anual de horas para prestação de trabalho suplementar;

Maior adaptabilidade quanto ao gozo do descanso compensatório por trabalho suplementar prestado em dia útil e em dia feriado;

A simplificação dos procedimentos administrativos relativos ao registo e comunicações sobre o trabalho suplementar.

A importância económica e social das matérias acordadas excede o quadro das alterações implementadas por via legislativa, como o evidencia os seguintes objectivos assumidos para serem prosseguidos em sede de negociação colectiva:

Redução progressiva da duração de trabalho de forma articulada com a adaptabilidade dos horários de trabalho;

Evolução da redução visando atingir as 40 horas em 1995, salvo situações excepcionais fundamentadas em razões de natureza económico-social e admitidas pelo Conselho Permanente de Concertação Social para efeitos de derrogação temporária da adopção daquela duração de trabalho na data referida;

Evolução da redução segundo ritmo a estabelecer em convenção colectiva à razão, em princípio, de uma hora/ano, tendo-se em conta, para o efeito, o trabalho efectivo, com ressalva. das pausas justificadas por razões de saúde, higiene e segurança ou das fixadas em convenções colectivas por exigências de funcionamento;

Adopção de um dia de descanso semanal complementar, para além do dia de descanso semanal obrigatório, como forma de repercutir a redução do tempo, de trabalho;

Reconhecimento de que relativamente aos trabalhadores sujeitos a trabalhos penosos, perigosos, insalubres e trabalho nocturno, para além da prevenção específica dos riscos profissionais, as compensações concedidas ao nível das condições de trabalho atendam, nomeadamente, à diminuição da duração semanal do trabalho ou, quando mais adequado, a melhorias salariais ou outras vantagens, devendo-se ainda desenvolver condições adequadas ao nível dos equipamentos sociais e de transportes que atenuem a penosidade do trabalho nocturno;

Desenvolvimento de regimes de laboração contínua, de turnos rotativos e de intervenção de equipas de fim-de-semana sempre que se mostrem necessários para um melhor aproveitamento da capacidade produtiva das empresas.

Reconhece-se que só a evolução simultânea da redução com adaptação dos tempos de trabalho às exigências do funcionamento competitivo das empresas pode potenciar melhor qualidade de vida com segurança de emprego e, daí, a relevante importância económico-social dos objectivos que os parceiros sociais se comprometeram a desenvolver em sede de negociação colectiva.

O Governo não se alheará do desenvolvimento negocial de tais objectivos e procurará contribuir para a criação das condições necessárias à protagonização deste processo negocial pelos parceiros sociais.

O presente diploma reproduz as normas da autorização legislativa na parte relativa à duração e organização do tempo de trabalho e integra algumas normas complementares relacionadas com a sua aplicação, em relação às quais se exerce competência legislativa própria.

Tanto a autorização legislativa como o presente diploma materializam compromissos assumidos no Acordo Económico e Social, celebrado a 19 de Outubro de 1990 em sede do Conselho Permanente de Concertação Social, tendo as soluções numa e noutro vertidas sido também objecto de apreciação neste órgão.

Não obstante esta participação dos parceiros sociais, foi feita a sua apreciação pública através de publicação na separata n.º 30/V do *Diário da Assembleia da República*, de 23 de Abril de 1991, e na separata n.º 5 do *Boletim do Trabalho e Emprego*, de 29 de Abril de 1991, tendo-se pronunciado várias organizações de trabalhadores.

No que concerne ao presente diploma, a ponderação dos contributos recebidos não pôde deixar de respeitar rigorosamente a autorização legislativa, pelo que, na generalidade, não a observando, não puderam ser acolhidos. Para mais, eles reflectem posições exaustivamente discutidas no referido órgão, facto que legitima a opção tomada pelo regime que reúne o maior consenso possível, tendo em conta o quadro de execução do mencionado Acordo.

Foram ouvidos os órgãos de governo próprio das Regiões Autónomas dos Açores e da Madeira.

Assim:

No uso da autorização legislativa concedida pelo artigo 1.º da Lei n.º 42/ /91, de 27 de Julho, e nos termos da alínea *b*) do n.º 1 do artigo 201.º da Constituição, o Governo decreta o seguinte:

Artigo 1.º

Os artigos 5.º, 13.º, 27.º, 36.º, 37.º e 38.º do Decreto-Lei n.º 409/71, de 27 de Setembro, passam a ter a seguinte redacção:

(As alterações são inseridas no texto do Decreto-Lei n.º 409/71, de 27 de Setembro, abaixo publicado).

Artigo 2.º

Os artigos 5.º, 7.º, 9.º e 10.º do Decreto-Lei n.º 421/83, de 2 de Dezembro, passam a ter a seguinte redacção:

(As alterações são inseridas no texto do Decreto-Lei n.º 421/83, de 2 de Dezembro, acima publicado).

Artigo 3.º

Regiões Autónomas

Nas Regiões Autónomas dos Açores e da Madeira, a execução administrativa do presente diploma cabe aos serviços competentes das respectivas administrações regionais.

Artigo 4.º

São revogados os artigos 6.º e 8.º do Decreto-Lei n.º 421/83, de 2 de Dezembro.

(Os preceitos revogados figuram em itálico no texto do Decreto-Lei n.º 421/83, de 2 de Dezembro, acima publicado).

Artigo 5.º

O presente diploma entra em vigor no dia 1 do 2.º mês seguinte ao da sua publicação.

Visto e aprovado em Conselho de Ministros de 1 de Agosto de 1991. – *Aníbal António Cavaco Silva – Mário Fernando de Campos Pinto - Lino Dias Miguel - José Albino da Silva Peneda.*

Promulgado em 24 de Setembro de 1991.

Publique-se.

O Presidente da República, MÁRIO SOARES.

Referendado em 26 de Setembro de 1991.

O Primeiro-Ministro, *Aníbal António Cavaco Silva.*

5. Lei n.º 21/96, de 23 de Julho [39]

Estabelece a redução dos períodos normais de trabalho superiores a quarenta horas por semana

A Assembleia da República decreta, nos termos dos artigos 164.º, alínea *d*), e 169.º, n.º 3, da Constituição, o seguinte:

Artigo 1.º

Redução de períodos normais de trabalho

1 – Os períodos normais de trabalho superiores a quarenta horas por semana são reduzidos nos seguintes termos:

a) Na data da entrada em vigor da presente lei, são reduzidos de duas horas, até ao limite de quarenta horas;

b) Decorrido um ano sobre a data de aplicação do disposto na alínea anterior, o remanescente é reduzido para quarenta horas.

2 – O disposto no número anterior não é aplicável aos sectores de actividade ou empresas em que tenha sido expressamente convencionado um calendário de redução mais rápido.

3 – As reduções do período normal de trabalho semanal previstas na presente lei ou em convenção colectiva para o mesmo fim definem períodos de trabalho efectivo, com exclusão de todas as interrupções de actividade resultantes de acordos, de normas de instrumentos de regulamentação colectiva ou da lei e que impliquem a paragem do posto de trabalho ou a substituição do trabalhador.

4 – Sem prejuízo do disposto no número anterior, a manutenção ou eliminação das interrupções de actividade nele referidas será definida por acordo ou por convenção colectiva.

[39] *Diário da República*, I Série-A, n.º 169, de 23-Jul.-1996, 2046-2047.

Artigo 2.º
Adaptação do horário de trabalho

As reduções dos períodos normais de trabalho visando as quarenta horas por semana, nos termos do artigo anterior, serão acompanhadas de formas de adaptação do horário de trabalho em obediência aos princípios contidos no artigo seguinte.

Artigo 3.º
Princípios de adaptabilidade dos horários

1 – A duração normal do trabalho semanal é definida em termos médios com um período de referência de quatro meses.

2 – O período normal de trabalho em cada dia pode ser superior em duas horas ao limite máximo consagrado, não podendo ultrapassar dez horas.

3 – No caso do número anterior, e sem prejuízo do limite máximo semanal de cinquenta horas, para o qual só não conta o trabalho suplementar prestado por motivo de força maior, o período normal de trabalho numa semana não pode ultrapassar os seguintes limites:

a) Quarenta e oito e cinquenta horas, a partir, respectivamente, das datas referidas nas alíneas *a*) e *b*) do n.º 1 do artigo 1.º, quando o período normal de trabalho semanal inicial seja de quarenta e quatro horas;
b) Quarenta e seis e quarenta e oito horas, a partir, respectivamente, das datas referidas nas alíneas *a*) e *b*) do n.º 1 do artigo 1.º, quando o período normal de trabalho semanal inicial seja superior a quarenta e duas e inferior a quarenta e quatro horas;
c) Quarenta e cinco horas, a partir da data referida na alínea *a*) do n.º 1 do artigo 1.º, quando o período normal de trabalho semanal inicial seja superior a quarenta e até quarenta e duas horas.

4 – Nas semanas com duração inferior a quarenta horas, poderá ocorrer redução diária não superior a duas horas, ou, mediante acordo entre o trabalhador e o empregador, redução da semana de trabalho em dias ou meios dias, ou ainda, nos mesmos termos, aumento do período de férias, sempre sem prejuízo do direito ao subsídio de refeição, mas também, no último caso, sem aumento do subsídio de férias.

5 – O intervalo mínimo entre jornadas de trabalho normal é de doze horas.

Artigo 4.º
Negociação colectiva

1 – Para os sectores de actividade e empresas em que, após o Acordo Económico e Social de 1990, se processou uma redução do tempo de trabalho partindo de uma duração semanal superior a quarenta horas, as associações patronais ou entidades patronais e as associações sindicais deverão reabrir um processo negocial, de modo que, até à data fixada na alínea *a*) do n.º 1 do artigo 1.º, se apliquem as regras de adaptabilidade estabelecidas no artigo 3.º, com as devidas adaptações.

2 – Caso não se mostre possível a obtenção de acordo, nos termos e para os efeitos previstos no número anterior, são aplicáveis às empresas e sectores, considerando a redução total realizada, as regras previstas no artigo 3.º, desde que tomadas na sua globalidade.

Artigo 5.º
Alteração do Decreto-Lei n.º 409/71, de 27 de Setembro

Os artigos 10.º e 12.º do Decreto-Lei n.º 409/71, de 27 de Setembro, passam a ter a seguinte redacção:

(As alterações são inseridas no texo do Decreto-Lei n.º 409/71, de 27 de Setembro, abaixo publicado).

Artigo 6.º
Alteração do regime jurídico do contrato individual de trabalho

O artigo 22.º do regime jurídico do contrato individual de trabalho, aprovado pelo Decreto-Lei n.º 49 408, de 24 de Novembro de 1969, passa a ter a seguinte redacção:

(O regime jurídico do contrato individual de trabalho não é objecto da presente publicação).

Artigo 7.º
Regime

O regime previsto nos artigos anteriores, relativamente às empresas, sectores e matérias por ele abrangidos, é supletivo quanto às normas de convenções colectivas posteriores à sua entrada em vigor, que poderão regular as mesmas matérias em sentido mais favorável aos trabalhadores e às empresas.

Artigo 8.º

Âmbito

O presente diploma aplica-se às relações de trabalho abrangidas pelo Decreto-Lei n.º 409/71, de 27 de Setembro, bem como ao trabalho rural.

Artigo 9.º

Vigência

Com ressalva do n.º 1 do artigo 4.º, a presente lei entra em vigor no dia 1 de Dezembro de 1996.

Aprovada em 30 de Maio de 1996.

O Presidente da Assembleia da República, *António de Almeida Santos.*

Promulgada em 4 de Julho de 1996.

Publique-se.

O Presidente da República, JORGE SAMPAIO.

Referendada em 9 de Julho de 1996.

O Primeiro-Ministro, *António Manuel de Oliveira Guterres.*

6. Decreto-Lei n.º 96/99, de 23 de Março [40]

1 – A regulamentação actual considera nocturno o trabalho prestado no período que decorre entre as 20 horas de um dia e as 7 horas do dia seguinte. Esta regra tem origem nas normas internacionais do trabalho mais antigas centradas na protecção das mulheres e dos menores, com um regime de protecção consistente na proibição genérica do trabalho nocturno em estabelecimentos industriais por parte destas categorias de trabalhadores. Nesses instrumentos internacionais, o trabalho nocturno foi definido como o prestado em períodos de onze horas consecutivas, a concretizar em certos termos pela legislação nacional.

Os instrumentos internacionais do trabalho mais recentes eliminam as discriminações e estabelecem determinadas protecções relativamente aos trabalhadores que efectuam trabalho nocturno, aplicáveis por igual a homens e a mulheres.

O alargamento da protecção aos trabalhadores masculinos foi acompanhado da redução do conceito de trabalho nocturno, que passou a abranger o prestado em períodos de sete horas consecutivas que incluam o intervalo entre as 0 e as 5 horas. Esta definição do trabalho nocturno é adoptada pela Convenção n.º 171 da Organização Internacional do Trabalho, sobre o trabalho nocturno, ratificada por Portugal, bem como pela Directiva n.º 93/104/CE, do Conselho, de 23 de Novembro, relativa a determinados aspectos da organização do tempo de trabalho.

2 – Em conformidade com a actual regulamentação internacional, o acordo de concertação estratégica celebrado em 1996 entre o Governo e os parceiros sociais previu a redução do período de trabalho nocturno, a concretizar através de contratação colectiva por ser o instrumento mais adequado para adaptar o regime legal às especificidades dos sectores de actividade e das empresas e instituir eventuais regras transitórias.

O presente diploma revê a definição do trabalho nocturno em conformidade com os referidos instrumentos internacionais, a concretizar pelas convenções colectivas segundo a orientação do acordo entre o Governo e os parceiros sociais.

---

[40] *Diário da República*, I Série-A, n.º 69, de 23-Mar.-1999, 1621-1622.

Confia-se que os parceiros sociais empenhados na modernização da organização do trabalho e na dinamização da contratação colectiva regulem a duração do período de trabalho nocturno dentro dos parâmetros estabelecidos, tendo em conta os interesses dos trabalhadores e das empresas, devendo a administração do trabalho efectuar a avaliação do realizado nesta matéria, através da contratação colectiva, no final do 2.º ano de vigência do presente diploma.

O presente não prejudica a aplicação das normas previstas em outros normativos quanto ao trabalho de menores.

3 – O projecto correspondente ao presente diploma foi apreciado pelos parceiros sociais no âmbito da Comissão Permanente de Concertação Social. Foi também submetido a apreciação pública mediante publicação na separata n.º 5 do *Boletim do Trabalho e Emprego*, de 9 de Novembro de 1998, tendo sido ponderados os comentários que suscitou.

Assim:

Nos termos da alínea *a*) do n.º 1 do artigo 198.º da Constituição, o Governo decreta, para valer como lei geral da República, o seguinte:

Artigo único

O artigo 29.º do Decreto-Lei n.º 409/71, de 27 de Setembro, passa a ter a seguinte redacção:

(A alteração é inserida no texto do Decreto-Lei n.º 409/71, de 27 de Setembro, abaixo publicado).

Visto e aprovado em Conselho de Ministros de 4 de Fevereiro de 1999. – *António Manuel de Oliveira Guterres – Eduardo Luís Barreto Ferro Rodrigues.*

Promulgado em 3 de Março de 1999.

Publique-se.

O Presidente da República, JORGE SAMPAIO.

Referendado em 10 de Março de 1999.

O Primeiro-Ministro, *António Manuel de Oliveira Guterres.*

7. Lei n.º 58/99, de 30 de Junho [41]

Altera o regime do trabalho subordinado e de regulamentação do emprego de menores

A Assembleia da República decreta, nos termos da alínea *c*) do artigo 161.º da Constituição, para valer como lei geral da República, o seguinte:

Artigo 1.º

Descanso semanal dos menores

1 – Os menores têm direito a dois dias de descanso, se possível consecutivos, em cada período de sete dias, salvo se, relativamente a menores com pelo menos 16 anos de idade, razões técnicas ou de organização do trabalho a definir por convenção colectiva justificarem que o descanso semanal tenha a duração de trinta e seis horas consecutivas.

2 – O descanso semanal pode ser de um dia relativamente a menores com pelo menos 16 anos de idade que prestem trabalho ocasional por prazo não superior a um mês ou trabalho cuja duração normal não seja superior a vinte horas por semana:

a) Em serviço doméstico realizado num agregado familiar;
b) Numa empresa familiar e desde que não seja nocivo, prejudicial ou perigoso para o menor .

3 – Por convenção colectiva, pode ser de um dia o descanso semanal de menores com pelo menos 16 anos de idade que trabalhem em embarcações da marinha do comércio, hospitais e estabelecimentos de saúde, na agricultura, turismo, hotelaria, restauração e em actividades caracterizadas por períodos de trabalho fraccionados ao longo do dia, desde que a redução se justifique por razões objectivas e os menores tenham descanso compensatório adequado.

[41] *Diário da República*, I Série-A, n.º 150, de 30-Jun.-1999, 3998-4001.

Artigo 2.º

Alteração do regime jurídico do contrato individual de trabalho

Os artigos 121.º, 122.º e 124.º do regime jurídico do contrato individual de trabalho anexo ao Decreto-Lei n.º 49 408, de 24 de Novembro de 1969, com a redacção que lhes foi dada pelo Decreto-Lei n.º 396/91, de 16 de Outubro, passam a ter a seguinte redacção:

(O regime jurídico do contrato individual de trabalho não é objecto da presente publicação).

Artigo 3.º

Alteração do Decreto-Lei n.º 409/71, de 27 de Setembro

Ao Decreto-Lei n.º 409/71, de 27 de Setembro, alterado pela Lei n.º 21/ /96, de 23 de Julho, e pelos Decretos-Leis n.ºs 421/83, de 2 de Dezembro, 65/ /87, de 6 de Fevereiro, 398/91, de 16 de Outubro, e 96/99, de 23 de Março, são aditados os artigos 9.º-A e 10.º-A e alterados os artigos 33.º e 34.º, com a seguinte redacção:

(Os preceitos aditados e as alterações introduzidas são inseridos no texto do Decreto-Lei n.º 409/71, de 27 de Setembro, abaixo publicado).

Artigo 4.º

Alteração do Decreto-Lei n.º 396/91, de 16 de Outubro

O artigo 3.º do Decreto-Lei n.º 396/91, de 16 de Outubro, passa a ter a seguinte redacção:

(Não é objecto da presente publicação).

Artigo 5.º

Protecção dos menores no trabalho autónomo

1 – O menor só pode efectuar trabalho autónomo pelo qual aufira qualquer retribuição ou preço se tiver pelo menos 16 anos de idade.

2 – Os menores com idade inferior a 16 anos de idade que tenham concluído a escolaridade obrigatória podem efectuar trabalho autónomo pelo qual aufiram qualquer retribuição ou preço, desde que consista em trabalhos leves.

3 – A execução do trabalho autónomo nas condições referidas no número anterior carece de autorização escrita dos representantes legais do menor.

4 – Para efeitos do n.º 2, consideram-se trabalhos leves os como tais definidos no âmbito do regime jurídico do contrato individual de trabalho.

5 – É aplicável ao trabalho autónomo de menores a legislação relativa aos trabalhos proibidos ou condicionados aos menores no âmbito do regime jurídico do contrato individual de trabalho.

Artigo 6.º

Âmbito da regulamentação do trabalho de menores

Os preceitos relativos a trabalho de menores, independentemente do diploma legal em que se insiram, aplicam-se a todas as situações de trabalho prestado por menores emergentes de contrato de trabalho.

Artigo 7.º

Disposição transitória

As Portarias n.os 714/93 e 715/93, de 3 de Agosto, serão revistas no prazo de 90 dias a contar da publicação da presente lei, mantendo-se entretanto em vigor nas matérias não reguladas pelo presente diploma.

Aprovada em 13 de Maio de 1999.

O Presidente da Assembleia da República, *António de Almeida Santos.*

Promulgada em 11 de Junho de 1999. Publique-se.

O Presidente da República, JORGE SAMPAIO.

Referendada em 16 de Junho de 1999.

O Primeiro- Ministro, *António Manuel de Oliveira Guterres.*

8. Lei n.º 61/99, de 30 de Junho [42]

Regulamenta a dispensa de horários de trabalho com adaptabilidade dos trabalhadores menores, dos portadores de deficiência e das trabalhadoras grávidas, puérperas ou lactantes, que simplifica alguns procedimentos na organização do tempo de trabalho, designadamente os que envolvem actos de relacionamento entre os empregadores e a Inspecção-Geral do Trabalho.

A Assembleia da República decreta, nos termos da alínea *c*) do artigo 161.º da Constituição, para valer como lei geral da República, o seguinte:

Artigo 1.º

Os artigos 10.º, 12.º, 13.º e 46.º do Decreto-Lei n.º 409/71, de 27 de Setembro, alterado pela Lei n.º 21/96, de 23 de Julho, e pelos Decretos-Leis n.ºs 421/83, de 2 de Dezembro, 65/87, de 6 de Fevereiro, 398/91, de 16 de Outubro, e 96/99, de 23 de Março, passam a ter a seguinte redacção:

(As alterações são inseridas no texto do Decreto-Lei n.º 409/71, de 27 de Setembro, abaixo publicado).

Artigo 2.º

É aditado ao Decreto-Lei n.º 409/71, de 27 de Setembro, o artigo 6.º-A com a seguinte redacção:

(O preceito aditado é inserido no texto do Decreto-Lei n.º 409/71, de 27 de Setembro, abaixo publicado).

Aprovada em 13 de Maio de 1999.

O Presidente da Assembleia da República, *António de Almeida Santos.*

Promulgada em 11 de Junho de 1999.

Publique-se.

O Presidente da República, JORGE SAMPAIO.

Referendada em 16 de Junho de 1999.

O Primeiro-Ministro, *António Manuel de Oliveira Guterres.*

---

[42] *Diário da República*, I Série-A, n.º 150, de 30-Jun.-1999, 4003-4005.

9. Lei n.º 118/99, de 11 de Agosto [43]

Desenvolve e concretiza o regime geral das contra-ordenações laborais, através da tipificação e classificação das contra-ordenações correspondentes à violação dos diplomas reguladores do regime geral dos contratos de trabalho.

A Assembleia da República decreta, nos termos da alínea *c*) do artigo 161.º da Constituição, para valer como lei geral da República, o seguinte:

(...)

Artigo 11.º

1 – São revogados os artigos 49.º a 52.º do Decreto-Lei n.º 409/71, de 27 de Setembro, na redacção dada pelos Decretos-Leis n.ºs 421/83, de 2 de Dezembro, 65/87, de 6 de Fevereiro, e 398/91, de 16 de Outubro, e pela Lei n.º 21/96, de 23 de Julho, sobre a duração do trabalho e a organização do tempo de trabalho.

(Os preceitos revogados figuram em itálico no texto do Decreto-Lei n.º 409/71, de 27 de Setembro, abaixo publicado).

2 – No diploma referido no número anterior, a epígrafe do capítulo X é alterada para «Sanções» e o artigo 48.º passa a ter a seguinte redacção:

(A epígrafe e o preceito referidos foram alterados no texto do Decreto--Lei n.º 409/71, de 27 de Setembro, abaixo publicado).

Artigo 12.º

Constitui contra-ordenação grave a violação dos n.ºs 1, 3 e 4 do artigo 1.º, do artigo 3.º e do n.º 2 do artigo 4.º da Lei n.º 21/96, de 23 de Julho, sobre a redução dos períodos normais de trabalho superiores a quarenta horas por semana.

(...)

---

[43] *Diário da República*, I Série-A, n.º 186, de 11-Ago.-1999, 5224-5231.

Artigo 14.º

Os artigos 10.º e 11.º do Decreto-Lei n.º 421/83, de 2 de Dezembro, na redacção dada pelo Decreto-Lei n.º 398/91, de 16 de Outubro, relativo ao regime do trabalho suplementar, passam a ter a seguinte redacção:

(As alterações são inseridas no texto do Decreto-Lei n.º 421/83, de 2 de Dezembro, acima publicado).

(...)

Artigo 34.º

Entrada em vigor

A presente lei entra em vigor no 1.º dia do 4.º mês posterior à sua publicação.

Aprovada em 17 de Junho de 1999.

O Presidente da Assembleia da República, *António de Almeida Santos.*

Promulgada em 28 de Julho de 1999.

Publique-se.

O Presidente da República, JORGE SAMPAIO.

Referendada em 28 de Julho de 1999.

O Primeiro-Ministro, *António Manuel de Oliveira Guterres.*

10. Texto actualizado do Decreto-Lei n.º 409/71, de 27 de Setembro

CAPÍTULO I

Âmbito de aplicação do diploma

Artigo 1.º

(Duração do trabalho para efeito do contrato de trabalho)

1 – A duração do trabalho prestado por efeito do contrato de trabalho está sujeita ao regime estabelecido no presente diploma.

2 – O regime definido no presente diploma é aplicável ao traballho prestado às empresas concessionárias de serviço público e às empresas públicas, com as adaptações que nele vierem a ser introduzidas por decretos regulamentares, referendados pelo *Ministro das Corporações e Previdência Social* e pelos Ministros competentes, mas não abrange as empresas públicas cujo pessoal, nos termos do respectivo estatuto legal, estiver sujeito a regime jurídico próprio.

3 – A aplicação aos contratos de traballho portuário do regime jurídico contido no presente diploma deverá sofrer a adaptação exigida pelas características desses contratos que estiver fixada em instrumento de regulamentação colectiva de trabalho.

Artigo 2.º

(Trabalho rural)

O regime de duração do trabalho estabelecido no presente diploma poderá ser tornado extensivo, por decreto regulamentar, no todo ou em parte, e com as adaptações exigidas pela sua natureza, ao trabalho rural.

Artigo 3.º

(Regimes especiais)

1 – O regime de duração do trabalho a bordo será definido por legislação especial.

2 – O regime de duração do trabalho prestado por efeito de contratos de trabalho celebrados entre instituições de previdência ou organismos corporativos e os respectivos empregados será o que constar de estatuto especial aprovado pelo *Ministro das Corporações e Previdência Social.*

Artigo 4.º

(Serviço doméstico)

O regime jurídico contido no presente diploma não é aplicável ao trabalho prestado por efeito de contrato de serviço doméstico.

CAPÍTULO II

Período normal de trabalho

Artigo 5.º [44]

(Limites máximos dos períodos normais de trabalho)

1 – O período normal de trabalho não pode ser superior a oito horas por dia e a quarenta e quatro horas por semana.

2 – O período normal de trabalho dos empregados de escritório não pode ser superior a sete horas por dia e a quarenta e duas horas por semana.

3 – Haverá tolerância de quinze minutos para as transacções, operações e serviços começados e não acabados na hora estabelecida para o turno do período normal de trabalho, não sendo, porém, de admitir que tal tolerância se transforme em sistema.

4 – O período normal de trabalho diário poderá, porém, ser superior aos limites fixados nos n.os 1 e 2 quando seja concedido ao trabalhador meio dia ou um dia de descanso por semana, além do dia de descanso semanal prescrito pela lei.

---

[44] Redacção dada pelo artigo 1.º do Decreto-Lei n.º 398/91, de 16 de Outubro. A redacção original era a seguinte:

1 – O período normal de trabalho não pode ser superior a oito horas por dia e a quarenta e oito horas por semana.

2 – ...

3 – ...

4 – ...

5 – ...

6 – ...

Cf., ainda, o artigo 1.º da Lei n.º 21/96, de 23 de Julho.

5 – Nos casos referidos no número anterior, o acréscimo do período normal de trabalho diário não poderá ser superior a uma hora.

6 – O limite fixado no número anterior poderá ser elevado para duas horas sempre que tenha sido conferida a possibilidade de prolongar o período de funcionamento, nos termos do n.º 2 do artigo 40.º.

7 – Por convenção colectiva a duração normal de trabalho pode ser definida em termos médios, caso em que o período normal de trabalho diário pode ser aumentado até ao limite de duas horas, sem que a duração de trabalho semanal exceda as cinquenta horas, só não contando para este limite o trabalho suplementar prestado por motivo de força maior.

8 – No caso previsto no número anterior a duração média do período normal de trabalho semanal deve ser apurada por referência ao período fixado na convenção colectiva ou, na falta de disposição expressa desta, por referência a períodos de três meses.

9 – Por convenção colectiva o período normal de trabalho diário de trabalhadores que prestem trabalho, exclusivamente, nos dias de descanso semanal dos restantes trabalhadores da empresa ou estabelecimento pode ser aumentado até ao limíte de duas horas.

Artigo 6.º

(**Excepções aos limites máximos dos períodos normais de trabalho**)

1 – Os limites dos períodos normais de trabalho fixados no artigo anterior só podem ser ultrapassados nos casos expressamente previstos por disposição legal, salvo o disposto no número seguinte.

2 – O acréscimo dos limites referidos no número anterior poderá ser determinado em decreto regulamentar ou instrumento de regulamentação colectiva de trabalho:

a) Em relação ao pessoal que preste serviço em actividades sem fins lucrativos ou estreitamente ligadas ao interesse público, desde que se mostre absolutamente incomportável a sujeição do seu período de trabalho a esses limites.

b) Em relação às pessoas cujo trabalho seja acentuadamente intermitente ou de simples presença.

3 – Sempre que as actividades referidas na alínea *a*) do número anterior tenham carácter industrial, o período normal de trabalho será fixado de modo a não ultrapassar a média de quarenta e oito horas por semana ao fim do número de semanas estabelecido no respectivo decreto regulamentar ou instrumento de regulamentação colectiva de trabalho.

Artigo 6.º-A [45]

(Dispensa de horários de trabalho com adaptabilidade)

1 – Os trabalhadores menores, os portadores de deficiência e as trabalhadoras grávidas ou puérperas têm direito a dispensa de horários de trabalho organizados de acordo com os princípios de adaptabilidade em que haja variação periódica da duração do trabalho diário ou semanal, com base em lei ou convenção colectiva, mediante certificação médica de que a sua prática pode prejudicar a sua saúde ou a segurança no trabalho.

2 – Relativamente a trabalhador portador de deficiência, a certificação médica referida no número anterior terá em consideração o tipo e o grau de deficiência, as características do posto de trabalho, bem como as condições pessoais da vida do trabalhador que justifiquem a dispensa de horários de trabalho com adaptabilidade, nomeadamente no que respeita ao seu acompanhamento e transporte de e para o local de trabalho.

3 – A trabalhadora lactante tem direito a dispensa de horário de trabalho, organizado de acordo com os princípios de adaptabilidade, durante todo o tempo que durar a amamentação, mediante certificação médica de que a sua prática pode afectar a amamentação.

4 – No caso de não haver lugar a amamentação, a mãe ou o pai trabalhador têm direito, por decisão conjunta, mediante certificação médica de que a prática de horário organizado de acordo com os princípios de adaptabilidade afecta as exigências de regularidade da aleitação, à dispensa referida no número anterior para aleitação até o filho perfazer 1 ano.

5 – Sem prejuízo da concessão das dispensas previstas nos números anteriores, imediatamente após a apresentação da certificação médica, a entidade patronal se, ainda assim, tiver fundadas dúvidas sobre se a prática do horário de trabalho afecta a amamentação ou as exigências de regularidade da aleitação, pode solicitar a confirmação da incompatibilidade aos serviços competentes da segurança social.

6 – O disposto nos números anteriores não prejudica outras condições específicas da prestação de trabalho aplicáveis aos mesmos trabalhadores.

Artigo 7.º

(Redução dos limites máximos dos períodos normais de trabalho)

1 – Sempre que o aumento da produtividade das actividades o consinta e não haja inconvenientes de ordem económica ou social, devem ser reduzidos

[45] Aditado pelo artigo 2.º da Lei n.º 61/99, de 30 de Junho.

os limites máximos dos períodos normais de trabalho estabelecidos no presente diploma.

2 – Na redução dos limites máximos dos períodos normais de trabalho prevista no número anterior, deve dar-se prioridade às actividades e às profissões que impliquem maior fadiga física ou intelectual ou que comportem riscos para a saúde dos trabalhadores.

Artigo 8.º

(Fontes da redução dos limites máximos dos períodos normais de trabalho)

1 – A redução dos limites máximos dos períodos normais de trabalho pode ser estabelecida por decreto regulamentar ou instrumento de regulamentação colectiva de trabalho.

2 – Da redução dos limites máximos dos períodos normais de trabalho não pode resultar prejuízo para a situação económica dos trabalhadores, nem qualquer alteração das condições de trabalho que lhes seja desfavorável.

Artigo 9.º

(Limites máximos dos períodos normais de trabalho de menores)

Os instrumentos de regulamentação colectiva de trabalho deverão reduzir, sempre que possível, os limites máximos dos períodos normais de trabalho dos menores de 18 anos.

Artigo 9.º-A [46]

(Condições específicas do trabalho dos menores)

1 – O disposto nos n.ºs 4 e 7 do artigo 5.º ou noutras disposições legais sobre adaptabilidade dos horários de trabalho não pode implicar que o período normal de trabalho dos menores seja superior a oito horas em cada dia e quarenta horas em cada semana ou, no caso de trabalhos leves efectuados por menores com menos de 16 anos de idade, a sete horas em cada dia e trinta e cinco horas em cada semana.

2 – Se o menor trabalhar para várias entidades patronais, os descansos semanais devem ser coincidentes e a soma dos períodos de trabalho não deve exceder os limites referidos no número anterior.

---

[46] Aditado pelo artigo 3.º da Lei n.º 58/99, de 30 de Junho.

3 – Para efeitos do disposto no número anterior, o menor ou, se tiver menos de 16 anos de idade, os seus representantes legais devem informar por escrito:

a) Antes da admissão, a entidade patronal da existência de outro emprego e da duração do trabalho e descansos semanais correspondentes;
b) Cada uma das entidades patronais, da duração do trabalho e descansos semanais praticados ao serviço das outras.

4 – A entidade patronal que, sendo previamente informada nos termos do número anterior, celebre contrato de trabalho com o menor ou que altere a duração do trabalho ou os descansos semanais é responsável pelo cumprimento do disposto no n.º 2.

Artigo 10.º [47]

(Intervalos de descanso)

1 – O período de trabalho diário deverá ser interrompido por um intervalo, de duração não inferior a uma hora, nem superior a duas, de modo que os trabalhadores não prestem mais de cinco horas de trabalho consecutivo.

2 – Por convenção colectiva pode ser estabelecida a prestação de trabalho até seis horas consecutivas e o intervalo diário de descanso ser reduzido até trinta minutos ou ter uma duração superior à prevista no número anterior, bem como ser determinada a frequência e a duração de quaisquer outros intervalos de descanso do período de trabalho diário.

3 – O Instituto de Desenvolvimento e Inspecção das Condições de Trabalho poderá, mediante requerimento das entidades patronais, instruído com declaração escrita de concordância dos trabalhadores abrangidos e informação à comissão

---

[47] Redacção dada pelo artigo 1.º da Lei n.º 61/99, de 30 de Junho. A redacção anterior, dada pelo artigo 5.º da Lei n.º 21/96, de 23 de Julho, era a seguinte:

1 – ...

2 – ...

3 – O Instituto Nacional do Trabalho e Previdência (I.N.T.P.) poderá, mediante requerimento das entidades patronais, autorizar a redução ou dispensa dos intervalos de descanso, quando tal se mostre favorável aos interesses dos trabalhadores ou se justifique pelas condições particulares de trabalho de certas actividades.

4 – ...

A redacção original era a seguinte:

1 – ...

2 – Os instrumentos de regulamentação colectiva poderão estabelecer uma duração superior para o intervalo referido no número anterior, bem assim como impor a frequência e a duração de quaisquer outros intervalos de descanso do período de trabalho diário.

3 – ...

4 – ...

de trabalhadores da empresa e aos sindicatos representativos, autorizar a redução ou dispensa dos intervalos de descanso, quando tal se mostre favorável aos interesses dos trahalhadores ou se justifique pelas condições particulares de trabalho de certas actividades.

4 – A autorização prevista no número anterior também poderá ser concedida apenas em relação a determinadas épocas do ano.

5 – O pedido de redução ou dispensa de intervalo de descanso considera-se tacitamente deferido se a Inspecção-Geral do Trabalho não proferir decisão final, dentro do prazo de 15 dias a contar da apresentação do requerimento.

6 – O prazo referido no número anterior suspende-se se a Inspecção-Geral do Trabalho solicitar a prestação de informações ou a representação de documentos e recomeça logo que as informações ou os documentos forem entregues.

7 – O período do prazo posteriormente à entrega das informações ou dos documentos não pode ser inferior a cinco dias.

Artigo 10.º-A [48]

(Intervalos de descanso e descanso diário no trabalho de menores)

1 – O período de trabalho diário dos menores deve ser interrompido por um intervalo de duração entre uma e duas horas, por forma que não prestem mais de quatro horas de trabalho consecutivo, se tiverem idade inferior a 16 anos, ou quatro horas e trinta minutos, se tiverem pelo menos 16 anos de idade.

2 – Por convenção colectiva, pode ser estabelecida uma duração do intervalo de descanso superior a duas horas, bem como a frequência e a duração de outros intervalos de descanso no período de trabalho diário ou, no caso de menores com pelo menos 16 anos de idade, pode o intervalo ser reduzido até trinta minutos.

3 – Os horários de trabalho de menores com idade inferior a 16 anos ou igual ou superior a 16 anos devem assegurar um descanso diário mínimo de catorze horas consecutivas ou de doze horas consecutivas, respectivamente, entre os períodos de trabalho de dois dias sucessivos.

4 – Em relação a menores com pelo menos 16 anos de idade, o descanso diário previsto no n.º 3 pode ser reduzido se for justificado por razões objectivas, desde que não afecte a sua segurança e saúde e a redução seja compensada nos três dias seguintes:

a) Por convenção colectiva ou mediante autorização da Inspecção-Geral do Trabalho, para efectuar trabalhos nos sectores do turismo, hotelaria, restauração, em hospitais e outros estabelecimentos de saúde e em

---

[48] Aditado pelo artigo 3.º da Lei n.º 58/99, de 30 de Junho.

actividades caracterizadas por períodos de trabalho fraccionados ao longo do dia;

b) Na medida do necessário para assegurar os intervalos de descanso do período normal de trabalho diário cuja frequência ou duração seja determinada por convenção colectiva.

5 – O disposto no n.º 3 não se aplica a menores com pelo menos 16 anos de idade que prestem trabalho ocasional por prazo não superior a um mês ou trabalho cuja duração normal não seja superior a vinte horas por semana:

a) Em serviço doméstico realizado num agregado familiar;

b) Numa empresa familiar e desde que não seja nocivo, prejudicial ou perigoso para o menor.

CAPÍTULO III

Horário de trabalho

Artigo 11.º

(Fixação do horário de trabalho)

1 – Compete às entidades patronais estabelecer o horário de trabalho do pessoal ao seu serviço, dentro dos condicionalismos legais.

2 – Entende-se por «horário de trabalho» a determinação das horas do início e do termo do período normal de trabalho diário, bem assim como dos intervalos de descanso.

3 – Os órgãos de colaboração constituídos nas empresas para apreciar os problemas directamente relacionados com os interesses dos trabalhadores deverão pronunciar-se sobre tudo o que se refira ao estabelecimento e organização dos horários de trabalho.

Artigo 12.º [49]

(Critérios especiais de organização dos horários de trabalho)

1 – Na organização dos horários de trabalho, as entidades patronais deverão facilitar aos trabalhadores a frequência de cursos escolares, em especial os de formação técnica ou profissional.

---

[49] Pelo artigo 5.º da Lei n.º 21/96, de 23 de Julho foram aditados os novos números 3 e 4. Posteriormente, pelo artigo 1.º da Lei n.º 61/99, de 30 de Junho, foi dada nova redacção à alínea *c*) do n.º 3, sendo o seguinte o seu texto inicial:

c) Todas as alterações da organização dos tempos de trabalho implicam informação e consulta prévia aos representantes legais dos trabalhadores e devem ser programadas com pelo menos duas semanas de antecedência, comunicadas à Inspecção-Geral do Trabalho e afixadas na empresa, nos termos previstos na lei, para os mapas de horário de trabalho;

2 – As entidades patronais deverão adoptar para os trabalhadores com capacidade de trabalho reduzida os horários de trabalho que se mostrarem mais adequados às limitações que a redução da capacidade implique.

3 – A organização dos horários de trabalho deve ainda ser efectuada nos seguintes termos:

a) São prioritárias as exigências de protecção da segurança e da saúde dos trabalhadores;
b) Não podem ser unilateralmente alterados os horários acordados individualmente;
c) Todas as alterações da organização dos tempos de trabalho implicam informação e consulta prévia aos representantes legais dos trabalhadores e devem ser afixadas na empresa com, pelo menos, uma semana de antecedência ou duas semanas, tratando-se de horários com adaptabilidade, e comunicadas à Inspecção-Geral do Trabalho, nos termos previstos na lei para os mapas de horário de trabalho;
d) As alterações que impliquem acréscimo de despesas para os trabalhadores conferem o direito a compensação económica;
e) Havendo trabalhadores pertencentes ao mesmo agregado familiar, a organização do tempo de trabalho tomará sempre em conta esse facto.

4 – Na organização dos horários de trabalho deverá, sempre que possível, visar-se a generalização de um dia de descanso complementar, que, nos casos em que seja criado, poderá ser repartido, em termos a definir por negociação colectiva.

Artigo 13.º [50]

(Isenção de horário de trabalho)

1 – Podem ser isentos de horário de trabalho, mediante requerimento das entidades empregadoras, os trabalhadores que se encontrem nas seguintes situações:

a) Exercício de cargos de direcção, de confiança ou de fiscalização;
b) Execução de trabalhos preparatórios ou complementares que pela sua natureza só possam ser efectuados fora dos limites dos horários normais de trabalho;

---

[50] Redacção dada pelo artigo 1.º do Decreto-Lei n.º 398/91, de 16 de Outubro. A redacção original era a seguinte:

1 – Poderão ser isentos de horário de trabalho, mediante requerimento das entidades patronais, os trabalhadores que exerçam cargos de direcção, de confiança ou de fiscalização.

2 – ...

Pelo artigo 1.º da Lei n.º 61/99, de 30 de Junho, foi aditado o novo n.º 3.

c) Exercício regular da actividade fora do estabelecimento, sem controlo imediato da hierarquia.

2 – Os requerimentos de isenção de horário de trabalho, dirigidos ao I.N.T.P., serão acompanhados da declaração de concordância dos trabalhadores, bem como dos documentos que sejam necessários para comprovar os factos alegados.

3 – Aos requerimentos referidos no número anterior é aplicável o disposto nos n.os 5 a 7 do artigo 10.º.

Artigo 14.º

(Condições da isenção de horário de trabalho)

1 – Os instrumentos de regulamentação colectiva de trabalho fixarão as retribuições mínimas a que, no caso de serem isentos, terão direito os trabalhadores por eles abrangidos.

2 – Na falta de disposições incluídas nos instrumentos de regulamentação colectiva de trabalho, os trabalhadores isentos de horário de trabalho têm direito a uma retribuição especial, que não será inferior à remuneração correspondente a uma hora de trabalho extraordinário por dia.

3 – Podem renunciar à retribuição referida no número anterior os trabalhadores que exerçam funções de direcção na empresa.

Artigo 15.º

(Efeitos da isenção de horário de trabalho)

Os trabalhadores isentos de horário de trabalho não estão sujeitos aos limites máximos dos períodos normais de trabalho, mas a isenção não prejudica o direito aos dias de descanso semanal, aos feriados obrigatórios e aos dias e meios dias de descanso concedidos pelos instrumentos de regulamentação colectiva por despacho do *Ministro das Corporações e Previdência Social* ou pelos contratos individuais de trabalho.

CAPÍTULO IV [51]

Trabalho extraordinário

Artigo 16.º

(Noção de trabalho extraordinário)

1 – Considera-se trabalho extraordinário o prestado fora do período normal.

[51] O Capítulo IV foi revogado pelo artigo 14.º do Decreto-Lei n.º 421/83, de 2 de Dezembro. Mantém-se a sua inserção, mas em itálico.

2 – O trabalho extraordinário só poderá ser prestado:

a) Quando as entidades patronais tenham de fazer face a acréscimos de trabalho;

b) Quando as entidades patronais estejam na iminência de prejuízos importantes ou se verifiquem casos de força maior .

Artigo 17.º

(Trabalho não compreendido na noção de trabalho extraordinário)

1 – Não se considera trabalho extraordinário:

a) O trabalho prestado pelos trabalhadores isentos de horário de trabalho;

b) O trabalho prestado para compensar suspensões de actividade de duração não superior a quarenta e oito horas seguidas ou intervaladas por um domingo ou um feriado, quando essas suspensões tenham sido solicitadas às entidades patronais pelos trabalhadores.

2 – Nos casos previstos na alínea b) do número anterior, as entidades patronais só poderão compensar as suspensões de actividade depois de terem comunicado ao I.N.T.P. as condições em que pretendem proceder a essa compensação.

Artigo 18.º

(Dispensa da prestação de trabalho extraordinário)

O trabalhador deve ser dispensado de prestar trabalho extraordinário quando, havendo motivos atendíveis, expressamente o solicite.

Artigo 19.º

(Número máximo de horas de trabalho extraordinário)

1 – Em regra, cada trabalhador não poderá prestar mais do que duas horas de trabalho extraordinário por dia, até o máximo de duzentas e quarenta horas por ano.

2 – Estes limites podem ser ultrrupassados:

a) Quando haja redução equivalente dos limites máximos dos períodos normais de trabalho;

b) Quando se verifiquem as circunstâncias previstas na alínea b) do n.º 2 do artigo 16.º;

c) Quando, ocorrendo outros motivos ponderosos devidamente justificados, as entidades patronais tenham obtido autorização prévia do I.N.T.P.

Artigo 20.º

(Condições de prestação do trabalho extraordinário)

1 – As entidades patronais deverão possuir um registo de horas de trabalho extraordinário onde, antes do início da prestação do trabalho e imediatamente após o seu termo, farão as respectivas anotações.

2 – A autorização para a realização de trabalho extraordinário, quando exigida, envolve a obrigatoriedade do pagamento aos trabalhadores por ela abrangidos de todas as horas autorizadas, a menos que a sua não utilização seja comunicada ao I.N.T.P. por escrito e no mesmo dia ou no dia seguinte.

3 – O registo de horas de trabalho extraordinário referido no n.º 1 será organizado nos termos a fixar em despacho do Ministro das Corporações e Previdência Social.

Artigo 21.º

(Trabalho extraordinário de menores)

O trabalho extraordinário de menores de 18 anos depende de autorização prévia do I.N.T.P., que só poderá ser concedida quando esse trabalho for absolutamente imprescindível para a realização das tarefas que motivem o pedido formulado pelas entidades patronais e não prejudicar as actividades escolares dos menores.

Artigo 22.º

(Remuneração do trabalho extraordinário)

1 – A primeira hora de trabalho extraordinário diário será. remunerada com um aumento correspondente a 25 por cento da retribuição normal e as horas subsequentes com um aumento correspondente a 50 por cento.

2 – Os instrumentos de regulamentação colectiva de trabalho podem estabelecer aumentos superiores em função do número de horas de trabalho extraordinário.

CAPÍTULO V

Períodos de funcionamento

Artigo 23.º

(Período de funcionamento e horário de trabalho)

1 – As entidades patronais legalmente sujeitas a regime de período de funcionamento deverão respeitar esse regime na organização dos horários de trabalho para o pessoal ao seu serviço.

2 – Entende-se por «período de funcionamento» o período diário durante o qual os estabelecimentos podem exercer a sua actividade.

Artigo 24.º

(Período de abertura)

1 – O período de funcionamento dos estabelecimentos de venda ao público denomina-se «período de abertura».

2 – Os períodos de abertura são fixados pelas câmaras municipais, depois de ouvidos os organismos corporativos interessados, bem como os órgãos locais de turismo, quando se trate de estabelecimentos situados em zonas ou regiões de turismo, e estão sujeitos a aprovação do I.N.T.P.

3 – O *Ministro das Corporações e Previdência Social* poderá determinar, por despacho, o ajustamento do período de abertura ao horário de trabalho que constar de instrumentos de regulamentação colectiva, sempre que a fixação deste tenha reflexos directos no período de funcionamento em vigor e a capacidade económica do sector não possibilite a sua manutenção através da organização de turnos de pessoal ou outra fórmula adequada.

4 – A emissão do despacho referido no número anterior será precedida de audiência da *Secretaria de Estado do Comércio*, da *Secretaria de Estado da Informação e Turismo* quando se trate de estabelecimentos de venda ao público situados em zonas ou regiões de turismo, bem como das corporações e das câmaras municipais interessadas.

Artigo 25.º

(Critérios de fixação dos períodos de abertura)

A fixação dos períodos de abertura deverá ter em atenção os interesses do público, admitindo-se que esses períodos de abertura sejam diferentes conforme os ramos de comércio e as épocas do ano.

Artigo 26.º

(Período de laboração)

1 – O período de funcionamento dos estabelecimentos industriais denomina-se «período de laboração».

2 – O período de laboração será fixado normalmente entre as sete e as vinte horas.

3 – A determinação das actividades industriais autorizadas a laborar contìnuamente será feita em despacho conjunto do *Ministro das Corporações e Previdência Social* e dos Ministros interressados.

4 – Cabe ao *Ministro das Corporações e Previdência Social*, depois de ouvidas as entidades oficiais competentes, autorizar períodos de laboração com amplitude superior à dos limites definidos no n.º 2, quando os estabelecimentos industriais delas careçam permanente ou temporàriamente, por razões de ordem económica ou técnica.

Artigo 27.º [52]

(Organização de turnos)

1 – Deverão ser organizados turnos de pessoal diferente sempre que o período de funcionamento ultrapasse os limites máximos dos períodos normais de trabalho.

2 – Os turnos deverão, na medida do possível, ser organizados de acordo com os interesses e as preferências manifestadas pelos trabalhadores.

3 – A duração de trabalho de cada turno não pode ultrapassar os limites máximos dos períodos normais de trabalho.

4 – O pessoal só poderá ser mudado de turno após o dia de descanso semanal.

5 – Os turnos no regime de laboração contínua e dos trabalhadores que assegurem serviços que não possam ser interrompidos, nomeadamente guardas, vigilantes e porteiros, devem ser organizados de modo que aos trabalhadores de cada turno seja concedido pelo menos um dia de descanso em cada semana de calendário, sem prejuízo do período excedente de descanso a que o trabalhador tenha direito.

Artigo 28.º

(Formalidades da organização de turnos)

1 – Os horários de trabalho com turnos estão sujeitos à aprovação do *I.N.T.P.*

2 – As empresas que utilizem trabalho por turnos, deverão ter registo separado do pessoal incluído em cada turno.

---

[52] Redacção dada pelo artigo 1.º do Decreto-Lei n.º 398/91, de 16 de Outubro. A redacção original era a seguinte:

1 – ...

2 – ...

3 – A duração de trabalho de cada turno não pode ultrapassar os limites máximos dos períodos normais de trabalho fixados de harmonia com o disposto no presente diploma.

4 – ...

CAPÍTULO VI

Trabalho nocturno

Artigo 29.º [53]

(Noção de trabalho nocturno)

1 – Considera-se trabalho nocturno o prestado num período com a duração mínima de sete horas e máxima de onze horas, compreendendo o intervalo entre as 0 e as 5 horas.

2 – As convenções colectivas de trabalho estabelecem o período de trabalho nocturno, com observância do disposto no número anterior.

3 – Na ausência de fixação por convenção colectiva, considera-se período de trabalho nocturno o compreendido entre as 20 horas de um dia e as 7 horas do dia seguinte.

Artigo 30.º

(Retribuição do trabalho nocturno)

A retribuição do trabalho nocturno será superior em 25 por cento à retribuição a que dá direito o trabalho equivalente prestado durante o dia.

Artigo 31.º

(Trabalho nocturno das mulheres)

1 – O trabalho nocturno das mulheres, nos estabelecimentos industriais, só pode ser autorizado:

a) Quando se verifiquem casos de força maior que obstem ao funcionamento normal dos estabelecimentos;

b) Quando as matérias em laboração sejam susceptíveis de rápida alteração e o trabalho nocturno se mostre indispensável para evitar a sua perda.

---

[53] Redacção dada pelo artigo único do Decreto-Lei n.º 96/99, de 23 de Março. A redacção original era a seguinte:

1 – Para efeito do presente diploma, considera-se nocturno o trabalho prestado no período que decorre entre as vinte horas de um dia e as sete horas do dia seguinte.

2 – Os instrumentos de regulamentação oolectiva podem, porém, estabelecer regimes de duração de trabalho, considerando como nocturno o trabalho prestado em períodos de onze horas consecutivas, desde que estas abranjam, pelo menos, sete horas consecutivas compreendidas entre as vinte e duas horas de um dia e as sete horas do dia seguinte.

3 – Os períodos de onze horas consecutivas referidas no número anterior só poderão ter início a partir das vinte e três horas, quando isso for estipulado em convenção colectiva, ou acta de conciliação.

2 – As condições de autorização do trabalho nocturno das mulheres nos casos previstos na alínea *b*) do número anterior podem ser estabelecidas pelos instrumentos de regulamentação colectiva de trabalho.

3 – As autorizações referidas no n.º 1 não são aplicáveis às mulheres durante a gravidez e até três meses após o parto.

Artigo 32.º

(Trabalhadoras não abrangidas pela proibição de trabalho nocturno)

Não estão sujeitas às limitações impostas pelo artigo anterior:

a) As mulheres que exerçam cargos de responsabilidade, quer de direcção, quer de carácter técnico.

b) As mulheres que se ocupem de serviços de higiene ou bem-estar e que não prestem normalmente trabalho manual.

Artigo 33.º [54]

(Trabalho nocturno de menores)

1 – É proibido o trabalho nocturno de menores com menos de 16 anos de idade, não podendo as convenções colectivas reduzir para estes a duração do período de trabalho nocturno previsto na lei.

2 – Os menores com pelo menos 16 anos de idade não podem prestar trabalho nocturno entre as 22 horas de um dia e as 6 horas do dia seguinte, ou entre as 23 horas de um dia e as 7 horas do dia seguinte, sem prejuízo do disposto nos n.ºs 3 e 4.

3 – Por convenção colectiva, os menores com pelo menos 16 anos de idade podem ser autorizados a prestar trabalho nocturno em sectores de actividade específicos, excepto no período compreendido entre as 0 e as 5 horas.

4 – Os menores com pelo menos 16 anos de idade podem prestar trabalho nocturno, incluindo o período compreendido entre as 0 e as 5 horas, sempre

---

[54] Redacção dada pelo artigo 3.º da Lei n.º 58/99, de 30 de Junho. A redacção original era a seguinte:

1 – Os menores de 16 anos não são autorizados a prestar trabalho nocturno em estabelecimentos industriais e só poderão ser ocupados em actividades que não tenham carácter industrial quando a prestação do trabalho nocturno seja indispensável para a formação profissional dos próprios menores.

2 – Os menores com mais de 16 anos e menos de 18 só podem trabalhar durante a noite nos estabelecimentos industriais em casos de força maior que obstem ao funcionamento normal da actividade exercida pela entidade patronal ou na circunstância prevista na parte final do número anterior.

que tal se justifique por razões objectivas, em actividades de natureza cultural, artística, desportiva ou publicitária, desde que lhes seja concedido um descanso, compensatório com igual número de horas, a gozar no dia seguinte ou no mais próximo possível.

5 – Nos casos dos n.os 3 e 4, o menor deve ser vigiado por um adulto durante a prestação do trabalho nocturno, se essa vigilância for necessária para protecção da sua segurança ou saúde.

6 – O disposto nos n.os 2, 3 e 4 não é aplicável se a prestação de trabalho nocturno por parte de menores com pelo menos 16 anos for indispensável, devido a factos anormais e imprevisíveis ou a circunstâncias excepcionais ainda que previsíveis, cujas consequências. não podiam ser evitadas, desde que não haja outros trabalhadores disponíveis e por um período não superior a cinco dias úteis.

7 – Nas situações referidas no número anterior, o menor tem direito a descanso compensatório com igual número de horas, a gozar durante as três semanas seguintes.

Artigo 34.º [55]

(Exames de saúde de trabalhadores que efectuem trabalho nocturno)

1 – Nos estabelecimentos industriais, os trabalhadores a incluir em turnos que prestem trabalho nocturno contínua ou alternadamente devem ser prèviamente submetidos a exame médico.

2 – Os exames médicos dos trabalhadores incluídos em turnos de trabalho nocturno devem ser repetidos anualmente, mas os instrumentos de regulamentação colectiva poderão impor a obrigatoriedade de exames mais frequentes.

3 – O disposto nos números anteriores é aplicável a menores com pelo menos 16 anos de idade que efectuem trabalho nocturno.

4 – As observações clínicas relativas aos exames médicos serão anotadas em fichas próprias, que a todo o tempo serão facultadas aos inspectores-médicos da Inspecção do Trabalho.

---

[55] *Idem*:

Artigo 34.º

(Exames médicos dos trabalhadores incluídos nos turnos da noite)

1 – ...

2 – ...

3 – As observações clínicas relativas aos exames médicos serão anotadas em fichas próprias, que a todo o tempo serão facultadas aos inspectores-médicos da Inspecção do Trabalho.

CAPÍTULO VII

Encerramento e descanso semanal

Artigo 35.º

(Encerramento semanal)

1 – Os estabelecimentos comerciais e industriais devem encerrar ou suspender a sua laboração um dia completo por semana, que será normalmente o domingo.

2 – A determinação do dia de encerramento ou da suspensão de laboração nos casos em que esse dia não seja o domingo compete às câmaras municipais, depois de ouvidos os organismos corporativos interessados, e está sujeita à aprovação do *I.N.T.P.*

3 – Nos dias considerados como feriados obrigatórios têm de encerrar ou suspender a laboração todas as actividades que não sejam permitidas aos domingos.

Artigo 36.º [56]

(Actividades isentas de obrigatoriedade de encerramento semanal)

1 – A determinação das actividades comerciais e industriais que, além das actividades industriais autorizadas a laboral contìnuamente, são isentas de obrigatoriedade de encerrar ou suspender a sua laboração um dia completo por semana será feita em despacho conjunto do *Ministro das Corporações e Previdência Social* e dos Ministros interessados.

2 – Por despacho conjunto dos mesmos Ministros podem ainda, por requerimento da entidade empregadora, ser isentos, temporariamente, da obrigatoriedade de suspender a laboração um dia completo por semana os estabelecimentos industriais nas seguintes situações:

a) Por motivos inerentes ao carácter sazonal da actividade;
b) Por motivo de acréscimo prolongado e transitório de trabalho para cuja satisfação se não justifique o recurso a outras formas de organização do trabalho.

3 – Nos casos previstos no número anterior a isenção não pode ser superior a seis meses, considerando-se deferido o pedido se, no prazo de 30

---

[56] Redacção dada pelo artigo 1.º do Decreto-Lei n.º 398/91, de 16 de Outubro. A redacção original era a seguinte:

1 – ...

2 – As farmácias apenas são dispensadas do encerramento semanal nas localidades em que o seu número não permita uma escala de abertura aprovada pela Direcção-Geral de Saúde.

dias após a sua recepção, não for objecto de despacho de indeferimento ou de aperfeiçoamento.

4 – As farmácias apenas são dispensadas do encerramento semanal nas localidades em que o seu número não permita uma escala de abertura aprovada pela Direcção-Geral de Saúde.

Artigo 37.º

(Descanso semanal)

1 – O dia de descanso sermanal prescrito pela lei só poderá deixar de ser o domingo quando os trabalhadores prestem serviço a entidades patronais que estejam dispensadas de encerrar ou suspender a laboração um dia completo par semana ou que sejam obrigadas a encerrar ou a suspender a laboração num dia que não seja o domingo.

2 – Poderá também deixar de coincidir com o domingo o dia de descanso semanal:

a) Dos trabalhadores necessários para assegurar a continuidade de serviços que não possam ser interrompidos;
b) Do pessoal dos serviços de limpeza ou encarregado de outros trabalhos preparatórios e complementares que devam necessàriamente ser efectuados no dia de descanso dos restantes trabalhadores;
c) Dos guardas e porteiros;
d) Dos trabalhadores que exerçam actividade em exposições e feiras [57].

Artigo 38.º [58]

(Descansos semanais complementares)

1 – Pode ser concedido, em todas ou em determinadas semanas do ano, meio dia ou um dia de descanso, além do dia de descanso semanal prescrito por lei.

2 – O dia de descanso complementar previsto no número anterior pode ser gozado de forma repartida ou diferenciada, desde que continuado, nos termos a definir por convenção colectiva.

---

[57] Aditada pelo artigo 1.º do Decreto-Lei n.º 398/91, de 16 de Outubro; o ponto final da alínea anterior foi substituído por ponto e vírgula.

[58] Redacção dada pelo artigo 1.º do Decreto-Lei n.º 398/91, de 16 de Outubro. A redacção original era a seguinte:

1 – ...

2 – Sempre que o aumento da produtividade o consinta e não haja inconvenientes de ordem económica ou social, o meio dia ou o dia de descanso referido no número anterior podem ser concedidos pelos instrumentos de regulamentação colectiva.

Artigo 39.º

(Regimes especiais de concessão de descansos semanais complementares)

Em relação às actividades que, para além das referidas no artigo 36.º, tenham sido consideradas prioritárias para o consumo por despacho conjunto do *Ministro das Corporações e Previdência Social* e dos Ministros competentes, a homologação ou a assinatura dos instrumentos de regulamentação colectiva referidos no n.º 2 do artigo anterior só poderá ter lugar depois de ouvidos os departamentos interessados, bem como as corporações que integrem os sectores a abranger.

Artigo 40.º

(Encerramento nos dias de descanso semanal complementar)

1 – Sem prejuízo do disposto no n.º 1 do artigo 36.º, a concessão de descansos semanais complementares nos meses de Julho, Agosto e Setembro que sejam comuns a todo o pessoal de uma actividade de venda ao público envolve a obrigatoriedade de encerramento dos respectivos estabelecimentos por parte de todas as entidades que exerçam essa actividade, ainda que não tenham pessoal ao seu serviço.

2 – Quando os estabelecimentos de venda ao público encerrem obrigatoriamente nos termos do número anterior, poderá, por «despacho do Ministro das Corporações e Previdência Social, ser imposta uma escala de abertura ou dada a possibilidade de prolongamento do período de funcionamento num dos restantes dias da semana por forma a assegurar a satisfação das necessidades do consumo público.

3 – A escala de abertura referida no número anterior será, sempre que possível, elaborada pelos organismos corporativos representativos da respectiva actividade, que, nos mesmos termos, deverão também escolher o dia em que é possível o prolongamento do período de abertura.

Artigo 41.º [59]

(Trabalho prestado no dia de descanso semanal)

1 – Os trabalhadores só podem trabalhar no dia de descanso semanal:

a) Quando, em face de circunstâncias excepcionais, a entidade patronal tenha sido, para esse efeito, previamente autorizada;

---

[59] Revogado pelo artigo 14.º do Decreto-Lei n.º 421/83, de 2 de Dezembro. Mantém-se a sua inserção, mas em itálico.

b) Em casos de força maior cuja ocorrência deverá ser comunicada ao I.N.T.P. no prazo de quarenta e oito horas.

2 – Os trabalhadores que tenham trabalhado no dia de descanso semanal têm direito a um dia completo de descanso num dos três dias seguintes.

Artigo 42.º [60]

(Retribuição do trabalho prestado em dias de descanso)

1 – O trabalho prestado no dia de descanso semanal e nos feriados obrigatórios, bem como no dia ou meio dia de descanso concedidos pelos instrumentos de regulamentação colectiva de trabalho, por despachos do Ministro das Corporações e Previdência Social e pelos contratos individuais de trabalho, será pago pelo dobro da retribuição normal.

2 – As entidades patronais deverão possuir um registo de horas de trabalho prestado nos dias referidos no número anterior onde, antes do início da prestação, serão anotadas as horas previstas de começo e termo do trabalho e os dias de descanso a gozar em substituição do dia de descano semanal.

CAPÍTULO VIII

Trabalho a tempo parcial

Artigo 43.º

(Regime de trabalho a tempo parcial)

1 – Os instrumentos de regulamentação colectiva de trabalho, sempre que tal for consentido pela natureza das actividades ou profissões abrangidas, deverão conter normas sobre o regime de trabalho a tempo parcial.

2 – Os instrumentos de regulamentação colectiva de trabalho deverão estabelecer, para a admissão em regime de tempo parcial, nos termos do número anterior, preferências em favor das trabalhadoras com responsabilidades familiares, dos trabalhadores com capacidade de trabalho reduzida e dos trabalhadores que frequentem estabelecimentos de ensino médio ou superior.

3 – A retribuição dos trabalhadores admitidos em regime de tempo parcial não poderá ser inferior à fracção da retribuição do trabalho a tempo completo correspondente ao período de trabalho ajustado.

---

[60] *Idem.*

CAPÍTULO IX

Mapas de horário de trabalho

Artigo 44.º

(Afixação dos mapas)

1 – Em todos os locais de trabalho abrangidos pelo presente diploma deve ser afixado, em lugar bem vísivel, um mapa de horário de trabalho, elaborado pela entidade patronal de harmonia com as disposições legais e com os instrumentos de regulamentação colectiva de trabalho aplicáveis.

2 – As condições de publicidade dos horários de trabalho do pessoal afecto à exploração de veículos automóveis, propriedade de empresas de transportes ou privativos de outras entidades sujeitas às disposições do presente diploma, serão estabelecidas em despacho conjunto do *Ministro das Corporações e Previdência Social* e do *Ministro das Comunicações*, ouvidos os organismos corporativos interessados.

Artigo 45.º

(Indicações constantes dos mapas)

1 – As entidades patronais indicarão também nos mapas de horário de trabalho o começo e o termo do período de funcionamento e o dia de encerramento semanal.

2 – Nos estabelecimentos que não tenham trabalhadores ao seu serviço serão afixados mapas contendo apenas as indicações referidas no número anterior.

Artigo 46.º [61]

(Elaboração dos mapas)

1 – A entidade patronal remeterá cópia do mapa de horário de trabalho à Inspecção-Geral do Trabalho com a antecedência mínima de quarenta e oito horas relativamente à sua entrada em vigor.

---

[61] Redacção dada pelo artigo 1.º da Lei n.º 61/99, de 30 de Junho. A redacção anterior, dada pelo artigo 1.º do Decreto-Lei n.º 65/87, de 6 de Fevereiro, era a seguinte:

1 – Uma cópia dos mapas de horário de trabalho será remetida pela entidade patronal à *Inspecção-Geral do Trabalho* com a antecedência mínima de oito dias relativamente à sua entrada em vigor.

2 – As condições e formalidades a observar na elaboração dos mapas de horário de trabalho e nas suas eventuais alterações serão estabelecidas por despacho do *Ministro das Corporações e Previdência Social.*

A redacção original era a seguinte:

1 – Os mapas de horário de trabalho são elaborados em duplicado, sendo uma cópia enviada ao *I.N.T.P.*

2 – ...

2 – Exceptua-se do disposto no número anterior a alteração do horário de trabalho cuja duração não exceda uma semana, desde que seja registada em livro próprio com a menção de que foi previamente informada e consultada a comissão de trabalhadores ou, na sua falta, a comissão sindical ou intersindical ou os delegados sindicais.

3 – As condições e formalidades a observar na elaboração dos mapas de horário de trabalho e nas suas eventuais alterações serão estabelecidas por despacho do *Ministro das Corporações e Previdência Social.*

Artigo 47.º [62]

Validade dos mapas

A validade dos mapas de horário de trabalho depende da sua conformidade com as disposições aplicáveis em matéria de duração de trabalho e do cumprimento das formalidades estabelecidas neste capítulo.

CAPÍTULO X [63]

Sanções

Artigo 48.º [64]

(Contra-ordenações)

1 – Constitui contra-ordenação grave a violação dos n.ºs 1, 2, 4 e 5 do artigo 5.º, do n.º 1 do artigo 10.º ou do intervalo de descanso reduzido nos

---

[62] Redacção dada pelo artigo 1.º do Decreto-Lei n.º 65/87, de 6 de Fevereiro. A redacção original era a seguinte:

Artigo 47.º

(Aprovação dos mapas)

A validade dos mapas de horário de trabalho depende da sua aprovação pelo I.N.T.P. quando as horas de começo e termo do período de funcionamento do estabelecimento não coincidam com as de entrada e saída de todos os trabalhadores ou quando não seja comum a todos estes o intervalo de descanso.

[63] O n.º 2 do artigo 11.º da Lei n.º 118/99, de 11 de Agosto, substituiu a anterior epígrafe do Capítulo X, *Disposições penais*, pela actual.

[64] Redacção dada pelo n.º 2 do artigo 11.º da Lei n.º 118/99, de 11 de Agosto. A redacção original era a seguinte:

Artigo 48.º

(Sanções)

1 – As entidades patronais que infrinjam o preceituado no presente diploma ou nos regimes criados ao abrigo das suas disposições serão punidas com multa de 400$ a 1200$ por cada trabalhador em relação ao qual se verificar a infracção, salvo o disposto nos números seguintes e no artigo 49.º.

termos do n.º 3 do mesmo artigo, da alínea *b*) do n.º 3 do artigo 12.º, do n.º 2 do artigo 14.º, do n.º 1 do artigo 23.º, dos n°s 4 e 5 do artigo 27.º, dos artigos 30.º e 33.º, dos n.os 1 e 2 do artigo 34.º e do artigo 37.º.

2 – Constitui ainda contra-ordenação grave a elaboração de horários de trabalho com violação dos n.os 2, 3 e 4 do artigo 26.º ou dos n.os 1 e 3 do artigo 35.º.

3 – Constitui contra-ordenação leve a falta de publicidade dos horários de trabalho a que se refere o n.º 2 do artigo 44.º, a sua violação, o não preenchimento tempestivo dos livretes individuais de controlo dos horários móveis ou o seu preenchimento com fraude ou rasura não ressalvada, relativamente a trabalhadores afectos à circulação de veículos automóveis não abrangidos por regulamentação específica em matéria de duração do trabalho.

4 – Será igualmente punido por contra-ordenação leve o trabalhador responsável pelo não preenchimento tempestivo do livrete individual de controlo do horário móvel, ou pelo seu preenchimento com fraude ou rasura não ressalvada.

5 – Constitui contra-ordenação leve a violação das alíneas *c*) e *d*) do n.º 3 do artigo 12.º, do n.º 2 do artigo 28.º, do n.º 1 do artigo 44.º, do artigo 45.º e do n.º 1 do artigo 46.º e a falta de registo dos mapas de horário de trabalho ou das suas alterações, nos termos definidos com base no n.º 2 do artigo 46.º.

6 – As coimas aplicáveis ao trabalhador, nos termos do n.º 4, são as correspondentes às infracções aos regimes jurídicos do serviço doméstico e do contrato individual de trabalho a bordo das embarcações de pesca.

Artigo 49.º [65]

*(**Sanções**)*

1 – A falta de afixação dos mapas de horário de trabalho, a falta de envio das suas cópias ao I.N.T.P. e a falta de sujeição a aprovação dos mapas de

---

2 – As infracções aos preceitos que regulam as condições e a retribuição da prestação de trabalho em dias de descanso e em feriados obrigatórios serão punidas com o dobro da multa prevista no número anterior.

3 – As infracções às disposições que regulam o trabalho de menores e o trabalho de mulheres serão punidas com a multa de 500$ a 5000$ por cada trabalhador em relação ao qual se verifique a transgressão.

4 – As infracções às disposições que regulam o período de funcionamento ou que determinam o encerramento ou a suspensão da laboração serão punidas com a multa de 300$ a 1000$, se não afectar quaisquer trabalhadores e nos termos do n.º 1 se houver trabalhadores afectados.

5 – Se forem opostas dificuldades à contagem ou à identificação dos trabalhadores, presume-se que a infracção se verificou em relação a todos os trabalhadores que normalmente prestam serviço no local onde a mesma se consumou.

[65] Pelo n.º 1 do artigo 11.º da Lei n.º 118/99, de 11 de Agosto, foram revogados os artigos 49.º a 52.º do Decreto-Lei n.º 409/71, de 27 de Setembro. Mantém-se a sua inserção, mas em itálico.

horário de trabalho nos casos em que essa aprovação for legalmente exigida, serão punidas com multas calculadas nos termos seguintes:

a) 300$, se o infractor não tiver pessoal ao seu serviço;
b) 300$ a 1000$, se o número de trabalhadores normalmente ao serviço não exceder cinco;
c) 1000$ a 2000$, se forem de seis a vinte;
d) 2000$ a 5000$, se forem de vinte e um a cinquenta;
e) 5000$ a 10 000$, se forem de cinquenta e um a cem;
f) 10 000$ a 20 000$, se forem mais de cem.

2 – Na contagem dos trabalhadores para efeito da aplicação das multas previstas no número anterior atender-se-á apenas àqueles que prestam normalmente serviço no estabelecimento, agência ou filial onde se verificar a infracção.

3 – A falta de registo de horas de trabalho extraordinário será punida com multa de 2000$ por cada trabalhador afectado.

Artigo 50.º

*(**Reincidência**)*

1 – A reincidência será punida nos termos previstos no artigo 129.º do Regime Jurídico do Contrato Individual de Trabalho, aprovado pelo Decreto-Lei n.º 49 408, de 24 de Novembro de 1969.

2 – Se o autuante tiver conhecimento de que o infractor é reincidente, deverá atender a essa circunstância na fixação do montante da multa.

Artigo 51.º

*(**Graduação das multas**)*

1 – As multas serão graduadas obrigatoriamente pelo julgador em função da gravidade da infracção, da culpabilidade do infractor e das possibilidades económicas deste.

2 – Para o efeito previsto no número anterior deverão as entidades autuantes fazer constar das participações ou dos autos de notícia remetidos a juízo o número total de trabalhadores normalmente ao serviço do arguido e o grupo da contribuição industrial em que o mesmo esteja incluído.

3 – Os limites fixados nos artigos 48.º e 49.º serão elevados para o dobro sempre que o infractor use de coacção sobre os trabalhadores, falsificação, simulação ou outro meio fraudulento.

4 – A transgressão de disposições deste diploma que implique a aplicação de duas ou mais multas será punida com a multa mais elevada.

Artigo 52.º

(Inconvertibilidade e destino das multas)

As multas aplicadas ao abrigo do presente diploma são inconvertíveis em prisão e constituem receita do Estado.

CAPÍTULO XI

Disposições finais

Artigo 53.º

(Execução e fiscalização da lei)

1 – A execução do presente diploma compete ao *Ministério das Corporações e Previdência Social.*

2 – A fiscalização do cumprimento das disposições do presente diploma será feita nos termos do Decreto-Lei n.º 37 245, de 27 de Dezembro de 1948, e sua legislação complementar.

Artigo 54.º

(Manutenção das condições de trabalho mais favoráveis)

Da aplicação das disposições contidas no presente diploma não pode resultar prejuízo para a situação económica dos trabalhadores, nem qualquer alteração das condições de trabalho que lhes seja desfavorável.

Artigo 55.º

(Manutenção de horários de trabalho e isenções anteriores)

1 – Os horários de trabalho aprovados ou autorizados ao abrigo do Decreto-Lei n.º 24 402, de 24 de Agosto de 1934, e da sua legislação complementar continuarão em vigor em tudo o que não for expressamente contrário ao disposto no presente diploma.

2 – Os horários de trabalho aprovados, com concessão de um dia de descanso além do dia de descanso semanal prescrito por lei, poderão continuar em vigor pelo prazo de um ano, a contar da publicação do presente diploma, mesmo que deles resulte a não observância do limite prescrito no n.º 5 do artigo 5.º.

3 – As isenções de horário de trabalho deferidas nos termos do artigo 3.º do Decreto-Lei n.º 24 402, de 24 de Agosto de 1934, manter-se-ão até ao fim do prazo por que tenham sido concedidas.

4 – O *Ministro das Corporações e Previdência Social* pode tomar a iniciativa da fixação do período de abertura dos estabelecimentos de venda ao público quando as câmaras municipais o não façam dentro do prazo de seis meses a partir da data da entrada em vigor do presente diploma, observando-se nesse caso o disposto no n.º 2 do artigo 24.º quanto à audiência dos organismos corporativos interessados e dos órgãos locais de turismo.

Artigo 56.º

(Início da vigência)

O presente diploma entra em vigor, no território do continente e ilhas adjacentes, no prazo de noventa dias, a contar da data da sua publicação.

Artigo 57.º

(Legislação revogada)

Ficam revogados o Decreto n.º 22 500, de 10 de Maio de 1933, e o Decreto-Lei n.º 24 402, de 24 de Agosto de 1934.

ÍNDICE DE JURISPRUDÊNCIA

JURISPRUDÊNCIA PORTUGUESA

Tribunal Constitucional

Supremo Tribunal de Justiça

Relação de Coimbra

Relação de Évora

Relação de Lisboa

JURISPRUDÊNCIA ESTRANGEIRA

ÍNDICE BIBLIOGRÁFICO

ABRANTES, JOSÉ JOÃO – *Formação e evolução histórica do Direito do trabalho*, em *Direito do trabalho/Ensaios*, 1995.

ABREU, TEIXEIRA D' – *Curso de Direito Civil*, 1 – *Introdução*, 1910.

ADOMEIT, KLAUS – *Arbeitsrecht für die 90er Jahre*, 1991.

ALZON – *Réflexions sur l'histoire de la locatio-conductio*, RH 1963.

AMARAL, ALEXANDRE COELHO DO – *Corporativismo e Direito corporativo*, 1969/70.

AMIRANTE, LUIGI – *Richerche in tema di locazione*, BIDR 62 (1959), 21-65.

Antologia do pensamento jurídico português/Silvestre Pinheiro Ferreira, BMJ 12 (1949), 89-156.

ANZINGER, RUDOLF – *Das neue Ladenschlussgesetz*, 1996.

Arbeitszeitgesetze da Beck, 57.ª ed., 2000.

ARNESBERG, L. ARNDTS VON – *Lehrbuch der Pandekten*, 13.ª ed., 1886.

ASCENSÃO, OLIVEIRA – *Direito corporativo*, 1964, reimpr. 1971.

BADURA, PETER – *Arbeitsrecht und Verfassungsrecht*, RdA 1999, 8-13.

BAECK, ULRICH/DEUTSCH, MARKUS – *Arbeitszeitgesetz Kommentar*, 1999.

BASTO, NUNO CABRAL – *Ordem natural e organização plural*, ESC VI, 24 (1967), 115-154.

BERNET, GUNTHER – *Arbeitsverhältnisse im 19. Jahrhundert*, 1970.

BIEBI, JOSEF – *vide* NEUMANN, DIRK.

BIERMANN – *vide* DERNBURG.

BIONDI-MANDELBAUM, SOPHIE – *Formation profissionnelle et réduction du temps de travail: vers un nouvel équilibre des temps*, DS 1999, 239-241.

BISCHOFF, SABINE – *Arbeitszeitrecht in der Weimarer Republik*, 1987.

BRASSLOFF, STEPHAN – *Sozialpolitische Motiven in der römischen Rechtsentwicklung*, 1933.

BROX, HANS/RÜTHERS, BERND – *Arbeitsrecht*, 14.ª ed., 1999.

BRUNZ, MICHAEL/WOLTER, GERRIT – *Möglichkeiten und Chancen der flexible Arbeitszeit*, 1988.

BUCHNER, HERBERT – *Arbeitszeit und Günstigkeitprinzip*, em HROMADKA, *Arbeitszeitrecht im Umbruch* (1988), 3-23.

CABRAL, M. VILLAVERDE – *Sobre o século XIX português: a transição para o capitalismo*, Análise Social, XII (45), 1976/1..º, 106-126;

— *O desenvolvimento do capitalismo em Portugal no século XIX*, 1976.

CAETANO, MARCELLO – *Lições de Direito Corporativo*, 1935.

CAMPINOS, JORGE – *A ditadura militar 1926/1933*, 1975.

CAROLSFELD, LUDWIG SCHNORR VON – *Arbeitsrecht*, 2.ª ed., 1954.

CARVALHO, NUNES DE – *vide* PINTO, MÁRIO.

CHORÃO, MÁRIO BIGOTTE – *Direito do Trabalho*, II vol., 1970/71.

COELHO, J. G. PINTO – *Direito Civil (Noções fundamentais)*, 1936-37.

Collecção de Decretos e Regulamentos mandados publicar por sua Magestade Imperial o Regente do Reino desde a sua entrada em Lisboa até à instalação das Câmaras Legislativas, 1840.

Collecção de Legislação Portugueza, 1891, 227-231.

Collecção official da Legislação Portugueza, 1855, 294-303.

CORDEIRO, MENEZES – *Feitura de leis / problemas de sistematização*, em *A feitura das leis*, org. FREITAS DO AMARAL, vol. II (1986), 133-149;

— *Manual de Direito do trabalho*, 1994, reimp.;

— *Da responsabilidade civil dos administradores das sociedades comerciais*, 1996;

— *Da boa fé no Direito civil*, 1997, reimp.;

— *Tratado de Direito civil*, 1..º vol., tomo I, 1999;

CORREIA, LUÍS BRITO – *Direito do trabalho*, vol. I, 1980-81.

CORREIA, SÉRVULO – *Sumários de Direito Corporativo*, 1971.

COSTA, EMILIO – *La locazione di cose nel diritto romano*, 1915.

DANKWARDT, H. – *Der Arbeiter-Vertrag*, JhJb 14 (1875), 228-283.

DEHMS, W. – *Die Arbeitszeit nach deutschen Recht*, 1927.

DENECKE, J./MONJAU, HERBERT/NEUMANN, DIRK – *Arbeitszeitordnung/ Kommentar*, 8.ª ed., 1973.

DERNBURG/BIERMANN – *Pandekten*, 7.ª ed., 2..º vol., 1903.

DERSCH, HERMANN – *vide* KASKEL, WALTER.

DEUTSCH, MARKUS – *vide* BAECK, ULRICH.

DEUTSCHBEIN, F. – *vide* SCHINDLER, F..

DIETZ, ROLF – *Fragen der Arbeitsbereitschaft, insbesondere Arbeitsbereitschaft und Pausen*, RdA 1969, 199-204.

DILLER, MARTIN – *Gesellschafter und Gesellschaftsorgane als Arbeitsnehmer*, 1994.

DOBBERAHN, PETER – *Das neue Arbeitszeitrechtsgesetz*, 1994.

ENGELS, FRIEDRICH – *A situação da classe trabalhadora em Inglaterra*, trad. port., 1975.

ERASMY, WALTER – *Angewähte Rechtsfragen zum neuen Arbeitszeitrecht* – II, NZA 1995, 97-103.

ERDMANN, GERHARD – *Die Verordnung über die Arbeitszeit vom 21-Dez.-1923 nebst dem Gesetz zur Abhänderung der Arbeitszeitverordnung von 14.April 1927*, 3.ª ed., 1927.

FAGNANI, JEANNE – *Politique familiale, flexibilité des horaires de travail et articulation travail/famille*, DS 1999, 244-249.

FAUTH, WERNER – *Arbeitszeitrecht*, 1963.

FECHNER, ERICH – *Probleme der Arbeitsbereitschaft / Arbeitsbereitschaft und verwandte Erscheinungen in der Ordnung der Arbeit* (1963), 9 e 91.

FERNANDES, MONTEIRO – *Direito do trabalho*, 11.ª ed., 1999;

— *vide* VENTURA, RAÚL.

FERREIRA, JOSÉ DIAS – *Código civil portuguez annotado* 1, 1890.

FEUGHT, KLAUS – *Arbeitszeitflexibilisierung in der betrieblichen Praxis*, em HROMADKA, *Arbeitszeitrecht im Umbruch* (1988), 3-23.

FIGUEIREDO, ANTÓNIO DE – *Portugal: Cinquenta anos de ditadura*, 1975.

FISCHER, JOACHIM – *Das Übereinkommen von Washington über den Achtstundentag (1919-1929)*, 1929.

FRANZ, WOLFGANG – *Chancen und Risiken einer Flexibilisierung des Arbeitsrechts aus ökonomischer Sicht*, ZfA 1994, 439-462.

FRIEDHOFEN, PETER/WEBER, ULRICH – *Flexibler Personaleinsatz – Direktionsrecht oder Änderungskündigung*, NZA 1986, 145-147.

FRIEDRICH, ROBERT – *Zur Methodologie der Arbeitszeitproblems*, 1926.

GASPAR, MARIA LAURA LOUÇÃ RABAÇA – *A duração do trabalho* (1970).

GAUL, DIETER – *Arbeitszeit und bezahlte Pause/Der Einfluss veränderter gesetzlicher oder tariflicher Regelungen*, NZA 1987, 649-658.

GIERKE, OTTO VON – *Der Entwurf eines bürgerlichen Gesetzbuchs und das deutsche Recht*, 1889.

GLAUBRECHT, HELMUT/WAGNER, DIETER/ZANDER, ERNST – *Arbeitszeit im Wandel / Möglichkeiten und Formen der Arbeitszeitgestaltung*, 1987.

GONÇALVES, LUÍS CUNHA – *Tratado de Direito Civil* 1, 1929.

GRIMM, DIETER – *Soziale wirtschaftliche und politische Voraussetzungen der Vertragsfreiheit*, em *La formazione storica del diritto moderno in Europa*, 3..º vol., 1977.

GROSSMANN, FRIEDRICH/SCHNEIDER, RUPRECHT – *Arbeitsrecht*, 7.ª ed., 1986.

HÄBERLE, PETER – *Der Sonntag als Verfassungsprinzip*, 1988.

HACKH, STEFFEN – *Gleitende Arbeitszeit*, 2.ª ed., 1971.

HANAU, PETER – *Der Tarifvertrag in der Krise*, RdA 1998, 65-71.

HIRSCH, GÜNTER – *Die Grundrechte in der Europäischen Union*, RdA 1998, 194-200.

HOYNINGEN-HUENE, GERRIK VON/MEIER-KRENZ, ULRICH – *Flexibilisierung des Arbeitszeitrecht durch Verlagerung tariflicher Regelungskompetenzen auf den Betrieb*, ZfA 1988, 293-318.

HROMADKA, WOLFGANG – *Arbeitszeitrecht im Umbruch / eine Zwischenbilanz*, 1988.

HROMADKA, WOLFGANG – *Das Recht der leitenden Angestellen / im historisch--gesellschaftlichen Zusammenhang*, 1979.

HUECK, ALFRED/NIPPERDEY, HANS-CARL – *Lehrbuch des Arbeitsrechts* – I, 7.ª ed., 1963.

HUFFELMANN, KLAUS – *Die Arbeitszeitverkürzung*, 1964.

HUNOLD, WOLF – *Arbeitszeit, insbesondere Reisezeit, im Aussendienst*, NZA 1993, 10-15.

JACCARD, P. – *História social do trabalho*, trad. port. R. MOURA, 1974.

JANICKI, JÖRG – *Aktuelle arbeitszeitrechtliche Probleme und der Entwurf der Arbeitszeitgesetzes*, 1991.

JAVILLIER, JEAN-CLAUDE – *Droit du travail*, 7.ª ed., 1999.

JÚNIOR, COSTA – *História breve do movimento operário português*, 1964.

KASKEL, WALTER/DERSCH, HERMANN – *Arbeitsrecht*, 5.ª ed., 1957.

KRAUSE, HERMANN – *Der deutschrechtliche Anteil an der heutigen Privatsrechtsordnung*, JuS 1970, 313-321.

LANTELLA, LELLO – *Del lavoro sistematico nel discorso giuridico romano (Repertorio di strumenti per una lettura ideologica)*, 1975.

LEAL, ANTÓNIO DA SILVA – *O regime jurídico do horário de trabalho*, ESC 3 (1962), 92-112.

LEYENDECKER, ROLF – *Gleitende Arbeitszeit*, s/d, mas 1972 ou 1973.

LHERNOULD, JEAN PHILIPPE – *Un employeur peut-il s'opposer à la demande d'une de ses salariées de travailler la nuit?*, DS 1999, 129-132.

LORITZ, KARL-GEORG – *Möglichkeiten und Grenzen der Sonntagsarbeit*, 1989;

— *vide* ZÖLLNER, WOLFGANG.

LUHMANN, ULRICH – *Arbeitsrecht*, 2.ª ed., 1977.

LYON-CAEN, GÉRARD/PÉLISSIER, JEAN/SUPIOT, ALAIN – *Droit du travail*, 19.ª ed., 1998.

MACHETE, RUI – *Os princípios e classificações fundamentais do corporativismo*, SI XVIII, 99-100 (1969), 398-440.

MANSFELD, WERNER – *Arbeitszeitrecht*, 3.ª ed., 1938.

MARTINEZ, PEDRO ROMANO – *Direito do trabalho*, 1997 — *Relatório de Direito do Trabalho*, 1998.

MARTINEZ, PEDRO SOARES – *Manual de Direito Corporativo*, 3.ª ed., 1971.

MARTINS, ANTÓNIO VIANA – *Da I República ao Estado Novo*, 1976.

MARTINS, FURTADO – *vide* PINTO, MÁRIO.

MASI, ANTONIO – *Locazione (Storia)*, ED XXIV (1974), 980-996.

MASSE-DESSEN, HÉLÈNE/MOREAU, MARIE-ANGE – *A propos du travail de nuit des femmes: nouvelle contribution sur l'application des directives européennes*, DS 1999, 391-394.

MAYER-MALY, THEO – *Locatio conductio/Eine Untersuchung zum klassischen römischen Recht*, 1956;

— *Römische Grundlagen des modernen Arbeitsrechts*, RdA 1967, 281-286;

— *Vorindustrielles Arbeitsrecht*, RdA 1975, 59-63;

— *Elemente der Entwicklung des Arbeitsrechts*, em *La formazione storica del diritto moderno in Europa*, 3..° vol., 1977, 1321-1345;

— *Locatio conductio/Eine Untersuchung zum klassischen römischen Recht* (1965).

MEIER-KRENZ, ULRICH – *vide* HOYNINGEN-HUENE, GERRIK VON.

MENGER, ANTON – *Das Recht auf den vollen Arbeitsertrag in geschichtlicher Darstellung*, 2.ª ed., 1891 — *Das bürgerliche Recht und die besitzlosen Volksklassen*, 1890, a 1.ª ed.; há uma 4.ª ed. de 1908 e uma 5.ª, de 1927.

MERLIN, LAURENCE – *La durée annuelle du travail: une figure en hausse*, DS 1999, 863-870.

MESSNER, JOHANNES – *Die soziale Frage*, 6.ª ed., 1956.

MEYER, CORD – *Chancen und Grenzen der Anpassung von Tarifverträgen*, RdA 1998, 142-155.

MICHANEK, ERNST/OHLSSON, INGVAR – *Verkürzung der Arbeitsrecht/Schwedische Untersuchung*, 1958.

MONCADA, L. CABRAL DE – *Lições de Direito Civil*, 1, 3.ª ed., 1959.

MONJAU, HERBERT – *vide* DENECKE, J..

MONJAU, HERBERT – *Von der 5-Tage-Woche zur 4-Tage-Woche*, 1971.

MOREAU, MARIE-ANGE – *vide* MASSE-DESSEN, HÉLÈNE.

MOREIRA, ADRIANO – *Direito Corporativo*, 1951.

MOREIRA, ANTÓNIO JOSÉ – *A moderna gestão dos tempos de trabalho*, em Ministério para a Qualificação e o Emprego, *Forum Emprego, Formação, Trabalho* (1997), 479-481.

MOREIRA, GUILHERME – *Instituições de Direito Civil português* 1, 1907.

MOREIRA, VITAL – *Direito corporativo*, 1973.

NEUMANN, DIRK – *Das neue Ladenschlussgesetz*, 1986;

— *Arbeitszeit und Flexibilisierung*, NZA 1990, 961-966;

— *vide* DENECKE, J..

NEUMANN, DIRK /BIEBI, JOSEF – *Arbeitszeitgesetz*, 1995.

NEVES, J. ACÚRSIO DAS – *Memória sobre os meios de melhorar a indústria portuguesa*, 1820.

NIKISCH, ARTHUR – *Arbeitsrecht* I – *Allgemeiner Lehren und Arbeitsvertragsrecht*, 3.ª ed., 1961.

NIPPERDEY, HANS-CARL – *vide* HUECK, ALFRED.

NÖRR, DIETER – *Zur sozialen und rechtlichen Bewertung der freien Arbeit im Rom*, SZRom 82 (1965), 67-105.

OGRIS, WERNER – *Geschichte des Arbeitsrechts vom Mittelalter bis in das 19. Jahrhundert/Ein Überblick*, RdA 1967, 286-297.

OHLSSON, INGVAR – *vide* MICHANEK, ERNST.

OLSZAK, NORBERT – *Histoire du Droit du travail*, 1999.

Parecer da Câmara Corporativa (MANUEL CID DE OLIVEIRA PROENÇA), ACC, n..º 72, X Legislatura (1971), 4-Mai., 747-802.

PÉLISSIER, JEAN – *vide* LYON-CAEN, GÉRARD.

PETERS, HARALD – *vide* WIEDEMANN, HERBERT.

PFAFF, IVO – *Über den rechtlichen Schutz des wirtschaftliche Schwächeren in der römischen Kaisergesetzgebung*, 1897.

PINTO, MÁRIO/MARTINS, FURTADO/CARVALHO, NUNES DE – *Comentário às leis do trabalho*, vol. I – *Regime jurídico do contrato individual de trabalho*, 1994.

PÖHLMANN, ROBERT VON – *Geschichte der sozialen Fragen und des Sozialismus in der antiken Welt*, 2..º vol., 1912.

POLICARPO, JOÃO FRANCISCO ALMEIDA – *Pagamento ou não pagamento ao trabalhador da retribuição correspondente ao dia de descanso semanal*, ESC 23 (1967), 61-82.

REBBERT, RUDOLF – *Geschichte der Industrialisierung*, 1972.

REUTER, DIETER – *Arbeitsrechtliche Aspekte neuer Arbeitszeitstrukturen*, RdA 1981, 201-208.

RICHARDI, REINHARD – *Grenzen industrieller Sonntagsarbeit/Ein Rechtsgutachten*, 1988;

— *Kollektivertragliche Arbeitszeitregelung / Fremdbestimmung durch Kollektivnorm oder Regelung der Arbeitsbedingungen für ein rechtsgeschäftliches Dienstleistungsversprechen?*, ZfA 1990, 211-243.

ROBERTIS, FRANCESCO M. DE – *I rapporti di lavoro nel diritto romano* (1946);

— *Lavoro e lavoratori nel mondo romano* (1963).

ROCHA, COELHO DA – *Instituições de Direito Civil Portuguez*, 8.ª ed., 1917, mas correspondente a uma reimpressão da 2.ª ed., de 1852.

ROHDE, WILHELM – *Arbeitszeitordnung und Jugendschutzgesetz/Kommentar*, 1939.

ROHMER, GUSTAV – *Arbeitszeitordnung/in der Fassung der Verordnung von 26-Juli-1934*, 1934;

— *Die Verordnung über die Arbeitszeit in der Fassung des Arbeitszeitnotgesetzes vom 14.April 1927*, 1927; há uma 2.ª ed., de 1929;

— *Arbeitszeitordnung und Jugendschutzgesetz*, 5.ª ed., 1939; foi também confrontada a 4.ª ed., de 1935.

RÖHSLER, WALDEMAR – *Die Arbeitszeit/Arbeitszeitregelungen für Arbeitnehmer unter Einschluss der gleitenden Arbeitszeit*, 1973.

RÜFNER, WOLFGANG – *Verantwortung des Staates für die Parität der Sozialpartner?*, RdA 1997, 130-134.

RÜMELIN, GUSTAV – *Diensvertrag und Werkvertrag*, 1905.

RÜTHERS, BERND – *vide* BROX, HANS.

SCHAUB, GÜNTER – *Arbeitsrechts- Handbuch/Systematische Darstellung und Nachschlagewerk für die Praxis*, 9.ª ed., 2000.

SCHIEK, DAGMAR – *Nachtarbeitsverbot für Arbeiterinnen/Gleichberechtigung durch Deregulierung?*, 1992.

SCHINDLER, F./DEUTSCHBEIN, F. – *Die Arbeitszeitkürzung nach der Notverordnung vom 5. Juni 1931*, 1932.

SCHLOCHAUER, URSULA – *Die Rechtsprechung zur flexible Arbeitszeit*, em HROMADKA, *Arbeitszeitrecht im Umbruch* (1988), 25-43.

SCHMIEDER, EBERHARD – *Geschichte des Arbeitsrechts im deutschen Mittelalter* I, 1939.

SCHMOLLER, GUSTAV – *Die soziale Frage/Klassenbildung, Arbeiterfrage, Klassenkampf*, 1918.

SCHNEIDER, RICHARD/WOLKERSDÖRFER, HANS – *Arbeitszeitordnung vom 26-Jul.-1934*, 1937.

SCHNIEDERS, MICHAEL – *Sonntagsarbeit nach dem Arbeitszeitgesetz und tarifliche Regelung der Sonntagsarbeit*, 1996.

SCHÜT, FRITZ WERNER – *Gleitende Arbeitszeit*, 1971.

SCHWEDES, ROLF – *Gesetzliche Arbeitszeitregelung als Rahmen für die flexible Arbeitszeit*, em HROMADKA, *Arbeitszeitrecht im Umbruch* (1988), 97-113.

SELLIER, ULRICH – *Die Arbeiterschutzgesetzgebung im 19. Jahrhundert*, 1998.

SIEBERT, WOLFGANG – *Das Recht der Arbeit*, 1941.

SILVA, FERNANDO EMYGDIO DA – *As greves* 1, 1913.

SILVA, MARIA DA CONCEIÇÃO TAVARES DA – *Direito do Trabalho*, 1964-65, polic..

SÖLLNER, ALFRED – *Grundriss des Arbeitsrechts*, 12.ª ed., 1998.

SOUSA, MANUEL JOAQUIM DE – *O sindicalismo em Portugal*, 2.ª ed., 1974.

STEINDL, HARALD – *Überlegungen zum Verhältnis von Privatrecht. Gewerbefreiheit und Industrialisierung*, 1C 15 (1981), 76-107.

STEINDL, HARALD – *Zur Genese des Privatrechts als "allgemeines Wirtschaftsrecht"*, FG Coing (1982), 349-386.

SUPIOT, ALAIN – *vide* LYON-CAEN, GÉRARD.

TARELLO, GIOVANNI – *Le ideologie della codificazione nel secolo XVIII*, 3.ª ed., 1974.

TAVARES, JOSÉ – *Os princípios fundamentais do Direito civil*, 1, 2.ª ed., 1929.

TISSIER, ALBERT – *Le Code Civil et les classes ouvrières*, em *Livre du Centenaire* (1904), 73-94.

VAN, FRANS VAN DER – *Sozialgeschichte der Arbeit*, 1..º vol., 1972.

VANGEROW, KARL ADOLPH – *Lehrbuch der Pandekten*, 7.ª ed., 3..º vol., 1896.

VEIGA, ANTÓNIO MOTTA – *Lições de Direito do trabalho*, 4.ª ed., 1992.

VENTURA, RAÚL/FERNANDES, MONTEIRO – *Trabalho por turnos rotativos/Descanso semanal*, CJ X (1985) 2, 11-17.

VIEIRA, ALEXANDRE – *Para a história do sindicalismo em Portugal*, 4.ª ed., 1974.

VILLERMÉ, LOUIS-RENÉ – *Tableau de l'état physique et moral des ouvriers employés dans les manufactures de laine, de coton et de soie*, 1840.

VITAL, FEZAS – *Curso de Direito Corporativo*, 1940.

WÄCHTER, CARL GEORG – *Pandekten*, 2..º vol., 1881.

WAGNER, DIETER – *vide* GLAUBRECHT, HELMUT.

WANK, ROLF – *Die Auslegung von Tarifverträgen*, RdA 1998, 71-90.

WEBER, ULRICH – *vide* FRIEDHOFEN, PETER.

WEGNER – *Entwicklung der Gesetzgebung und tariflicher Regelung der Arbeitszeit*, s/d.

WENDT, OTTO – *Lehrbuch der Pandekten*, 1888.

WIEDEMANN, HERBERT/PETERS, HARALD – *Neuere Rechtsprechung zur Bedeutung des Gleichheitsatzes für Tarifverträge eingreifen?*, RdA 1997, 351-355.

WINDSCHEID/KIPP – *Lehrbuch des Pandektenrechts*, 9.ª ed., 2..º vol., 1906.

WOLKERSDÖRFER, HANS – *vide* SCHNEIDER, RICHARD.

WOLTER, GERRIT – *vide* BRUNZ, MICHAEL.

XAVIER, ALBERTO – *Direito corporativo,* 1972.

XAVIER, BERNARDO – *Curso de Direito do trabalho*, 1992.

ZANDER, ERNST – *vide* GLAUBRECHT, HELMUT.

ZMARZLIK, JOHANNES – *Arbeitszeitordnung/Kommentar*, 1967.

ZMARZLIK, JOHANNES – *Ladenschlussgesetz Dienstleistungsabend*, 1989.

ZÖLLNER, WOLFGANG – *Flexibilisierung des Arbeitsrechts*, ZfA 1988, 265-291.

ZÖLLNER, WOLFGANG/LORITZ, KARL-GEORG – *Arbeitsrecht/Ein Studienbuch*, 5.ª ed., 1998.

ÍNDICE ONOMÁSTICO

ÍNDICE IDEOGRÁFICO *

* O presente índice é puramente exemplificativo.

ÍNDICE GERAL

CAPÍTULO I
PRESSUPOSTOS HISTÓRICO-CIENTÍFICOS DA DURAÇÃO DO TRABALHO

CAPÍTULO II
REGIME DOS HORÁRIOS DE TRABALHO

CAPÍTULO III
A ISENÇÃO DO HORÁRIO DE TRABALHO

APÊNDICES